管理会计

徐　鸣　瞿炎辰　编著

華東理工大學出版社
EAST CHINA UNIVERSITY OF SCIENCE AND TECHNOLOGY PRESS
·上海·

图书在版编目(CIP)数据

管理会计 / 徐鸣,瞿炎辰编著. —上海:华东理工大学出版社,2013.9(2019.2 重印)
ISBN 978-7-5628-3635-3

Ⅰ.①管 Ⅱ.①徐… ②瞿… Ⅲ.①管理会计 Ⅳ.①F234.3

中国版本图书馆 CIP 数据核字(2013)第 204512 号

内容提要

本书以市场经济为出发点,吸取了当代相关领域的最新成就,并结合我国当前的实际情况,较为全面、系统地介绍了管理会计的基本理论和方法。

全书共分十二章。内容包括总论、成本性态分析、变动成本法、本量利分析、预测分析、短期经营决策、长期投资决策、全面预算、成本控制、责任会计与绩效评价、作业成本计算与作业管理、战略管理会计。为便于学习,每章后面附有复习思考题、练习题并附有参考答案,以提高读者的自我练习能力。

本书既可作为高等院校经济管理类学生的教材,亦可作为企业经营管理人员及自学青年的参考用书。

管理会计

编　　著 / 徐　鸣　瞿炎辰
责任编辑 / 李　骁
责任校对 / 金慧娟　陈孟昀
封面设计 / 裘幼华
出版发行 / 华东理工大学出版社有限公司
地　　址:上海市梅陇路 130 号,200237
电　　话:(021)64250306(营销部)
传　　真:(021)64252707
网　　址:press.ecust.edu.cn
印　　刷 / 常熟华顺印刷有限公司
开　　本 / 787 mm×1092 mm　1/16
印　　张 / 18
字　　数 / 448 千字
版　　次 / 2013 年 9 月第 1 版
印　　次 / 2019 年 2 月第 5 次
书　　号 / ISBN 978-7-5628-3635-3
定　　价 / 38.00 元

联系我们:电 子 邮 箱 press@ecust.edu.cn
官 方 微 博 e.weibo.com/ecustpress
天猫旗舰店 http://hdlgdxcbs.tmall.com

華東理工大學出版社
客户端扫码进入天猫旗舰店

前 言

管理会计自20世纪80年代初被引进到中国至今，已有三十多个年头。在这段时间里，由于中国宏观经济形势和企业经营环境的变化，以及中国经济理论界、实务界的共同努力，西方管理会计这门应用性学科在中国已经完成了初步引进和理论与方法的普及阶段，并且其理论与方法在企业界得到了广泛地应用。

管理会计是适应企业内部管理的需要而产生的一门具有极高价值的应用性学科，它在西方企业管理中所起的作用，已被历史所证明。但是，将西方管理会计的理论与方法引进中国以后，怎样同中国企业管理的实践相结合，这仍然是一个值得研究的课题。而且，由于企业经营管理的要求多种多样、千变万化，因而，为它服务的管理会计的理论和方法也必然显得较为繁杂和难以规范，这就导致了管理会计的基本内容至今还没有得到准确的界定，但这正好使管理会计有了更大的发展空间。

本教材是作者多年来从事经济学、会计学的学习、教学、研究和实际工作的总结，还参考了国内外大量的文献、资料和教材，消化吸收了相关领域最新的研究成果。

在教材的体系、选材和编写中努力突出以下几个方面：

(1) 简明实用、重点突出。教材将读者定位于普通高等院校（含专科院校）经济管理类的学生和企事业单位从事实际工作的经营管理人员，便于他们的学习和使用；在内容的选取上做到重点突出；在理论和方法的论述方式上做到通俗易懂、便于理解；在例题的选择上力求全面、典型。

(2) 体系完整。教材力求体系上的全面和完整，结构安排上注重管理会计的内在逻辑性。

(3) 通过丰富的例题、习题，拓展学生的学习空间。本书选编了较多的例题，给使用本教材的教师提供了较大的选择余地，也为学生拓展了学习空间。每章后面还配有思考题、练习题以及参考答案，便于读者理解、掌握和应用。

(4) 注重方法的阐述和能力的培养。教材在内容的安排上，既考虑了经济管理类相关专业的教学需要，又兼顾了企业现职会计人员和经营管理人员的培训需要，注重管理会计方法的阐述和学员分析问题、解决问题能力的培养。

本书由华东理工大学徐鸣主编，瞿炎辰副主编。参加本书编写的还有东华大学朱杏龙，东华大学管理学院严莹、徐程程、徐春、杨美玲、黄征，张春燕，上海金陵股份有限公司财务部章程，全书最后由徐鸣进行了统稿并定稿。

由于编写者水平有限，书中难免留存错漏和不妥之处，敬请专家、读者予以指正。

目录

第一章　总　论

传统的会计是以求得账目平衡为目标。20 世纪初以来，企业经营日益扩大和复杂化，会计学便成为企业内部执行科学管理、提高生产效率的有力手段。二次世界大战后，科技生产力突飞猛进，生产规模扩大，竞争激烈，市场多变，于是，会计学便发展成为企业信息分析、正确决策所必不可少的重要工具——这就产生了现代管理会计。

管理会计自问世以来，已经经历了近一个世纪，在这个过程中，同其他任何新鲜事物一样，管理会计从无到有、从小到大，经历了从简单到复杂、从低级到高级的发展阶段。本章着重阐述管理会计的产生和发展，它的特点、内容以及与财务会计的关系。

第一节　管理会计的产生与发展

管理会计从传统的、单一的会计系统中分离出来，成为与财务会计并列的独立领域，经历了一个逐步发展的过程。它的形成和发展大致可以分为两大阶段。

一、执行性管理会计阶段(20 世纪初至 20 世纪 50 年代)

20 世纪初，泰罗科学管理学说开始流行，以此为基础形成的会计信息系统就是执行性管理会计。泰罗科学管理学说的核心，是强调提高生产效率和工作效率，要求企业把生产经营中一切可以避免的损失和浪费尽可能缩减到最低限度。为了达到这一目标，泰罗通过他所创导的时间研究、动作研究等方法，制定出在一定条件下认为可以实现的、同时又是最优效率的标准，作为评价和考核的依据，以促使生产的各个方面实现高度的标准化。

随着泰罗制日益得到更多企业主的认可，会计也需要配合泰罗制的广泛实施，进而提高企业的生产效率和工作效率。具体主要是通过科学地制定“标准成本”，严格地进行“预算控制”和“差异分析”，在计算和监督方面开辟新的思路。特别是它把严密的事先计算引进到会计体系中来，实行事先计算、事中控制与事后分析相结合，形成独特的标准成本系统。这就是管理会计的雏形，基本点是在企业经营方针、基本决策等重大问题已经确定的前提下，协助企业在执行中如何提高生产效率和生产经济效果的问题。但是，企业管理全局观、企业与外部关系等问题，没有在会计体系中得到应有的反映。因此，这一阶段的管理会计还只是一种局部性、执行性的管理会计，处于管理会计发展历程中的初级阶段。

二、决策性管理会计阶段(20 世纪 50 年代至今)

进入 20 世纪 50 年代后，世界经济进入战后发展时期。这个时期的经济发展有许多新特点，主要表现在：首先，现代科学技术突飞猛进，并广泛应用于生产经营，使得生产力获得十分迅速的发展；其次，资本进一步集中，企业规模不断扩大，集团公司、跨国公司大量涌现，生产经营日趋复杂，企业外部市场瞬息万变，竞争异常激烈。这些新的条件和环境，对企业管理提出了新的要求，迫切要求实现管理现代化：一方面强烈要求企业的内部管理更加合理化、科学化；另一方面，要求企业具有灵活反应和高度适应的能力，否则就会在激烈的竞争中被淘汰。

面对二战后世界经济发展的新特点，战前风靡一时的泰罗科学管理学说无法与新环境相适应。首先，泰罗的科学管理学说着眼于对生产过程进行科学管理，把重点放在通过对生产过程的个别环节、个别方面的高度标准化，尽可能为提高生产和工作效率创造条件，但对企业管理的全局、企业与外部的关系考虑得较少；另外，泰罗的科学管理学说并没有把职工当作具有主动性和创造性的人，而是作为机器的奴隶，强调管得严才能提高效率，使广大职工处于消极被动和极度紧张的状态，这样势必会引起他们的强烈不满和反对，因而也不可能取得应有的效果。由于这两个根本性的缺陷，泰罗的科学管理学说不能够适应战后世界经济发展的新形势和新要求，它被现代管理科学所代替也就成为历史的必然。

现代管理科学有两大重要支柱——运筹学和行为科学。运筹学，是用定量化方法了解和解释运行系统、为管理决策提供科学依据的学科，它把有关的运行系统首先归结成数学模型，然后用数学方法进行定量分析和比较，来求得合理运用人力、物力和财力的系统运行最优方案。行为科学，是在人群关系学说的基础上形成的管理科学中的一门学科，它着眼于一定组织中的人的行为研究，重视人际关系、人的需要、人的作用和人力资源的开发利用。这一学科的出现对管理科学的发展产生了重要的影响，使其由以“事”与“物”为中心的管理发展到以“人”为中心的管理；由靠监督与纪律的管理发展到动机激发、行为引导的管理；由独裁式管理发展到参与式管理，体现出行为科学对管理“人”的重视。因此，运筹学和行为科学这两大支柱可以在很大程度上克服泰罗科学管理学说的重要缺陷，能较好地适应战后世界经济发展的新形势，在企业管理工作中得到广泛而有效的运用。

现代管理科学的形成和发展促进了现代管理会计的形成和发展，在理论上起着奠基和指导作用，在方法上赋予它现代化的管理方法和技术。现代管理会计已经远远不是原始意义上的以记账为主要特征的会计了，而是表现为多种学科的相互渗透、相互结合，形成一门新的、综合的交叉学科。对比传统的会计它可以履行更加广泛的职能。现代管理会计不仅能详细地分析过去，更重要的是它能科学地规划未来，并为控制企业的经济活动沿着决策预定的轨道运行服务。由此可见，现代管理会计的创立及发展大大丰富了会计学科的内容，标志着会计学科进入一个崭新的发展阶段。

三、管理会计在我国的发展

从建国初至今，我国经济管理体制大致经历了两次转变：第一次是从旧制转向计划经济体制，第二次是从计划经济体制转向市场经济体制。前一转变，我们全盘照搬苏联模式，实行高度的宏观计划控制，管理会计根本没有用武之地。因此，追根求源，我国管理会计的系统研究起步于 20 世纪 70 年代末、80 年代初。当时，会计学家余绪缨教授率先编著了我国第一本管理会计专著，开创了我国管理会计学科的研究领域。之后，许多专家学者紧紧跟随国际潮流，大量介绍并引入了国外最新研究成果，如 Just in time(适时制)和 Activity based costing(作业成本计算)等。与此同时，一些学者从国内现实出发，总结我国自己成功的管理会计经验。

从向西方国家学习并引进管理会计知识开始至今，我国大致经历了宣传介绍、吸收消化、改革创新三个发展阶段。

(1) 宣传介绍阶段。这段时期大致经历了3～5年时间。在这个阶段，我们主要是从事管理会计教材的翻译、编译工作，并举办师资培训班和有关讲座，聘请国外学者来华讲授管理会计课程。

(2) 吸收消化阶段。从1983年起，我国会计学界多次掀起学习管理会计、应用管理会计、建立具有中国特色的管理会计体系的热潮。有的单位成功地运用管理会计的方法，解决了一些实际问题。但是，由于当时我国经济体制改革的许多措施尚未到位，尤其是我国财务会计管理体制仍然沿用计划经济模式的方法，使得管理会计中国化的问题难以取得重大突破，甚至出现了怀疑管理会计能否在中国行得通的思潮。

(3) 改革创新阶段。1993年7月，财务会计管理体制转型，会计开始逐步与国际惯例接轨，为管理会计在中国的发展创造了新的契机。社会主义市场经济的大环境、现代企业制度的建立健全，为管理会计开辟了前所未有的用武之地。现在，我们已不再满足于照搬照抄国外书本上现成的结论，而是从我国实际出发，通过研究管理会计在我国企业应用的案例等方式，积极探索一条在实践中行之有效的中国式管理会计之路，以便切实加强企业内部管理，提高经济效益。

与此同时，管理会计研究也向多元化、多层次方向发展。这主要表现在以下几个方面：第一，对课题、行业、理论、方法等进行综合研究，改变过去单一研究的状况；第二，多课题研究同时并举，多行业部门的综合研究将使其研究成果更具实用价值；第三，多学科互相渗透，多种研究理论与研究方法相结合，使研究结果具有更为广泛的应变能力。

第二节 管理会计的职能

管理会计的职能是管理会计固有的本质属性，它是客观存在的东西，主要包括以下几个方面。

一、决策、规划

所谓决策，就是针对某一个特定问题，确定一个最合理、最有效的解决方法；规划，主要是利用财务会计的历史资料及其他人的相关信息，进行科学的预测分析，并帮助各级管理人员对某些一次性的重大经济问题作出专门的决策分析，然后在这个基础上编制企业的整体计划与责任预算，确定各方面的主要目标，用来指导当前和未来的经济活动。具体包括：

(1) 确定各项经济目标。包括对目标利润、目标销售量或销售额、目标成本、目标资金需要量的预测与确定。

(2) 预测分析企业环境。企业对环境变化的敏感程度、反应能力，以及环境变化的适应程度，从某种意义上讲决定着企业的发展前景。企业战略的制定和实施相关的会计信息，不仅包括企业内部信息，而且还包括与外部环境相关的信息。现代管理会计需要关注环境变化对企业发展和企业战略的制定与实施的影响，并据以搜集相关的信息。

(3) 预测可行方案可能实现的效果。企业在进行决策的过程中，是将几个可行方案进行比较分析，在管理会计中，通常是采用差量分析方法，将每一个方案的相关收入、相关成本进行差量分析，求出其价值差量，以便判断方案的效果。

(4) 提供资源利用决策所需要的会计资料。一般来说，决策具有普遍性，对于企业生产经营过程中出现的问题，都可以有几种不同的解决办法。但事实上，只能用一种办法来解决，这就应该选择其中可获取最大经济效益的一种，于是就产生了需要在行动之前做出决策的问题。在生产技术比较落后、企业规模比较小的情况下，企业的决策一般由企业领导人凭自己的经验判断来做出。在现代经济条件下，企业的问题越来越复杂，在这种情况下，就不能凭经验办事，而必须利用大量信息进行分析，然后找到比较好的办法，协助管理当局对计划期间一次性的重大经济问题作出专门决策(包括短期经营决策与长期投资决策)，以及在上述基础上编制出资源最佳配置与流动的全面预算和责任预算。

二、组织

组织是以决策为基础，对决策付诸实施。它主要是结合本单位的具体情况，设计并制订合理、有效的责任会计制度和各项具体会计工作的处理程序，以便对人力、物力、财力等有限资源进行最优化的配置与使用。

在组织的具体操作过程中要注意以下几个方面的问题：

(1) 及时发现问题，并找出发生问题的原因。所谓问题，就是现实情况或预计将发生的情况与期望结果之间存在的差距，这个差距越大，问题也就越严重。

(2) 探索解决问题的各种途径，并拟定相应的方案。企业应当把出现问题看成是正常的现象，并把探索和解决问题的办法看成是一项积极的工作。因为，问题的产生是由过去的工作造成的，问题的解决有利于企业未来的发展。要多角度、多方面地寻求解决问题的办法和途径。

(3) 收集并客观分析各个方案的有利条件和限制因素。不能轻视每个方案的限制因素，切忌盲目乐观。

(4) 合理分配资源，以协调企业各部门、各环节的业务关系。合理分配、使用经济资源，包括在责权利相结合的基础上制订适合本企业具体情况的责任会计制度，并利用行为科学的原理，以及我国思想政治工作的优良传统，充分调动职工的主观能动性，促使他们自觉自愿地以最少的人力、物力、财力消耗与最少的资金占用来完成计划所规定的各项目标。

(5) 选定一个最佳方案并付诸实施。为了保证各项既定目标的实施能够取得预期的效果，要将各个可行性方案进行比较分析、全面安排，从中选择一个最佳方案，并组织实施。

三、控制

所谓控制，主要是根据会计规划所确定的各项目标，采取种种有效的措施，对预期可能发生的或实际已经发生的各种有关信息进行收集、整理、比较和分析，使企业的生产经营活动按既定的决策和预算进行，以便在事前或日常对各项经济活动进行调节和控制，保证计划目标的实现。

控制包括事前制定成本控制制度和开展价值工程活动进行预防性、前馈性的控制与调节，以及日常根据各责任单位定期编制的业绩报告所反映的实际数与预算数的差异进行反馈性的控制与调节。对管理会计来说，控制并不意味着对各项生产经营业务的直接干预，而主要是准确测定各项生产经营业务的实绩和效果，掌握实绩效果与预算或有关指标之间的差异，客观分析产生这些差异的原因，由企业各层面管理人员将各自“可控制”的部分采取有效措施加以控制，以保证各项经济目标的实现。

四、评价

主要是事后根据各责任单位定期编制的业绩报告，将实际数与预算数进行对比、分析来评价和考核各责任单位的业绩，以便奖勤罚懒、奖优罚劣，正确处理分配关系，保证经济责任制的贯彻执行。具体包括：

（1）报表数据分析。要求企业财务人员利用财务数据和指标的多少来判定企业经营状况和财务状况，但无论企业处在哪个发展阶段或行业经营环境之中，它的经营状况和财务状况均可以通过《资产负债表》《利润表》《现金流量表》反映出来。以报表数据为基础的有效财务分析，不但使企业经营者可以了解企业实现利润和偿债能力的高低，而且可以发现企业经营风险的大小和企业资金结构的优劣，使经营者在企业运营的诸多方面做出正确的决策，用最小的风险、最健康的财务状况来实现最大的利润。

（2）业绩的综合评价。传统管理会计一般以投资报酬率来评价企业的业绩，投资报酬率以一定期间的会计收益为基础计算，作为考核指标极易导致决策者的短期行为。而现代管理会计将企业战略思想贯穿于企业的业绩评价之中，利用标准成本制度结合变动成本计算法，对日常发生的经济活动进行追踪、收集和计算，定期根据各责任单位编送的业绩报告来评价和考核它们的实绩与成果，确定它们履行经管责任的情况和应受的奖罚，总结经验、揭露矛盾，挖掘增产节约、增收节支的潜力，并及时提出合理化建议，促进生产力的发展。

第三节　管理会计与财务会计的关系

一、管理会计和财务会计的关系

（一）管理会计与财务会计的联系

（1）目标相同。管理会计与财务会计所处的工作环境相同，共同为实现企业和企业管理的目标服务，都是为了追求企业生产效率和工作效率的提高。

（2）相互分享部分信息。管理会计所需的许多资料来源于财务会计系统，其主要工作内容是对财务会计信息进行深加工和再利用，因而受到财务会计工作质量的约束。同时，部分管理会计信息有时也列作对外公开发表的范围。

（3）同属于现代会计。管理会计与财务会计源于同一母体，共同构成了现代企业会计系统的有机整体，两者相互依存、相互制约、相互补充。

（4）财务会计的改革有助于管理会计的发展。财务会计的发展与改革，需要充分考虑到管理会计的要求，以扩大信息交换处理能力和兼容能力，促进管理会计的发展。

（二）管理会计与财务会计的区别

（1）核算目的不同。管理会计作为企业会计的内部管理系统，其工作侧重点主要为企业内部管理服务；财务会计工作的侧重点在于为企业外界利害关系集团提供会计信息服务。

(2) 依据标准不同。管理会计则是企业内部个性化需求的产物，提供的信息不受公认会计准则的约束；财务会计严格遵守一定的规范和依据，提供的信息以统一的标准，即公认的会计准则为依据。

(3) 基本职能不同。管理会计主要履行预测、决策、规划、控制和考核的职能；财务会计履行反映、报告企业经营成果和财务状况的职能。

(4) 方法体系不同。管理会计适用的方法灵活多样，吸收了管理科学、计算技术等自然科学以及其他相关经济科学的理论、技术和方法；而财务会计核算时主要采用以复式记账为基础的传统会计处理程序和方法，遵循固定的会计循环程序。

(5) 提供的信息特征不同。管理会计主要以预计企业要发生的和企业未来的经济行为为加工对象，所产生的信息面向未来，货币性和非货币信息并重，并且大多以没有统一格式、不固定报告日期和不对外公开的内部报告为其信息载体；财务会计主要以已完成或已发生的交易和事项作为加工对象，所生产的信息面向过去，以货币信息为主，载体则是具有固定格式和固定报告日期的财务报表。

二、管理会计的特点

(一) 侧重于为企业内部经营管理服务

财务会计通过传统的记账、算账，并定期编制会计报表等专门方法，提供企业一定日期的财务状况及一定期间经营成果的会计信息系统。尽管财务会计也向企业内部提供财务信息，但它的侧重面向外，即侧重于向企业外界有经济利益关系的团体和个人提供财务信息，包括投资者、银行及其他债权人、税务机关、主管部门等等。

管理会计侧重面不是“向外”，而是企业采用灵活多样化的方法和手段着重为企业内部管理服务，即为各级管理人员进行经营决策和有效地改善生产经营及时提供有用的财务与管理信息，为企业实现最优决策、改善经营管理、提高经济效益服务。

(二) 注重于规划未来

财务会计一般是对企业已经发生的经济业务进行事后的记录和汇总，对过去的生产经营活动进行客观的核算和监督，至于预期的、尚未发生的经济事项，通常不是财务会计处理的对象。如实地反映过去，是财务会计的一个重要特点。虽然财务会计的某些记录有时也会涉及对未来情况的估计，例如，固定资产使用年限的估计，但这并未改变财务会计专为有关部门提供生产经营活动历史记录这一基本特征。

为了有效地服务于企业内部的经营管理，管理会计必须注重于规划未来。管理会计所要研究、解决的主要是涉及企业未来生产经营的有关问题，如为了帮助企业确定经营目标进行正确决策，管理会计就要根据其所掌握的各种资料，对生产经营中可供采取的各种方案以及可能取得的经济效果，进行事先的预测和分析比较；目标确立后，还要编制有关计划、预算，以保证企业的生产经营活动按预定的目标进行。虽然管理会计也需要利用某些历史资料，对企业过去的经营情况进行分析与评价，但其目的并不在于说明过去，而是为了将这些资料作为预测、分析的参考，以便更正确、有效地规划未来。

(三) 具有较大的灵活性

财务会计要如实反映一个企业的财务状况和经营成果，要对其信息的正确性承担法律责任。为此，财务会计必须以公认的会计法规为准绳，严格按照“公认会计原则”(在我国为企业会计准则和行业统一会计制度)和会计程序处理日常经济业务,任何违背或偏离的行为都是不许可的。这样,财务会计资料才能取信于企业外部的投资者、债权人以及有关政府机构。

管理会计则不同,由于它主要是为企业内部经营管理服务的,其信息正确与否只影响管理的科学性和有效性,从而影响经济效益,无须承担法律责任。所以,它在许多方面都不受会计法规、会计原则的约束,也不受会计程序或惯例的限制。管理会计工作的进行,完全取决于管理规划、生产经营活动的实际需要,服从企业内部管理的特定要求。管理会计这种较大的灵活性主要表现在以下几个方面。

1. 方式方法灵活多样

一个企业通常只有一个基本的信息收集、加工系统,这就是以财务会计为主体的信息收集、加工系统。现代管理会计要充分利用财务会计记账、算账提供的资料,并根据管理要求加工计算,为管理上提供各种有用的资料。现代管理会计以灵活多样的方式对财务会计的有关资料进行加工、改制和延伸,对各种经营方案的经济效益进行分析对比,等等,它不属于记账、算账的范围。例如,对成本按照其性态进行重新归类、组合,区分为固定成本和变动成本两大类,以此为基础,进行成本预测、变动成本计算、盈亏临界点和本·量·利关系的分析、差别成本分析、弹性预算的编制,等等,实际上都是从另一个侧面对财务会计资料所做的加工、改制和延伸(延伸到更广、更深的领域),使之可以在企业经营管理工作中发挥更大的作用。

2. 兼顾全局与局部两个方面

财务会计主要是以企业作为一个整体,提供集中、概括性的资料,综合评价和考核企业的财务状况和经营成果。现代管理会计为了更好地服务于企业的经营管理,必须同时兼顾企业生产经营的全局与局部两个方面。例如,决策与计划会计,首先要面向整体,从全局着眼,认真考虑各项决策(计划)之间的协调配合与平衡,进行指标分解,形成责任预算,使各个责任中心在完成企业总的目标和任务中,明确各自的目标和任务;并以此为基础,正确组织和实施责任会计,对各个责任中心的工作成果进行评价和考核,既能充分调动各方面职工群众的积极性,又能保证各部分生产、工作的协调配合,实现局部与整体的目标一致。

3. 数学方法的广泛应用

财务会计应用数学方法,范围较小,一般只涉及初等数学。而现代管理会计越来越广泛地应用许多高等数学和现代数学方法。随着科学技术的不断进步、生产经营的日趋复杂、企业规模的不断扩大,整个企业管理正朝着定量化的方向发展。现代管理会计为适应企业管理上这一重大转变,要求用高等数学和现代数学方法来“武装”自己,使之朝着定量化的方向发展。一门科学的定量化,意味着该门科学的精密化、成熟化和完善化。把高等数学、运筹学和数理统计学中的数量方法吸收、引进、应用到现代管理会计中来,使它能把复杂的经济活动用简明而精确的数学模式表述出来,并进行科学的加工处理,揭示有关对象之间的内在联系,掌握有关变量之间的联系、规律,以便为管理人员正确地作出经营决策提供客观依据。例如,应用回归分析法进行半变动费用的分解,掌握成本与产量之间的依存关系、成本在一定条件下增减变动的趋势和基本规律;应用库存论原理,进行经济定货量、最优生产批量的计算;应用投入—产出分析原理,测算具有内在联系的数据的变化规律,等等,都有助于企业管理决策消除某些直觉性和随意性,使它建立在对客观对象进行科学分析和精确计算的基础上。

第四节　管理会计的定义和内容

一、管理会计的定义

管理会计最早起源于西方国家，但迄今为止尚未形成一个统一的管理会计定义。

美国会计学会(AAA)于1958年为管理会计做出了如下的定义："管理会计是指处理企业历史和预期的经济资料时，运用适当的技术和概念帮助管理当局制定具有适当经济目标的计划，并作出能达到上述目标的明智的决策。"

国际会计师联合会(IFAC)1988年为管理会计作出了如下的定义："管理会计是指在一个组织内部，管理当局用于规划、评价和控制信息的确认、计量、分析、编报、解释和传输的过程，以确保其资源的合理使用，并承担相应的经营责任。"

根据前文对管理会计所做的介绍，并借鉴西方权威机构的说法，我们可以将管理会计定义如下：

管理会计是会计与管理的直接结合，它是以财务会计信息为主要依据，以经济数学方法为主要手段，对企业的经营管理活动进行规划和控制，以求得最佳经济效益的一个会计分支。

二、管理会计的基本内容

管理会计是专门为管理者规划、控制企业未来生产经营活动提供服务的。预测决策会计、控制会计和责任会计共同构成了现代管理会计的基本内容。

预测决策会计是管理会计系统中侧重于发挥预测经济前景、参与决策的子系统，它处于现代管理会计的核心地位。具体包括预测、短期经营决策、长期投资决策。

控制会计是在决策目标和经营方针已经明确的前提下，为执行既定的决策方案而进行的控制，以确保预期目标顺利实现的子系统。具体包括全面预算、存货控制、成本控制。

责任会计是把经济责任与会计信息结合起来，它主要依据分权管理的思想划分各个内部管理层次的相应职责、权限所承担义务的范围和内容，通过考核评价各有关方面履行责任的情况，反映其真实业绩，从而调动企业职工的积极性和创造性，为实现企业的总目标而奋斗。

本章小结

管理会计是将管理科学与会计融会在一起的一门综合性交叉学科。在当代市场经济的条件下，它是以强化企业内部经营管理、实现最佳经济效益为最终目的，以现代企业经营活动及其价值表现为对象，通过对财务等信息的深加工和再利用，实现对经济过程的预测、决策、规划、控制、责任考核评价等职能的一个会计分支。与传统的财务会计相比较，管理会计属于内部会计、决策会计，而财务会计属于外部会计，满足对外报告的需要。

复习思考题

1. 管理会计是怎样形成、发展起来的？今后的发展趋势怎样？
2. 管理会计的基本内容是什么？
3. 与财务会计相比，管理会计有哪些特点？
4. 传统的财务会计资料为什么不能适应现代企业管理的多方面需要？
5. 管理会计的基本职能是什么？
6. 管理会计和现代管理科学的关系怎样？在当代市场经济条件下，管理会计如何充分发挥作用？

练习题

一、选择题

1. 管理会计(　　)的作用时效是第一位的。
A. 分析过去　B. 控制现在　C. 预测和规划未来　D. 以上都不对
2. (　　)是管理会计的基本内容。
A. 反映和监督　B. 预测决策　C. 全面预算　D. 责任会计
3. 现代管理会计的一个重要特征是(　　)。
A. 具有统一性和规范性　B. 必须遵循公认会计原则
C. 方式方法更为灵活多样　D. 方法单一
4. 执行性管理会计(　　)。
A. 是管理会计发展过程中的一个阶段　B. 是管理会计处于较低发展阶段的表现形式
C. 是一种决策性、全局性的管理会计　D. 是一种局部、执行性的管理会计

二、判断题

1. 管理会计中的成本既可指已经发生的成本，也可指企业尚未发生的、可能的成本。
2. 管理会计不仅应反映过去，还应能预测和规划未来。
3. 管理会计无须严格遵守传统会计的理论观念，也无须受“公认会计原则”的严格限制。
4. 管理会计为了有效地服务于企业内部的经营管理，必须面向未来。
5. 现代管理会计作为企业会计的一个重要领域，其基本职能仍然是反映和监督。

参考答案

一、选择题

1. C　2. BCD　3. C　4. ABD

二、判断题

1. √　2. ×　3. √　4. √　5. ×

第二章 成本性态分析

成本是企业经营和生产过程中必须密切关注的问题，随着商品经济的发展，成本的概念和内涵不断发展和变化。传统财务会计将企业的总成本分为产品成本和期间成本两大类。管理会计中的成本分类与财务会计中的不同。管理会计是为企业内部所有管理职能服务的，其方法主要满足企业预测、决策、规划和控制的需要。成本按性态分类是研究管理会计方法的起点，在这个起点上，再将利润联系起来，就可进行成本、业务量和利润三者之间的变量关系分析，从而为企业预测、决策分析以及规划和控制奠定坚实的基础。

第一节 成本及其分类

成本一般是为了达到特定的目的所耗用的资源。成本通常用取得货物或劳务必须付出的货币数量来衡量。传统的财务会计是依据经济用途进行分类的，而管理会计则更多的是根据成本性态进行分类。除了这两种主要的分类方法以外，管理会计为了适应管理上的不同需要，将资源的耗费按不同的管理目标进行归类，形成了各种不同的成本概念。以下为几种主要的分类。

一、成本按其经济用途分类

成本通常按其经济用途划分为两大类，即制造成本和非制造成本。

1. 制造成本

制造成本也可称生产成本，它是指产品生产过程中所发生的有关耗费，是同产品成本相对应的。对这些成本，可根据其具体的经济用途分为直接材料、直接人工、制造费用三大项目。

（1）直接材料：指在生产过程中直接用来构成产品主要实体的成本。其重要特征是，不论在理论上还是在实践上，该项成本都能准确地归属于某一产品。直接材料包括用于制造产品的、范围广泛的实体商品，并不限于基本的天然原料。例如，面粉是面粉厂的产成品，但又是糕点生产厂家的直接原料。

（2）直接人工：在生产过程中直接改变原材料的性质或形态所耗用的人工成本。其基本特征与直接材料相同，能直接归属到有关产品上。

（3）制造费用：指在生产过程中，除直接材料、直接人工以外所发生的所有成本。制造费用包括的内容繁杂，故又可将其进一步细分为：

- 间接材料：指在生产中耗用，但不易直接明确地归属于某一特定产品的材料成本。如各种辅料用品等。

● 间接人工:指为生产服务而不直接进行产品加工的人工成本。如维修人员工资等。

● 其他制造费用:指不属于上述两种的其他各类间接费用。如车间固定资产折旧费、维修费、保险费,等等。随着生产机械化、自动化水平的不断提高,制造费用在产品生产成本总额中所占的比重将不断扩大。

2. 非制造成本

非制造成本也就是期间成本,也称期间费用,主要包括销售费用、管理费用、财务费用。

(1) 销售费用:指与销售活动有关的成本,如销售宣传费用,送货费,广告和市场推广人员、销售人员的工资,以及销售机构所用固定资产的折旧费、维修费、保险费等。

(2) 管理费用:指与生产、销售活动有直接关系的用于企业行政管理上的费用支出,如办公费和管理人员薪金,以及有关固定资产的折旧费、维修费、保险费等。

(3) 财务费用:指企业在生产经营过程中为筹集和使用资金而发生的各项费用。包括企业生产经营期间发生的利息支出(减利息收入)、汇兑净损失、金融机构手续费,以及筹资发生的其他财务费用等。

为便于说明上述成本的分类,可用图 2-1 来说明。

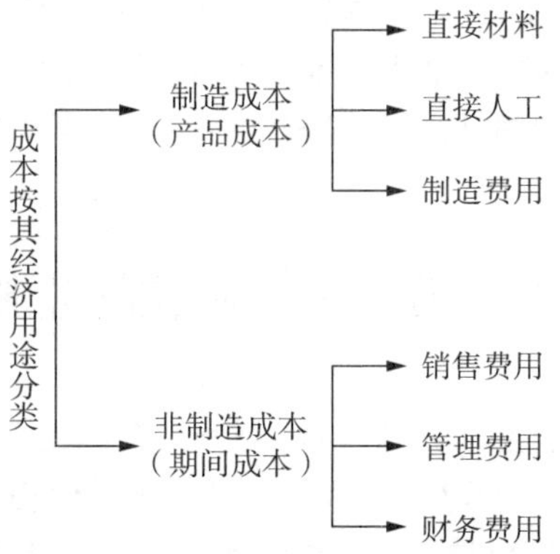

图 2-1 成本按其经济用途分类

二、成本按其性态分类

成本按其性态分类,就是按照成本与业务量之间的依存关系进行的分类。按照成本性态,可将成本划分为固定成本、变动成本和混合成本。由于在本章第二节会对成本性态分析做进一步的讨论,在这里只给出简单的成本性态定义。

固定成本是指在相关范围内,成本总额不随业务量的变化而变化的成本。变动成本是指在相关范围内,成本总额随业务量的变化而发生正比例变化的成本。混合成本也叫半变动成本,其总额随着业务量的变动而发生变动,但并不保持严格比例关系变动的成本。

三、按成本分配的方法分类

在成本分配过程中,企业面临两种主要的成本分类,分别是直接成本与间接成本。直接成本是指不需要通过复杂的分配方法,直接归集到或分配到相应的某一特定产品或服务的成本,这类成本主要包括直接材料和直接人工。间接成本是指不能直接追溯其产生来源,由多种产品或服务共同承担，必须根据特定的、科学的分配方法才能分配到相应的产品或服务中的成本，这类成本主要包括制造费用。比如对于制造一支铅笔来说，木材和石墨的成本是直接成本，而铅笔生产车间的耗水成本则是间接成本。因为要精确计算生产某一支铅笔耗费水的成本，既不经济也不可能，因此，按照特定的时段，比如一个月生产的数量分配这段时间的耗水成本。

通常企业管理人员更愿意以直接成本为基础进行决策而不是间接成本。这是因为直接成本的追溯性强、分配明确，相应的分配方法简单且比间接成本更为精确，间接成本由于在成本系统选择上的差异和使用的分配方法不同，得到的结果往往大相径庭，比较不可靠。

四、成本按可供决策分析用的分类

详细内容见本书第六章所述。

五、成本按其可控性分类

成本按可控性分类，指的是将成本项目按其在一定期间内是否可以为管理者所控制，分为可控成本和不可控成本。

可控成本，指能被某个责任单位或个人的行为所制约的成本。

不可控成本与可控成本相对称，是指不能为某个责任单位或个人的行为所制约的成本。

在本书的第十章中对可控成本与不可控成本作了详细介绍，在此不再赘述。

第二节　成本性态分析

成本性态分析，又称成本习性，是指成本与业务量之间的依存关系。这种依存关系是客观存在的，是固有的属性，因此称之为习性。成本性态分析是管理会计的基础，通过研究成本与业务量之间的依存关系，有助于企业寻找降低成本的途径，对成本进行有效地预测、决策和控制。按照成本性态，可以将企业的全部成本分为固定成本、变动成本、混合成本三类。具体说明如下：

一、固定成本

1. 固定成本的含义

固定成本是指在相关范围内，成本总额不受产量或业务量变动的影响而能保持不变的成本。例如，用直线法计提的固定资产折旧成本、财产保险费、管理人员固定的基本工资、广告费、每月固定的租金成本等。由于其总额不受业务量变动的影响，单位产品所分担的成本份额则与业务量成反比例变动。由此可见，固定成本具有两个方面的特点：一是在相关范围内，固定成本的总额不随业务量或产量的变化而变化；二是单位产品变动成本随着业务量或产量的增加而相应减少。任何固定成本都是针对“相关范围”而言的，即在一定时期和一定的生产规模范围内，固定成本可以保持不变，一旦突破了既定的生产规模，固定成本也将发生变化。

［**例 2－1**］　A 企业生产汽车零件的流水线是向租赁公司租用的，每月租金为 18 000 元，

(3)延期变动成本

延期变动成本又称低坡型混合成本,这类成本在一定的业务量范围内,其总额保持固定不变,一旦超出这个范围,其成本随业务量变动而呈线性变动。例如,企业在正常情况下,对职工所支付的工资是固定不变的,当工作时间超过规定水准,则需按加班时间的长短成比例地支付加班费。其性态模型如图 2-8 所示。

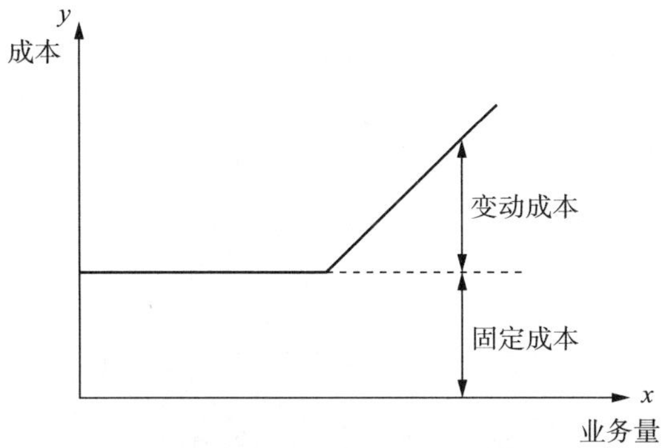

图 2-8 延期变动成本模型

(4)曲线变动成本

曲线变动成本又称为曲线成本,这类成本通常有一个初始量固定不变,相当于固定成本。在这个初始量上,成本随着业务量的变动而变动,但两者之间并不像变动成本那样严格保持正比例直线关系,而是在坐标上表现为一条曲线。这类成本中,有的随着业务量增加成本逐渐增加,其增长速度却低于业务量的增加速度,变化率呈递减状态,曲线表现为向下开口的曲线,称之为递减曲线成本。例如,电炉设备热处理电耗等。其性态模型如图 2-9 所示。有的随业务量的增加而增加,但其增加率高于业务量的增加率,曲线表现为向上开口的曲线,称之为递增曲线成本,例如,累进计件工资、各种违约金与罚金等。其性态模型如图 2-10 所示。

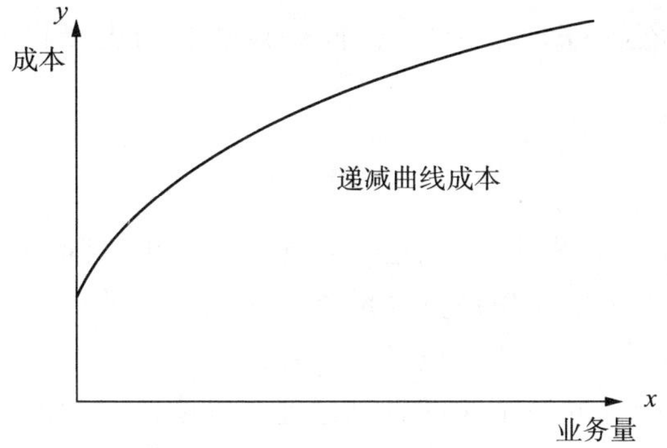

图 2-9 递减曲线模型

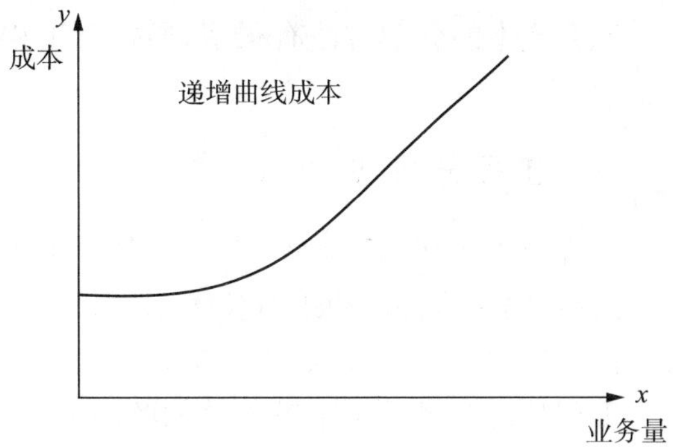

图 2-10 递增曲线模型

四、总成本的函数模式

管理会计中,在明确各种成本性态的基础上,最终要将企业的全部成本区分为固定成本和变动成本两大类,并建立相应的成本函数模型。由于成本与业务量之间存在一定的依存关系,所以,总成本可以表示为业务量的函数,即假定总成本可以近似地用一元线性方程来描述。因此在相关范围内,总成本函数可用公式表示为:

$$y=a+bx$$

其中，y 代表总成本，x 代表业务量，a 代表固定成本总额(即真正意义上的固定成本与混合成本中的固定部分之和)，b 代表单位变动成本，bx 代表变动成本总额(即真正意义上的变动成本与混合成本中的变动部分之和)。总成本的函数模型如图 2－11 所示。

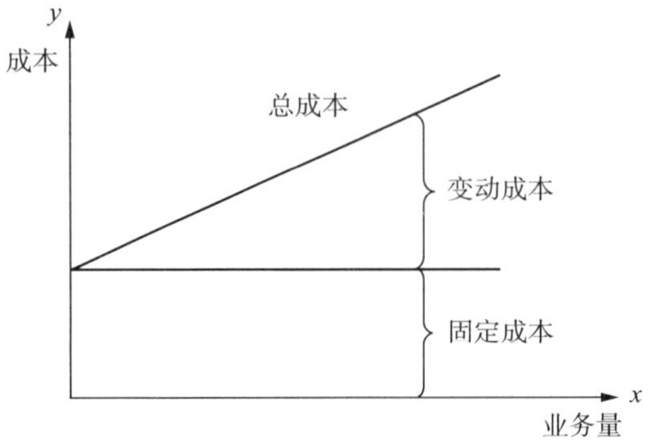

图 2－11　总成本函数模型

第三节　混合成本的分解

混合成本是既含有不受业务量变动影响而保持相对稳定的成本因素，又含有随着业务量的增减而相应增减的成本因素，它是同时具备固定成本和变动成本双重特性的中间成本。这种双重特性使得人们不清楚混合成本和业务量之间的关系，因此就无法据以对成本和业务量之间的依存关系作出正确的分析和判断，因而就不能满足企业内部管理的需要，不能为企业的预测、决策、规划和控制等活动提供有用的信息。为此，管理会计首先要将全部成本按其性态划分为固定成本和变动成本两大类。

混合成本的分解方法有很多，通常有工程分析法、账户分析法、合同确认法和历史资料分析法等。

一、工程分析法

工程分析法又称技术测定法，它是由工程技术人员根据生产过程中投入与产出之间的关系，对各种物质消耗逐项进行技术测定，在此基础上来估算单位变动成本和固定成本的一种方法。使用这种方法，往往需要分析人员对企业的生产工艺、技术设备十分熟悉。

工程分析法只适用于投入量和产出关系比较稳定的新企业或者已经建立标准成本制度的企业，虽然采用工程分析法分解混合成本比较精确，但具体应用起来比较复杂，其技术性要求较高，一般较少采用。

二、账户分析法

账户分析法是根据有关成本账户记录的内容，分析其与产量的依存关系，直接判断其归属于固定成本还是变动成本的一种方法。账户分析法在很大程度上属于定性分析，即根据各个成本项目及明细账户的成本性态，通过经验判断，把那些与固定成本较为接近的成本归入固定成本；把那些与变动成本较为接近的成本归入变动成本。至于不能简单地归入固定成本或变动成本的项目，则可通过一定比例将它们分解为固定成本和变动成本两部分。

账户分析法的优点是简便易行，在企业仅仅提供某一会计期间经营数据的情况下可以采用。账户分析法适用于会计基础工作较好的企业，但由于此法要求分析人员根据自己的主观判断来决定每项成本是固定成本还是变动成本，因而分类结果比较主观，精确性差。

三、合同确认法

合同确认法是根据企业与供应单位签订的合同、契约账单，以及企业内部制定的各种管理核算制度中明确规定的计费方法，确认是固定成本还是变动成本的一种分析方法。

这种方法的基本特点是：以合同、账单上的基数确认为固定成本；按记录耗用量多少的计价部分确认为变动成本。合同确认法主要适用于有明确计算方法的各种初始量变动成本，如电话费等，以及没有历史成本数据的成本项目。

四、历史资料分析法

历史资料分析法，是根据混合成本在过去一定期间内的成本与业务量的历史资料，采用适当的数学方法对其进行数据处理，从而分解出固定成本总额和单位变动成本的一种定量分析法。该法要求企业历史资料齐全，成本数据与业务量的资料要同期配套，具备相关性。因此，此法适用于生产条件比较稳定、成本水平波动不大以及有关历史资料比较完备的企业。此外，采用此法时必须注意不应使用已过时的历史数据，并分析历史数据中是否包含着过去的低效率，一旦识别出低效率，必须将其剔除。

常用的历史资料分析法有高低点法、散布图法和回归直线法。

1. 高低点法

高低点法是根据一定时期内企业的成本资料，分别取其业务量最高点和最低点时的总成本，依据总成本的函数模型来确定固定成本和变动成本的分解方法。

高低点法的基本做法是：先分解出单位变动成本，即以最高业务量的混合成本与最低业务量的混合成本之差，除以最高业务量与最低业务量之差，计算出单位变动成本，然后再代入总成本公式，根据最高业务量或最低业务量的数据，即可分解出混合成本中的固定成本。

单位变动成本和固定成本的计算公式如下：

$$\text{单位变动成本}=\frac{\text{最高点业务量的成本}-\text{最低点业务量的成本}}{\text{最高点业务量}-\text{最低点业务量}}$$

$$=\frac{\text{高低点业务量之间的成本差额}}{\text{高低点业务量之间的差额}}$$

固定成本＝最高点业务量的成本总额－单位变动成本×最高点业务量

或　　＝最低点业务量的成本总额－单位变动成本×最低点业务量

用数学形式表达为：

$$b=\frac{y_h-y_l}{x_h-x_l}$$

$$a=y_l-bx_l$$

或

$$=y_h-bx_h$$

［例 2－3］ C公司是一家生产笔记本电脑的制造厂商，企业的原材料大多来自外部供应商，随着近年来电脑市场竞争的加剧，企业逐渐开始注重对成本的分析和预测工作，表 2－3 是公司近十年来的产量与成本数据，请用高低点法将成本分解为变动成本和固定成本。

表 2－3　C公司成本资料

	产量(万台)	成本(千元)
1	52	360
2	59	400
3	60	470
4	68	480
5	75	520
6	76	550
7	72	550
8	75	510
9	80	520
10	77	600

由表 2－3 资料可知，产量最低点为第 1 年，最高点为第 9 年，根据高低点法的原理，混合成本的分解如下：

$$单位变动成本=\frac{520-360}{80-52}=5.71(千元)$$

$$固定成本=520-5.71\times80=63.2(千元)$$

则该混合成本的模型为：

$$Y=63.2+5.71x$$

高低点法的优点是简便，易于理解，但它只依靠两点数据，不一定能代表整体特征。因此，精确度较差，同时也容易受偶然性因素的影响。使用高低点法时，需要注意的是选择高低两点是以业务量高低两点为依据，而不是以成本的高低为依据。

2. 散布图法

散布图法又称直观法或目测法，它是指采用描点法，把企业收集到的一系列业务量和混合成本的历史数据描绘在以成本为纵轴、以业务量为横轴的平面坐标系中所形成的图形。使用散布图法，首先要将有关的历史数据在直角坐标系中描绘出来，形成散点图；然后通过目测法，用一条直线去拟和这些散点，从而反映企业成本的变动趋势；最后确定半变动成本中的固定部分和变动部分。方法是先确定固定成本，它是指现在纵轴上的截距，然后确定变动成本，公式如下：

$$单位变动成本=\frac{n\ 期总成本之和-n\ 期固定成本之和}{n\ 期业务量之和}$$

即

$$b=\frac{\sum y-na}{\sum x}$$

散布图法的优点是全面考虑了所有的历史成本数据，相对于高低点法，使用的数据更加全面，从而计算结果比高低点法更加准确。但是由于目测的拟合线具有一定的主观随意性，不同的成本分析人员会对相同的资料得出不同的答案。因此，这种方法仅适用于对成本的粗略估计，不适合作精确的成本估计。

[例 2－4] D公司2013年上半年有关的成本资料如表 2－4 所示：

表 2－4 D公司 2013 年上半年的成本资料

月份	业务量(件)	成本(元)
1	550	4 800
2	400	3 000
3	600	5 500
4	480	4 000
5	900	6 000
6	820	5 600

用散布图法确定固定成本、变动成本以及总成本的函数模型。

根据上述资料，可作散布图如图 2－12 所示，从图中可以看出，固定成本为 600 元。

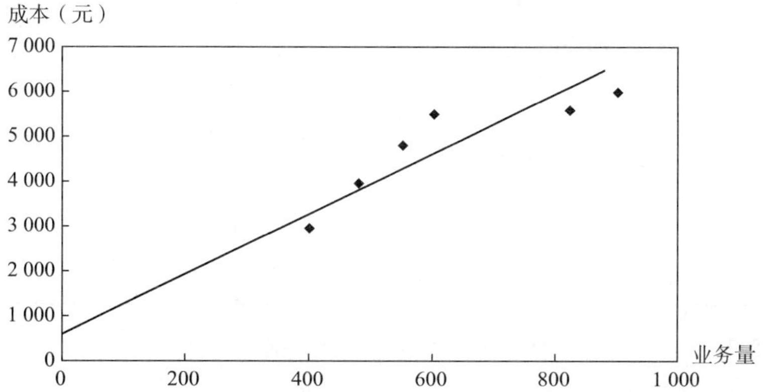

图 2－12 散布图

单位变动成本计算如下：

$$b=\frac{\sum y-na}{\sum x}=\frac{28\ 900-6\times 600}{3\ 750}=6.75$$

则混合成本的函数模型为 $y=600+6.75x$

3. 回归直线法(回归分析法)

回归直线法是一种数理统计法，它根据过去若干期业务量与成本的资料，应用数学上的最小平方法原理，来精确地计算出混合成本中的固定成本和单位变动成本。其原理是从散布图中找到一条直线，该直线与由全部历史数据形成的散布点之间的误差平方和最小，这条直线在数理统计中称为“回归直线”或“回归方程”。因而这种方法又称最小平方法。

回归直线标准的公式为 $y=a+bx$，根据 $a=\frac{\sum y-b\sum x}{n}$ 和 $b=\frac{n\sum xy-\sum x\sum y}{n\sum x^2-(\sum x)^2}$ 求值公式，先求 b 再求 a，最终可把混合成本分解为固定成本和变动成本。利用回归直线法分解混合成本是比较理想的一种方法，利用离差平方和最小的原理计算比较准确。但是应特别注意的是：

采用回归直线法分解混合成本时，首先要测定成本与业务量之间是否存在线性相关关系。如果线性无关或线性关系较弱，那么采用回归直线法就毫无意义了。测定混合成本与业务量之间的相关程度，一般通过计算相关系数 γ 的值来完成。

$$\gamma=\frac{n\sum xy-\sum x\sum y}{\sqrt{[n\sum x^2-(\sum x)^2][n\sum y^2-(\sum y)^2]}}$$

相关系数 γ 的取值范围为 $-1\leqslant\gamma\leqslant1$。当 $\gamma=0$ 时，说明 x、y 间为零相关，即成本与业务量之间无任何联系；当 $\gamma=1$ 时，说明 x、y 间完全正相关，即成本与业务量之间紧密相连；当 $\gamma=-1$ 时，说明 x、y 间负相关。一般企业成本与业务量之间存在一定程度的相关性，γ 值一般在 0～1 之间，γ 值越接近 1，则表明两者相关程度越密切。

［**例 2－5**］ D 企业的维修成本数据如下：

表 2－5　D 企业维修成本数据

月份	业务量(机器小时)	维修成本(元)
1	1 100	1 150
2	1 150	1 300
3	950	1 050
4	600	850
5	450	750
6	600	850
7	550	800
8	350	700
9	700	950

用回归直线法进行维修成本的分解，并进行相关程度分析。

根据上述资料，有关回归分析的数据如表 2－6 所示。

表 2－6　回归分析表

月份	业务量 x(机器小时)	维修成本 y(元)	xy	x^2	y^2
1	1 100	1 150	1 265 000	1 210 000	1 322 500
2	1 150	1 300	1 495 000	1 322 500	1 690 000
3	950	1 050	997 500	902 500	1 102 500
4	600	850	510 000	360 000	722 500
5	450	750	337 500	202 500	562 500
6	600	850	510 000	360 000	722 500
7	550	800	440 000	302 500	640 000
8	350	700	245 000	122 500	490 000
9	700	950	665 000	490 000	902 500
合计	$\sum x=6\ 450$	$\sum y=8\ 400$	$\sum xy=6\ 465\ 000$	$\sum x^2=5\ 272\ 500$	$\sum y^2=8\ 155\ 000$

由表 2－6 数据可得：

$$b=\frac{n\sum xy-\sum x\sum y}{n\sum x^2-(\sum x)^2}=\frac{9\times 6\ 465\ 000-6\ 450\times 8\ 400}{9\times 5\ 272\ 500-6\ 450^2}=0.684\ 6(\text{元})$$

$$a=\frac{\sum y-b\sum x}{n}=\frac{8\ 400-0.684\ 6\times 6\ 450}{9}=442.7(\text{元})$$

$$\gamma=\frac{n\sum xy-\sum x\sum y}{\sqrt{[n\sum x^2-(\sum x)^2][n\sum y^2-(\sum y)^2]}}$$

$$=\frac{9\times 6\ 465\ 000-6\ 450\times 8\ 400}{\sqrt{(9\times 5\ 272\ 500-6\ 450)^2)\times(9\times 8\ 155\ 000-8\ 155\ 000^2)}}$$

$$=0.983\ 4$$

$\gamma=0.983\ 4$，其值接近 1，相关程度较高，因此，可以采用回归直线法。

所以维修成本的数学模型为 $y=442.7+0.684\ 6x$

高低点法和散布图法比较简便，回归直线法计算比较复杂，工作量也较大，但混合成本分解的结果较为精确。

纵观以上混合成本的分解方法，它们各有优点也各有缺陷。工程分析法和账户分析法是一种带有主观判断倾向的方法，分解结果不够精确，但所花费用较低。后三种方法需要收集大量有关的历史资料，工作量较大，但混合成本分解的结果较前两种方法精确。在实际使用时，可根据企业的具体情况，将几种方法结合起来应用，以力求混合成本分解的正确性。

本章小结

成本按性态进行分类，这是管理会计的基础，也是管理会计进行本量利分析、投资决策分析的基础。将成本按其与业务量的关系，分为变动成本、固定成本和混合成本。

变动成本是指在一定条件下，其总额随业务量的变动而成正比例变动的成本。但单位变动成本不受业务量变动的影响而保持不变。

固定成本是指在一定条件下，其总额不受业务量变动的影响而保持固定不变的成本。固定成本还可根据其支出数是否受管理当局短期决策行为的影响，进一步分解为约束性固定成本和酌量性固定成本。

混合成本是指既非完全固定不变，也不随业务量成正比例变动的成本。对于混合成本可以按一定方法分解为变动成本和固定成本。常用的分解方法有工程分析法、账户分析法、合同确认法和历史资料分析法等，而历史资料分析法又包括高低点法、散布图法和回归直线法。

从成本性态角度对成本进行的划分突破了传统财务会计的成本分类，为企业着重管理好变动成本，从而降低总成本提供了可能性，也为变动成本计算法的出现奠定了理论基础。

复习思考题

1. 成本按经济用途可以分为哪几类？

2. 什么是成本性态，成本按其性态可分为哪几种，举例说明各种成本的特点及这种分类的意义。

3. 固定成本与变动成本的特征是什么？试举例说明。
4. 约束性固定成本与酌量性固定成本有何不同？
5. 什么是混合成本？分解混合成本有哪几种方法？分别说明其特点和适用性。

练习题

一、单选题

1. 单位产品成本中的变动成本与业务量之间的关系是(　　)。
A. 正比关系　　B. 反比关系
C. 保持不变　　D. 部分正比,部分反比
2. 以下按成本性态划分的成本概念是(　　)。
A. 相关成本　　B. 变动成本　　C. 机会成本　　D. 可控成本
3. 下列各项中属于变动成本的是(　　)。
A. 广告费　　B. 不动产财产税
C. 管理人员工资　　D. 生产一线工人的工资
4. 下列费用中属于酌量性变动成本的是(　　)。
A. 房间及设备租金　　B. 销售佣金
C. 行政管理人员的薪金　　D. 不动产税
5. 下列费用中属于约束性固定成本的是(　　)。
A. 照明费　　B. 广告费
C. 职工教育培训费　　D. 业务招待费
6. 延期变动成本属于(　　)。
A. 期间费用　　B. 混合成本　　C. 固定成本　　D. 变动成本
7. 通过目测的结果来勾画混合成本性态的方法是(　　)。
A. 回归直线法　　B. 高低点法　　C. 散布图法　　D. 工程分析法
8. 假设每个质检员最多检验 500 个产品,也就是说产量每增加 500 件就必须增加一名检验员,而且是在产量一旦突破 500 件的倍数时就必须增加。那么该质检员的工资成本就属于(　　)。
A. 半变动成本　　B. 半固定成本　　C. 延伸变动成本　　D. 变动成本
9. 混合成本分解的高低点法中的“低点”是指(　　)。
A. 成本总额最小的点　　B. 单位成本最小的点
C. 业务量最小的点　　D. 成本与业务量都最小的点
10. 在相关范围内,固定成本表现出以下特点(　　)。
A. 成本总额不受产量增减变动的影响　　B. 成本总额随产量的增加而增加
C. 单位固定成本随产量的增加而增加　　D. 产量增加,单位固定成本保持不变

二、多选题

1. 成本按经济用途可分为制造成本和非制造成本两大类。下列各项中,属于制造成本的

有(　　)。

A. 直接人工　B. 直接材料　C. 间接人工

D. 间接材料　E. 专职销售人员工资

2. 在相关范围内不随业务量的变动而变动的成本有(　　)。

A. 固定成本总额　B. 单位产品固定成本　C. 变动成本

D. 单位变动成本　E. 历史成本

3. 固定成本的特点是(　　)。

A. 总额的不变性　B. 总额的变动性

C. 单位固定成本的反比例变动性　D. 单位固定成本的不变性

4. 分解混合成本的方法有(　　)。

A. 高低点法　B. 散布图法　C. 回归直线法

D. 工程分析法　E. 账户分析法

5. 变动成本和固定成本的区别有(　　)。

A. 成本项目划分的基础　B. 单位成本和业务量的关系

C. 总成本和业务量的关系　D. 单位成本的控制手段

6. 成本按照成本习性可分为(　　)。

A. 制造成本　B. 非制造成本

C. 变动成本　D. 固定成本

7. 以下各项属于约束性固定成本的是(　　)。

A. 机器设备折旧费　B. 广告费

C. 销售人员的工资　D. 管理人员薪金

8. 以下各项费用中,受管理当局短期决策行为影响的有(　　)。

A. 广告费　B. 生产设备折旧费

C. 管理人员薪金　D. 职工培训费

三、判断题

1. 若站在单位业务量所负担的固定成本多寡的角度来观察,固定成本则是一个变量。

2. 约束性固定成本通常是企业管理当局在每一个会计年度开始前制定年度预算,一旦预算制定之后,将对年度内固定成本的支出起约束作用。

3. 无论哪一种成本,在成本性态分析中均可用一直线方程 $y=a+bx$ 来模拟。

4. 混合成本分解中的高低点法,在选择高低点坐标时,应以成本总额为标准。

5. 单位变动成本不受业务量变动的影响,在相关范围内保持不变。

6. 酌量性固定成本相对于业务量和特定的管理决策行为均是固定的。

7. 自行购置设备的年使用成本属于固定成本,而租赁设备的年使用成本属于变动成本。

四、计算题

1. 某工厂将过去 12 个月中最高业务量与最低业务量情况下的制造费用总额摘录如下表所示

摘　　要	高点(10 月)	低点(3 月)
业务量(机器小时)	75 000	50 000
制造费用总额(元)	176 250	142 500

上表制造费用总额中包括变动成本、固定成本和混合成本三类。该厂会计部门曾对低点月份业务量 50 000 机器小时的制造费用总额作了分析,其各类成本的组成情况如下:

变动成本总额	50 000 元
固定成本总额	60 000 元
混合成本总额	32 500 元
制造费用总额	142 500 元

(1) 采用高低法,将该厂的混合成本分解为变动部分和固定部分,并写出混合成本公式。

(2) 若该厂计划期间的生产能量为 65 000 机器小时,则其制造费用总额为多少元?

2. 已知某企业只生产单一产品,2012 年,各月的电费支出与产量的有关数据如下表所示:

月份	产量(件)	电费(元)
1	1 200	5 000
2	900	4 250
3	1 350	5 625
4	1 500	5 625
5	1 200	5 375
6	1 650	6 875
7	1 500	6 150
8	1 500	6 300
9	1 350	5 800
10	1 050	4 875
11	1 800	7 200
12	1 800	7 250

(1) 试用回归直线法对电费这一混合成本进行分解。

(2) 根据回归直线法的分解结果预测 2013 年 1 月的电费支出。假定 2013 年 1 月计划的产量为 1 700 件。

3. 某公司今年上半年的业务量与电费(半变动成本)资料如下表:

月份	业务量(千机器小时)	电费(元)
1	60	110
2	80	115
3	40	85
4	70	105
5	90	120
6	50	100

要求：

(1) 用高低点法求该公司的电费成本公式。

(2) 用散步图法求该公司的电费成本公式。

(3) 用回归直线法求该公司的电费成本公式。

4. A公司2012年中最高产量、最低产量下的制造费用总额数据如下表：

产量	最高点	最低点
产量(千件)	600	420
制造费用(千元)	3 160	2 450

制造费用中包括变动成本、固定成本和半变动成本，经分析，各成本组成情况如下：

单位变动成本(元)　　0.5

固定成本总额(千元)　　260

要求：

(1) 根据上述资料，采用高低点法将该公司的半变动成本分解，并写出半变动成本的公式。

(2) 若该公司2013年6月计划产量580千件，则它的制造费用总额预计为多少？

参考答案

一、单选题

1. C　2. B　3. D　4. B　5. A　6. B　7. C　8. B　9. C　10. A

二、多选题

1. ABCD　2. AD　3. AC　4. ABCDE　5. BCD　6. CD　7. AD　8. AD

三、判断题

1. √　2. ×　3. √　4. ×　5. √　6. ×　7. ×

四、计算题

1. (1) 低点的成本性态数据可知制造费用中：

变动成本总额＝50 000(元)

$$单位变动成本=\frac{50\ 000}{50\ 000}=1(元/小时)$$

固定成本总额＝60 000(元)

混合成本总额＝32 500(元)

故，高点的制造费用中：

变动成本总额＝1×75 000＝75 000(元)

固定成本总额＝60 000(元)

混合成本总额=176 250−75 000−60 000=41 250(元)

设混合成本数学模型为 $y=a+bx$

则 $b=\frac{41\ 250-32\ 500}{75\ 000-50\ 000}=0.35$(元/小时)

$a=41\ 250-0.35\times75\ 000=15\ 000$(元)

则混合成本的数学模型为 $y=15\ 000+0.35x$

(2) 当计划期的生产能力为 65 000 机器小时时

制造费用总额=$(60\ 000+x)+(15\ 000+0.35x)$

$=60\ 000+1\times65\ 000+15\ 000+0.35\times65\ 000$

$=162\ 750$(元)

2.(1) 单位变动成本 $b=\frac{n\sum xy-\sum x\sum y}{n\sum x^2-(\sum x)^2}=\frac{12\times101\ 283\ 750-16\ 800\times70\ 325}{12\times24\ 390\ 000-16\ 800^2}$

$=3.25$(元/件)

固定成本 $a=\frac{\sum y-b\sum x}{n}=\frac{70\ 325-3.25\times16\ 800}{12}=1\ 310.42$(元)

电费的线性回归模型为 $y=1\ 310.42+3.25x$

(2) 当 $x=1\ 700$ 件时,电费 $y=1\ 310.42+3.25\times1\ 700=6\ 835.42$(元)

3. 略

4.

	高点	低点
变动成本	600× 0.5 =300	420 × 0.5=210
固定成本	260	260
半变动成本	3 160−(260+300)=2 600	2 450−(260+210)=1 980

半变动成本分解:

$b=(2600-1980)\div(600-420)=3.44$

$y=a+bx$

$a=y_{高}-bx_{高}=2600-3.44\times600=536$

(1) 半变动成本模型 $y=536+3.44x$

(2) 制造费用模型 $y=260+0.5x+(536+3.44x)$

当 $x=580$ 千件,$y=260+0.5\times580+(536+3.44\times580)=3081.2$(千元)

第三章　变动成本法

第一节　变动成本法概述

一、变动成本法的含义

变动成本计算法(以下简称变动成本法)又称直接成本计算法，是以成本性态分析为前提，只将变动制造成本计入产品成本，而将固定制造成本和非制造成本作为期间成本在当期全部转销的一种成本计算方法。在变动成本法下，产品成本只包括直接材料、直接人工和变动制造费用即变动制造成本。它是相对于完全成本计算的一种成本计算方法，是管理会计的一大特点。它能为企业内部的经营管理工作提供成本资料，为正确进行成本的计划、控制和经营决策提供有价值的资料。它产生于 20 世纪 30 年代的美国，第二次世界大战以后，被广泛运用于美国、日本、西欧各国企业的内部管理。

变动成本法的理论依据是:产品成本应是指那些随产品实体的流动而流动，只有当产品实现销售时才能与收入实现配比、得以补偿的成本。产品成本必然与产品产量密切相关，在生产工艺没有发生实质性变化、成本水平不变的条件下，产品成本总额应当随着产品产量成正比例变动。固定制造成本是为企业提供一定的生产经营条件，并使它处于准备状态而发生的成本。企业生产经营条件一经形成，不管其实际利用程度如何，有关费用照样发生，同产品的实际生产没有直接联系，既不会由于产量的提高而增加，也不会因为产量的下降而减少。因而，它不应计入产品成本，而应作为期间成本处理。也就是说，它实质上是联系会计期间所发生的费用，是一种和企业生产经营活动持续期的长短成正比例的成本，其效益不应递延到下一个会计期间，因而这种费用应在其发生的当期全额列入损益表，作为该期销售收入的一个扣减项目，期末资产负债表上在产品、产成品存货的成本则把这部分费用排除在外。

变动成本法产生以后，人们就把传统的成本计算模式称为完全成本法。完全成本法又称吸收成本法，它不仅把产品生产过程中所消耗的直接材料、直接人工等制造成本计入产品成本，而且把全部制造费用(包括变动制造费用和固定制造费用)都吸收到产品成本中，并将非制造成本作为期间成本计入当期损益。这种成本计算方法在计算产品成本时将全部制造成本都包括在内，主要用于计量产品制造过程中的全部制造成本，反映企业的财务状况和财务成果。

国内外一些权威机构，如美国财务会计准则委员会、美国证券交易委员会、英国会计准则委员会、国际会计准则委员会、我国财政部、证监会、会计准则制定机构等都不允许以变动成本法的数据编制报告对外提供，只能按照完全成本法计算的数据编制报告对外提供。虽然变动成本法不能用来编制对外的财务会计报告，但它在企业的内部管理上，包括经营决策、目标管理、成本控制和业绩评价等方面发挥着重要作用。

二、变动成本法与完全成本法的比较

变动成本法与完全成本法的区别主要体现在以下几方面。

(一) 成本划分的标准、类别及产品成本的构成内容不同

变动成本法按照成本性态把企业的全部成本划分为变动成本和固定成本两大类，产品成本只包括变动制造成本，固定制造成本即固定制造费用则作为期间成本处理。完全成本法按经济用途把企业的全部成本分为制造成本和非制造成本两大类。产品成本包括全部制造成本(即产品制造过程中发生直接材料、直接人工、固定制造费用、变动制造费用)，非制造成本作为期间成本处理。具体内容见表 3-1。

表 3-1　两种成本计算法在成本划分及产品成本的构成上的比较

<table>
<tr><td>成本计算法</td><td colspan="3">变动成本法</td><td colspan="2">完全成本法</td></tr>
<tr><td>划分标准</td><td colspan="3">按成本性态分类</td><td colspan="2">按成本用途分类</td></tr>
<tr><td rowspan="8">成本划分的类别</td><td rowspan="5">变动成本</td><td rowspan="3">变动制造成本</td><td>直接材料</td><td rowspan="5">制造成本</td><td rowspan="5">直接材料
直接人工
制造费用</td></tr>
<tr><td>直接人工</td></tr>
<tr><td>变动制造费用</td></tr>
<tr><td rowspan="2">变动非制造成本</td><td>变动销售费用</td></tr>
<tr><td>变动管理费用</td></tr>
<tr><td rowspan="3">固定成本</td><td>固定制造成本</td><td>固定制造费用</td><td rowspan="3">非制造成本</td><td rowspan="3">销售费用
管理费用</td></tr>
<tr><td rowspan="2">固定非制造成本</td><td>固定销售费用</td></tr>
<tr><td>固定管理费用</td></tr>
<tr><td rowspan="3">产品成本构成内容</td><td colspan="2" rowspan="3">变动制造成本</td><td>直接材料</td><td rowspan="3">制造成本</td><td rowspan="3">直接材料
直接人工
制造费用</td></tr>
<tr><td>直接人工</td></tr>
<tr><td>变动制造费用</td></tr>
</table>

(二) 应用的目的不同

变动成本计算法是为强化企业内部管理而产生的，因此，它主要是为了满足企业的经营预测、决策和内部控制的需要，而完全成本法主要是为了满足对外提供报表的需要。

(三) 存货计价内容不同

在变动成本法下，产品成本按变动制造成本计算，将固定制造费用作为期间成本处理。因此，无论在产品、库存产成品还是已售产品都只包含变动制造成本，即期末存货都是按变动制造成本计价。而完全成本法计算的产品成本除包括变动制造成本以外，还包括固定制造费用，并将固定制造费用在完工产品和在产品之间分配，因此，期末在产品、库存产成品和已售产品中都吸收了一定的固定制造费用，即期末存货都是按全部制造成本来计算。所以，变动成本法计算的存货成本小于完全成本法计算的存货成本。

［**例 3-1**］　假设某公司只生产一种产品，2012 年的产量为 3 000 件，固定制造费用全年为 24 000 元，每件产品的成本如下：

直接材料　　　　12 元；
直接人工　　　　 8 元；
变动制造费用　　 6 元。

若无期初存货，期末存货为 1 000 件，根据上述资料，分别计算变动成本法和完全成本法下的期末存货价值。具体计算见表 3－2 所示。

表 3－2 期末存货价值计算(元)

成本项目	变动成本法	完全成本法
直接材料	12	12
直接人工	8	8
变动制造费用	6	6
固定制造费用		8
单位成本	26	34
期末存货数量	1 000	1 000
期末存货总价值	26 000	34 000

从[例 3－1]可见，该公司的产品期末存货采用变动成本法计算的成本为 26 000 元，采用完全成本法计算的成本为 34 000 元。两种方法下，期末存货成本差额相差 8 000 元，这个差额就是采用完全成本法计算期末存货上负担的固定制造费用 1 000×(24 000/3 000)＝8 000 元

(四) 损益确定的程序不同

1. 变动成本法确定损益的程序

(1) 先补偿本期已售产品的全部变动成本，计算得出边际贡献，具体公式为：

边际贡献＝销售收入－变动成本总额

其中，变动成本总额应包括本期已售产品的变动制造成本和变动的销售及管理费用。

(2) 再用边际贡献补偿固定成本，计算出当期的税前利润，具体公式为：

税前利润＝边际贡献－固定成本总额

其中，固定成本总额应包括固定的制造费用和固定的销售及管理费用。

2. 完全成本法计算损益的程序

(1) 先补偿本期已售产品的全部制造成本，计算出销售毛利，具体公式为：

销售毛利＝销售收入－销售成本

其中，销售成本＝期初存货成本＋本期生产成本－期末存货成本。

(2) 将销售毛利扣除期间成本，计算当期税前利润，具体公式为：

税前利润＝销售毛利总额－期间成本总额

其中，期间成本总额包括全部变动的、固定的销售及管理费用。

[例 3－2] 继续以[例 3－1]为例，若共售出 2 000 件，每件售价 50 元，变动销售费用为每件 1 元，变动管理费用为每件 0.6 元，固定销售费用共计 2 800 元，固定管理费用 4 000 元，假定期初存货为 0，期末存货为 1 000 件，其他成本资料如表 3－2 所示。分别用两种成本法计算

当期利润。两种成本法的损益表如表 3－3 和表 3－4 所示。

表 3－3　变动成本法下的损益表(元)

销售收入		100 000
减：变动成本		
变动制造成本	52 000	
变动销售费用	2 000	
变动管理费用	1 200	
变动成本合计		55 200
边际贡献		44 800
减：固定成本		
固定制造费用	24 000	
固定销售费用	2 800	
固定管理费用	4 000	
固定成本合计		30 800
税前利润		14 000

表 3－4　完全成本法下的损益表(元)

销售收入		100 000
减：销售成本		
期初存货成本	0	
加：本期生产成本	102 000	
减：期末存货成本	34 000	
销售成本合计		68 000
销售毛利		32 000
减：期间成本		
销售费用	4 800	
管理费用	5 200	
税前利润		22 000

由表 3－3 和表 3－4 的计算结果可见，两种成本计算法下的税前利润是不同的，完全成本法下的利润比变动成本法下的利润高 8 000 元。这是由于完全成本法下的期末存货成本包含了一部分的固定制造费用，这部分固定制造费用被拖延至下期，而变动成本法下的固定制造费用全部作为期间成本扣除。因此，两种方法各期损益的计算结果也有所不同。

第二节　变动成本法与完全成本法对利润影响的规律

变动成本法与完全成本法对固定制造成本的处理不一样，他们计算出的利润就有差异。假定企业生产的产品全部完工并销售，没有在产品和产成品的期初期末存货，由于当期固定制造成本不管是计入产品制造成本还是列入期间费用，最后都全部计入当期损益计算，这样采用两种方法计算的利润还是一致的，但是对于大多数企业来说，这种情况几乎是不太可能的。因此，采用变动成本法计算会对利润结果产生一定的影响，而且这种影响与产销量的稳定与否有着密切的关系。下面对企业产销量发生变化的情况下，采用变动成本法和完全成本法计算得出的利润进行比较分析。

一、产量稳定，销量变动的情况下，两种方法对利润影响的分析

在产量稳定而销量变动的情况下，产量稳定意味着若各年固定制造费用总额相等，单位产品所负担的固定制造费用也相等，所以，在完全成本法下产品单位成本保持不变。销售变动表明企业各期的期初、期末产成品库存存货数量不同。现将产量稳定而销量变动的情况下，这两种方法对利润的影响举例说明如下：

[例 3-3]　假设某工厂生产单一产品 2010 至 2012 年的产量都为 5 000 件，三年销量分别为 4 000 件、5 000 件、6 000 件，每件售价为 40 元，其成本资料如下：

制造成本：

单位变动成本	20 元
固定制造费用	50 000 元

销售及管理费用：

单位变动销售和管理费用	3 元
固定销售和管理费用	10 000 元

根据上述资料，分别按照变动成本法和完全成本法编制损益表 3-5、表 3-6 如下：

表 3-5　变动成本法下的损益表(元)

项　　目	2010 年	2011 年	2012 年
销售收入	160 000	200 000	240 000
减：变动成本			
变动制造成本	80 000	100 000	120 000
变动销售及管理费用	12 000	15 000	18 000
变动成本合计	92 000	115 000	138 000
边际贡献	68 000	85 000	102 000
减：固定成本			
固定制造费用	50 000	50 000	50 000
固定销售及管理费用	10 000	10 000	10 000
固定成本合计	60 000	60 000	60 000
税前利润	8 000	25 000	42 000

表 3-6　完全成本法下的损益表(元)

项　　目	2010 年	2011 年	2012 年
销售收入	160 000	200 000	240 000
减：销售成本			
期初存货成本	0	30 000	30 000
加：本期生产成本	150 000	150 000	150 000
减：期末存货成本	30 000	30 000	0
销售成本合计	120 000	150 000	180 000
销售毛利	40 000	50 000	60 000
减：期间成本			
销售及管理费用	22 000	25 000	28 000
税前利润	18 000	25 000	32 000

通过以上两种损益表的比较，可以发现在产量稳定的情况下，变动成本法和完全成本法在利润计算上的区别有以下几条规律：

(1) 如果期末存货大于期初存货，按变动成本法计算出的利润小于按完全成本法计算出的利润。其原因是完全成本法下固定制造费用没有完全被销售收入扣除，而是形成期末存货价值并随存货结转至下期。两种成本计算法的差额等于单位固定制造费用乘以期末存货比期初存货的增加数。如 2010 年，变动成本法比完全成本法下的利润少 10 000 元(18 000－8 000)，该差额等于单位固定制造费用 10 元(50 000÷5 000)乘以期末存货数量 1 000。

(2) 如果期末存货等于期初存货，则两种方法计算的利润相等。如 2011 年，按变动成本法和完全成本法计算的利润均为 25 000 元。这是因为，期末存货价值等于期初存货价值时，两种计算方法计入当期损益的固定制造费用总额是相等的，不存在部分固定制造费用没有被销售收入扣除，形成期末存货价值的问题。在变动成本法下，当期发生的固定制造费用 50 000 元被销售收入完全扣除。在完全成本法下，期末存货与期初存货价值相等时，期末存货与期初存货中包含的固定制造费用是相等的，当期发生的固定制造费用没有被存货吸收发生转移问题，表明它已被全部计入当期损益。因此，两种计算方法下的税前利润是相同的。

(3) 如果期末存货小于期初存货，则变动成本法计算的利润大于完全成本法计算的利润。其原因是完全成本法下销售收入除了补偿本期固定制造费用外，还要补偿由于期末存货小于期初存货，即上期存货结转至本期销售的存货中的固定制造费用；而变动成本法下销售收入只补偿本期的固定制造费用。这样，在同样的销售收入下，变动成本法计算的利润必然大于完全成本法计算的利润。如 2012 年，变动成本法比完全成本法计算下的利润高 10 000 元(42 000－32 000)，该金额等于在完全成本法下销售收入多扣除的、上期结转至本期的、期末存货比期初存货减少数中所包含的固定制造费用，即单位固定制造费用 10 元(50 000÷5 000)乘以存货减少数 1 000。

需要注意的是，上述产量稳定的情况下，变动成本法与完全成本法下利润的变化规律，是以产品的单位变动成本和固定成本总额保持不变为前提的，如果这两项成本耗费水平发生变化，那就另当别论了。

二、销量稳定，产量变动的情况下，两种方法对利润影响的分析

在销量稳定而产量变动的情况下，如果销售单价保持不变，那么销售稳定就意味着企业各年销售收入相同。若各年制造费用总额相同，产量变动则表明在完全成本法下各年单位产品所负担的固定制造费用就不同，其单位产品的单位制造成本也不同。现将销量稳定而产量变动的情况下，这两种方法对利润的影响说明如下：

[例 3－4]　假设某工厂只生产一种产品，2010—2012 年连续三年的产量分别为 6 000 件、5 000 件、4 000 件，这三年的销量均为 5 000 件，每件售价 40 元。其他成本资料如[例 3－3]。根据上述资料，分别按照变动成本法和完全成本法编制损益表 3－7 和表 3－8 如下。

表 3－7　变动成本法的损益表(元)

项　　目	2010 年	2011 年	2012 年
销售收入	200 000	200 000	200 000
减：变动成本			
变动制造成本	100 000	100 000	100 000
变动销售及管理费用	15000	15 000	15 000
变动成本合计	115 000	115 000	115 000
边际贡献	85 000	85 000	85 000
减：固定成本			
固定制造费用	50 000	50 000	50 000
固定销售及管理费用	10 000	10 000	10 000
固定成本合计	60 000	60 000	60 000
税前利润	25 000	25 000	25 000

表 3－8　完全成本法的损益表(元)

项　　目	2010 年	2011 年	2012 年
销售收入	200 000	200 000	200 000
减：销售成本			
期初存货成本	0	28 333	30 000
加：本期生产成本	170 000	150 000	130 000
减：期末存货成本	28 333	30 000	0
销售成本合计	141 667	148 333	160 000
销售毛利	58 333	51 667	40 000
减：期间成本			
销售及管理费用	25 000	25 000	25 000
税前利润	33 333	26 667	15 000

通过比较表3－7和表3－8可以发现在产量变动而销量稳定的情况下，变动成本法和完全成本法在利润计算上有以下几条规律：

（1）采用变动成本法，不论产量和存货有无变动，只要销售量相同，各年的利润就相等。这是因为各年的销售收入相同，在单位产品的售价和变动成本保持不变的情况下，各年的利润就相等。由此可见，采用变动成本法后，决定利润大小的主要因素是产品的销售数量、产量高低与存货增减的变化，对利润毫无影响。

（2）当期末存货大于期初存货时，变动成本法计算的利润小于完全成本法计算的利润。如2010年，当期末存货小于期初存货时，变动成本法计算的利润大于完全成本法计算的利润，如2012年。产量稳定而销量变动情况下的两种方法对利润的影响的规律在这里也基本适用。

但是在期末存货数量等于期初存货时，两种成本计算法下的利润并不完全相等，即使产销一致，两种成本计算法下的利润也可能会有一定的差异。这是因为完全成本法下各期单位产品成本可能不完全相同，即使期末存货数量与期初相同，存货成本也可能不完全相同。如2011年，虽然期初、期末存货数量都是1 000件，但是，期初存货单位产品成本为28.33元，而期末存货单位制造成本按照先进先出法计算为30元，所以，按照两种方法计算的利润就不一致。

三、关于两种成本计算法对利润的影响的总结

通过上面的分析可知，两种成本法确定的利润发生差异，其根本原因在于，两种成本计算法计入当期损益的固定性制造费用（即“固定制造成本”，以下同）的水平出现了差异，这种差异又具体表现为完全成本法下期末存货吸收的固定制造成本与期初存货释放的固定制造成本之间的差异。因此，两种成本法确定的利润发生差异的变动规律如下：

（1）若完全成本法下期末存货中的固定制造成本等于期初存货中的固定制造成本，则两种成本法扣除的固定制造成本总额相等。因此，两种方法确定的利润也相等。

（2）若完全成本法下期末存货中的固定制造成本大于期初存货中的固定制造成本，则完全成本法扣除的固定制造成本总额小于变动成本法扣除的固定制造成本总额。因此，按完全成本法确定的利润大于按变动成本法确定的利润。

（3）若完全成本法下期末存货中的固定制造成本小于期初存货中的固定制造成本，则完全成本法扣除的固定制造成本总额大于变动成本法扣除的固定制造成本总额。因此，按完全成本法确定的利润小于按变动成本法确定的利润。

第三节　变动成本法的评价

一、变动成本法的优点

1．变动成本法更符合“配比原则”的精神

变动成本法是以成本性态分析为基础计算存货的产品成本。它的基本原理就是将当期所确认的费用按照成本性态分为两大部分：一部分是变动成本，包括直接材料、直接人工和变动性制造费用。这部分成本中，由已销售产品负担的部分需要与销售收入相配比，未销售产品负

担的相应部分则需要与未来收益相配比。另一部分固定成本是企业为维持正常的生产能力所必须负担的成本。它们与生产能力的利用程度无关，不会随产量的变化而变化，应列为期间成本而与当期的收益相配比。至于销售费用与管理费用，变动成本法下同样是作为期间成本，但在进行相关决策时，也要按成本性态划分一下。

2. 能提供企业管理部门进行预测和短期决策的有用信息

变动成本法所提供的变动成本信息能帮助企业管理部门深入进行本量利分析，有利于企业预测经营前景、规划未来。如预测盈亏临界点，对目标利润、目标销售量或销售额、目标成本等进行规划，编制弹性预算等预测和规划方法，都是建立在变动成本法基础之上的。此外，在进行短期生产决策时，利用变动成本信息对各种方案进行边际贡献分析，有利于管理人员作出正确的经营决策。而完全成本法提供的信息是做不到这些的。

3. 有利于企业正确进行业绩评价

一般来说，企业多产多销，实现利润就越多，经营利润就越好；反之，多产少销，产品积压，实现利润就少，经营业绩就差。在完全成本法下有时却不能得到正确反映；在变动成本法下，将利润的变动趋势与销售量的变动趋势直接相联系，销售越多利润越高，经营业绩也越好。同时也促使管理层重视销售环节，搞好销售预测和以销定产，防止盲目生产，减少或避免因盲目生产而带来的损失。由此可见，变动成本计算法有利于企业进行业绩评价。

4. 简化成本核算，便于加强日常管理

采用变动成本法，把固定性制造费用列作期间成本，从边际贡献下直接扣除，不需要在成本对象之间进行分配，这就大大简化了间接费用的分配过程，不仅减轻了核算工作量，便于会计人员用更多的时间进行日常管理和财务分析，而且也保证了成本资料的及时性，避免了间接费用分配过程中的主观随意性。

二、变动成本计算法的缺点

1. 不符合会计准则的要求，不便于编制财务会计报表

当前，各国会计准则都规定，企业必须按完全成本法计算产品成本、计量收益和对外编制财务会计报表，而不允许按变动成本法进行确认、计量和对外报告财务状况、财务成果和现金流量。有些企业平时为满足企业预测、决策、控制和分析的需要，按变动成本法进行核算，期末再将变动成本法计算的数据调整、转换为完全成本法计算的数据，以满足对外编制财务会计报表的需要。这样会增加许多调整和计算工作，不便于编制符合会计准则要求的财务会计报告。

2. 不能适应长期决策的需要

众所周知，决策都是面向未来的，不论是哪一种成本计算方法，都只能提供“过去”的资料为未来的决策作参考。当这个“未来”一旦发生巨大变化时，由“过去”所提供的资料往往就显得无能为力。而且，长期决策要解决的是诸如增加或减少生产能力，扩大或缩小经营规模等方面的问题。这种决策，需要能提供若干年后也相对准确的预测数据作为依据。但由于受到技术进步和通货膨胀等因素的影响，单位变动成本和固定成本总额都无法固定不变，甚至可能发生很大的变化。因此，尽管变动成本法对短期决策能提供最优方案的有关数据，但对于长期决策来说，就难以胜任了。

3. 存货计价内容不完整

资产是过去交易、事项形成并由企业拥有或控制的资源。该资源预期会给企业带来经济

利益。企业会计应采用历史成本原则对资产进行核算。按照实际成本计价原则进行会计核算,有助于资产、负债和股东权益的存量计价,也有利于收入、费用和利润的流量计量,使企业的财务状况和财务成果的会计信息客观、真实。目前企业会计实务中,历史成本仍是企业会计核算的主要计量属性之一。

产品制造过程中发生的实际成本应包括变动成本和固定成本。变动成本法将固定制造成本不计入产品成本,使得产品价值明显低于实际价值。这样的产品成本不完整,在资产负债表上反映的存货价值也是不合理的。

4. 变动成本和固定成本的划分具有一定的假定性

变动成本法是以成本性态分析为基础的。但在实际工作中,纯粹的变动成本和固定成本都很少,大部分是混合成本。尽管采用一定的分解方法,但都不可能是一种十分精确的计算。

三、两种方法结合应用

对企业来说,会计核算工作必须能够提供两方面的信息,即对内必须为企业内部管理部门进行日常经营管理决策提供有用的资料;对外必须定期编制财务报表,将会计核算的结果定期提供给投资者、债权人及其他有关各方。变动成本法能够为企业内部管理提供所需的各种信息,是企业规划和控制经营活动、制定经营决策的重要手段,但是它不适用于编制对外的会计报表,其所提供的会计信息无法满足企业外部投资人和债权人进行决策的需求。完全成本法是按照公认的会计准则定期编制对外会计报告,有利于财务会计的资产计价和利润计量,能够弥补变动成本法的不足之处,但是,它无法提供企业内部管理所需要的信息。由此可见,变动成本法和完全成本法各有其优点和不足,而变动成本法的优点恰好是完全成本法的缺点,变动成本法的缺点正好是完全成本法的优点。但是,如果在一个企业同时使用两种成本计算方法,不仅会造成人力、物力、财力和时间上的极大浪费,还会造成大量的重复计算工作。因此,在会计核算中,应将两种成本计算方法有机地结合起来,取长补短,以便更好地满足企业会计同时提供对内对外两方面的信息需要。在新的制造环境下,如适时制下,存货将保持相对低位,甚至为零,变动成本法和完全成本法在计算收益上的差异将会很小。同时,计算机在企业中的广泛应用,为两种成本计算方法的结合应用创造了有利条件。

本章小结

变动成本法,是指在计算产品成本时,只把直接材料、直接人工和变动性制造费用列入产品成本,而把固定性制造费用作为期间费用直接从当期损益中扣减。

在变动成本法下,营业利润的计算严格区分固定成本和变动成本,销售收入减变动成本部分被确认为边际贡献,它反映了企业的盈利能力。但是边际贡献扣除固定成本以后才形成营业利润。变动成本法下编制的损益表主要为企业内部管理人员提供信息。

变动成本法是适应企业未来、加强企业经营管理而产生的。它具有以下优点:从理论上说更符合会计的“配比“原则要求;能提供管理部门进行预测和决策分析的有用信息;有利于加强成本控制和进行业绩评价;促使企业重视销售环节,做到以销定产;能简化成本核算。但变动成本法也有一定的缺点,它不符合财务会计的产品成本概念及对外报告的要求,不能适应长期决策的需要。

复习思考题

1. 什么是变动成本法和完全成本法？

2. 变动成本法的“产品成本”“存货成本”的内涵，同完全成本法比较，有何区别？

3. 试述变动成本法产品成本只有变动生产成本的原因。

4. 采用变动成本法和完全成本法损益确定程序有何不同？在编制损益表方面有哪些显著差别？

5. 变动成本法和完全成本法确定税前净利发生差异的根本原因是什么？试说明其规律。

6. 为什么采用完全成本法会促使企业盲目生产，造成仓库积压？请举例加以说明。

7. 如何评价变动成本法的优缺点？

练习题

一、单选题

1. 在变动成本法下，固定制造费用作为(　　)处理。

A. 直接材料　　B. 责任成本　　C. 递延成本　　D. 期间成本

2. 当产销绝对平衡时，完全成本法确定的营业利润(　　)变动成本法确定的营业利润。

A. 等于　　B. 不能确定　　C. 小于　　D. 大于

3. 完全成本法和变动成本法下，均计入产品成本的项目是(　　)。

A. 固定制造费用　　B. 变动制造费用

C. 变动销售及管理费用　　D. 固定销售及管理费用

4. 某企业本月销售甲产品 1 000 件，单价 150 元，单位变动成本 50 元，当月固定制造费用总额为 50 000 元，单位变动销售与管理费用的 10 元，固定销售及管理费用总额为 20 000 元，则该企业甲产品当月的销售毛利为(　　)元。

A. 50 000　　B. 40 000　　C. 30 000　　D. 20 000

5. 在变动成本法与完全成本法下，营业利润出现差异的根本原因在于两种成本计算法下计入当期损益的(　　)水平差异。

A. 变动生产成本　　B. 销售收入　　C. 固定制造费用　　D. 期间费用

6. 某公司产销平衡，年销售额为 1 000 万元，变动成本法下的产品成本总额为 600 万元，固定成本为 200 万元，非生产成本为 60 万元，则该公司的税前净收益为(　　)。

A. 140 万元　　B. 200 万元　　C. 260 万元　　D. 340 万元

7. 当期末存货量不为零，而期初存货量为零时，完全成本法确定的营业净利润(　　)变动成本法确定的企业净利润。

A. 大于　　B. 小于　　C. 不等于　　D. 不可确定

8. 如果完全成本法的期末存货成本比期初存货成本多 10 000 元，而变动成本法的期末存货成本比期初存货成本多 4 000 元，则可断定两种成本法的营业利润之差为(　　)。

A. 14 000 元　　B. 10 000 元　　C. 6 000 元　　D. 4 000 元

9. 如果某期按变动成本法计算的营业利润为 5 000 元，该期产量为 2 000 件，销售量为 1 000 件，期初存货为零，固定性制造费用总额为 2 000 元，则按完全成本法计算的营业利润为(　　)。

A. 6 000 元　　B. 5 000 元　　C. 1 000 元　　D. 0 元

10. 变动成本法下的期间成本包括(　　)。

A. 直接材料　　B. 直接人工

C. 变动性制造费用　　D. 固定性制造费用

二、多选题

1. 在完全成本法下计入产品成本的是(　　)。

A. 直接材料　　B. 直接人工　　C. 变动制造费用　　D. 固定制造费用

2. 在变动成本法下，计入产品成本的是(　　)。

A. 直接材料　　B. 直接人工　　C. 变动制造费用　　D. 固定制造费用

3. 在下列(　　)情况下，变动成本法所计算出的营业利润低于完全成本法所计算出的营业利润。

A. 本期生产量等于本期销售量

B. 本期生产量大于本期销售量，且期初无存货

C. 本期生产量小于本期销售量，且期末无存货

D. 本期生产量大于本期销售量，且期初期末均有存货

4. 下列项目中，属于变动成本法与完全成本法的区别有(　　)。

A. 产品成本的构成内容不同　　B. 计算出的营业利润不同

C. 利润表的格式不同　　D. 损益确定程序不同

5. 变动成本法的优点主要可以体现在以下几个方面(　　)。

A. 易于为管理部门所理解　　B. 能提供产品盈利能力资料

C. 便于分析部门的经济责任　　D. 有利于编制对外财务报表

6. 属于变动成本的有 (　　)。

A. 直接材料　　B. 管理人员工资

C. 设备折旧　　D. 生产工人计件工资

7. 不会引起变动成本法和完全成本法确定的税前净利产生差异的有(　　)。

A. 非生产成本　　B. 固定生产成本　　C. 销售收入　　D. 变动生产成本

8. 下列对于变动成本法缺点的表述中，(　　)是正确的。

A. 不符合公认会计准则成本概念的要求。

B. 存货计价内容不完整。

C. 成本计算工作量大，不利于加强日常管理。

D. 不适应长期经济决策和定价决策的需要。

9. 已知某企业本期期末存货量大于期初存货量(即产大于销)，该期发生的固定生产成本的水平与前期相同，但两期产量不同，则本期的完全成本法与变动成本法的营业净利润差额(　　)。

A. 可能大于零　　B. 可能小于零　　C. 可能等于零　　D. 一定不为零

三、判断题

1. 完全成本法下，固定制造费用不可能转化存货成本和销货成本。

2. 在完全成本法下，如果各期产品销售量相同（销售价格不变），则各期所对应的营业利润也相同。

3. 由于两种成本计算法下对固定制造费用的处理不同，完全成本法确定的产品成本一般比变动成本法高。

4. 完全成本法提供的成本信息有助于企业扩大生产，能刺激增产的积极性；而变动成本法提供的成本及有关信息有助于促使企业增加销售、扩大市场。

5. 变动成本法下，期末产成品和在产品估价必然高于完全成本法下的估价。

6. 在不考虑期初存货的前提下，当生产量＞销售量时，变动成本法下的利润计量结果比完全成本制度下的利润计量结果要大。

7. 制造成本是指与产品制造活动密切相关的费用支出，其主要构成项目表现为直接材料、直接人工和制造费用。

四、计算题

1. 某公司只生产一种产品，2012 年有关产品的成本数据如下：单位产品的直接材料为 5 元/件，直接人工为 4 元/件，单位变动制造费用为 1 元/件，全年固定制造费用总额为 50 000 元，全年产量为 10 000 件，单位售价 28 元；变动销售费用为 1 元/件，固定销售费用为 3 000 元/年，变动管理费用为 1 元/件，固定管理费用 2 000 元/年；假定当年销售量为 9 000 件。

要求：

(1) 分别计算两种成本法下的产品单位成本。

(2) 分别计算两种成本法下的期末存货成本。

(3) 分别计算两种成本法下的期间成本。

(4) 分别计算两种成本法下的产品销货成本。

(5) 分别计算两种成本法下的税前利润。

2. 某公司采用完全成本法编制的分年利润表和产销量分别如下表所示，每年的单位变动生产成本为 2 元，固定制造费用总额 36 000 元，每年的单位变动销售及管理费用为 1 元，其余为固定销售及管理费用；产品存货采用先进先出法。

单位：元

项　　目	2010 年	2011 年	2012 年
销售收入	75 000	60 000	75 000
期初存货成本	0	0	20 000
加：本期生产成本	56 000	60 000	52 000
减：期末存货成本	0	20 000	13 000
销售毛利	19 000	20 000	16 000
减：销售及管理费用	15 000	13 000	15 000
营业利润	4 000	7 000	1 000

项　目	2010 年	2011 年	2012 年
生产量(件)	10 000	12 000	8 000
销售量(件)	10 000	8 000	10 000

要求：(1) 用变动成本法编制该公司的分年损益表。

(2) 将两种成本法下的营业利润做一比较，并加以说明。

3. 某公司生产单一品种的产品，2012 年有关生产、销售和成本的资料如下表所示。

期初存货量	0
本年投产完工量	15 000 件
本年销售量	12 000 件
单价	40 元
直接材料	90 000 元
直接人工	60 000 元
变动制造费用	30 000 元
固定制造费用	90 000 元
销售及管理费(全部为固定费用)	60 000 元

要求：

(1) 按完全成本法计算单位产品成本。

(2) 按变动成本法计算单位产品成本。

(3) 分别按照完全成本法和变动成本法编制损益表，确定 2012 年净收益。

(4) 说明分别采用两种成本计算法据以确定的净收益发生差异的原因。

4. 假设某公司只产销一种产品，2012 年度共生产 10 000 件，销售 8 000 件，期初无存货，全年共发生直接材料 40 000 元，直接人工 30 000 元，变动性制造费用 10 000 元，固定性制造费用 50 000 元。推销及管理费用 20 000 元(全部为固定)。该年度产品的变动成本率为 40%。要求：

(1) 分别计算变动成本法和完全成本法下的产品单位成本；

(2) 分别计算两种成本计算法下的税前利润(可不编制损益表，直接计算)；

(3) 说明两种成本计算法下，税前利润不等的原因。

5. 假定某企业生产一种产品，第一年、第二年的生产量分别为 150 000 件和 140 000 件，销售量分别为 140 000 件和 150 000 件，存货的计价采用先进先出法。每单位产品的售价为 5 元，生产成本资料如下：每件变动生产成本 3 元，其中包括直接材料 1.30 元，直接人工 1.50 元，变动性制造费用 0.20 元；固定性制造费用每年的发生额为 150 000 元。变动性销售与管理费用为销售收入的 5%，固定性销售与管理费用发生额为 65 000 元。要求：

(1) 分别采用变动成本法和完全成本法计算并确定第一年和第二年的营业利润；

(2) 具体说明第一年和第二年分别采用两种成本计算方法据以确定的营业利润产生差异的原因。

参考答案

一、单选题

1. D　2. A　3. B　4. A　5. C　6. A　7. A　8. C　9. A　10. D

二、多选题

1. ABCD　2. ABC　3. BD　4. ACD　5. ABC　6. AD　7. ACD　8. ABD　9. ABC

三、判断题

1. ×　2. ×　3. √　4. √　5. ×　6. ×　7. √

四、计算题

1.

项　目	完全成本法	变动成本法
产品单位成本	5+4+1+(50 000÷10 000)=15	5+4+1=10
期末存货成本	(10 000−9 000)×15=15 000	(10 000−9 000)×10=10 000
期间成本	(1×9 000+3 000)+(1×9 000+2 000)=23 000	50 000+(1×9 000+3 000)+(1×9 000+2 000)=73 000
销货成本	9 000×15=135 000	9 000×10=90 000

完全成本法		变动成本法	
项目	金额(元)	项目	金额(元)
销售收入	252 000	销售收入	252 000
销售成本：		变动成本：	
期初存货成本	0	变动制造成本	90 000
本期生产成本	150 000	变动销售费用	9 000
减：期末存货成本	15 000	变动管理费用	9 000
销售成本合计	135 000	变动成本合计	108 000
销售毛利	117 000	边际贡献	144 000
减：销售费用	12 000	固定成本：	
管理费用	11000	减：固定制造费用	50 000
税前利润	94 000	固定销售费用	3 000
		固定管理费用	2 000
		固定成本合计	55 000
		税前利润	89 000

2.(1) 按变动成本法编制的损益表

项　目	2010 年	2011 年	2012 年
销售收入	75 000	60 000	75 000
减：变动成本	30 000	24 000	30 000
变动制造成本	20 000	16 000	20 000
变动销售及管理费用	10 000	8 000	10 000
边际贡献	45 000	36 000	45 000
减：固定成本	41 000	41 000	41 000
固定制造费用	36 000	36 000	36 000
固定销售及管理费用	5 000	5 000	5 000
营业利润	4 000	−5 000	4 000

(2) 分析两种成本法下的税前净利差异：2010 年产销平衡，所以计算出的营业利润相同。2011 年，由于产量 12 000 大于 8 000 销售量，所以完全成本法下计算出的营业利润大于变动成本法下的营业利润，差额为 12 000 元[(36 000÷12 000)×4 000]。2012 年，由于产量 8 000 小于销量 10 000 元，所以完全成本法计算出的营业利润小于变动成本法下的营业利润，差额为−3 000 元[(36 000÷8 000)×2 000−(36 000÷12 000)×4 000]

3. $$\text{全部成本法单位产品成本}=\frac{\text{直接材料}+\text{直接人工}+\text{变动性制造费用}+\text{固定性制造费用}}{\text{本年投产完工数}}$$

$$=\frac{90\ 000+60\ 000+30\ 000+90\ 000}{15\ 000}=18(\text{元/件})$$

$$\text{变动成本法单位产品成本}=\frac{\text{直接材料}+\text{直接人工}+\text{变动性制造费用}}{\text{本年投产完工数}}$$

$$=\frac{90\ 000+60\ 000+30\ 000}{15\ 000}=12(\text{元})$$

完全成本法		变动成本法	
销售收入	12 000×40=480 000	销售收入	480 000
销售成本		减：变动成本	12×12 000=144 000
期初存货成本	0	贡献毛益	336 000
加：本期生产成本	18×15 000=270 000	减：固定成本	
减：期末存货成本	18×3 000=54 000	固定制造费用	90 000
销售成本总额	216 000	固定销售及管理费用	60 000
销售毛利	264 000	固定成本合计	130 000
减：期间成本	60 000	税前净利	186 000
税前净利	204 000		

产生差异的原因在于变动成本法和完全成本法在处理固定性制造费用的差异上，变动成本法是将固定性制造费用在当期全部扣除，而完全成本法是将其分摊到产品成本中去。因此，完全成本法下，当期末存货吸收的固定性制造费用与期初存货释放的固定性制造费用不同时，按完全成本法确定的税前净利与按变动成本法确定的税前净利就会有差异。

本题，完全成本法下的期末存货吸收的固定性制造费用−完全成本法下的期初存货释放的固定性制造费用=(90 000 /15 000)×3 000=6×3 000=18 000(元)。

所以，完全成本法确定的税前净利－变动成本法确定的税前净利＝204 000－186 000＝18 000(元)。

4.(1) b＝(40 000＋30 000＋10 000)÷10 000＝8(元)

8÷p＝40％　　∴p＝20(元)

变动成本法单位产品成本＝8(元)

完全成本法单位产品成本＝(40 000＋30 000＋10 000＋50 000)/10 000 ＝13(元)

(2)

变动成本法		完全成本法	
销售收入	20×8 000＝160 000	销售收入	20×8 000＝160 000
减：变动成本	8×8 000＝64 000	销售成本	
贡献毛益	96 000	期初存货成本	0
减：固定成本		加：本期生产成本	13×10 000＝130 000
固定制造费用	50 000	减：期末存货成本	13×2 000＝26 000
固定销售及管理费用	20 000	销售成本总额	104 000
固定成本合计	70 000	销售毛利	56 000
税前净利	26 000	减：期间成本	20 000
		税前净利	36 000

产生差异的原因在于变动成本法和完全成本法在处理固定性制造费用的差异上，变动成本法是将固定性制造费用在当期全部扣除，而完全成本法是将其分摊到产品成本中去，因此，完全成本法下，当期末存货吸收的固定性制造费用与期初存货释放的固定性制造费用不同时，按完全成本法确定的税前净利与按变动成本法确定的税前净利就会有差异。

本题，完全成本法下的期末存货吸收的固定性制造费用－完全成本法下的期初存货释放的固定性制造费用＝(50 000/10 000)×2 000＝5×2 000＝10 000(元)。

所以，完全成本法确定的税前净利－变动成本法确定的税前净利＝4 000－(－6 000)＝10 000(元)

5.(1) 分别采用完全成本法和变动成本法确定的第一年和第二年的营业利润

完全成本法下的损益表　　　　单位：元

项目 \ 期间	第一年	第二年
销售收入	140 000×5＝700 000	150 000×5＝750 000
销售成本：	560 000	610 000
期初存货	0	40 000
本期产品生产成本	600 000	570 000
可供销售的产品成本	600 000	610 000
期末存货	40 000	0
销售毛利	140 000	140 000
销售及管理费用	65 000＋700 000×5％＝100 000	65 000＋750 000×5％＝102 500
营业利润	40 000	37 500

注：第一年本期产品生产成本 $=150\ 000\times\left(3+\dfrac{150\ 000}{150\ 000}\right)=600\ 000$(元)

第二年本期产品生产成本 $=140\ 000\times\left(3+\dfrac{150\ 000}{140\ 000}\right)=570\ 000$(元)

第一年期末存货成本 $=10\ 000\times4=40\ 000$(元)

第二年期末存货成本 $=0$(元)

变动成本法下的损益表

单位:元

项目 \ 期间	第一年	第二年
销售收入	700 000	750 000
减：变动生产成本	140 000×3=420 000	150 000×3=450 000
变动销售及管理费用	700 000×5%=35 000	750 000×5%=37 500
贡献毛益	245 000	262 500
减：固定性制造费用	150 000	150 000
固定性销售管理费用	65 000	65 000
营业利润	30 000	47 500

(2) 第一年采用完全成本法计算的税前利润比采用变动成本法计算的营业利润增加了10 000元(40 000－30 000)，是因为在采用完全成本法时，当年期末存货吸收了固定性制造费用10 000元 $\left(10\ 000\times\dfrac{150\ 000}{150\ 000}\right)$ 并结转到第二年。

第二年采用完全成本法计算的营业利润比采用变动成本法计算的营业利润减少了10 000元(37 500－47 500)，是因为在采用完全成本法下，本年吸收了第一年末存货结转来的固定性制造费用10 000元 $\left(10\ 000\times\dfrac{150\ 000}{150\ 000}\right)$，而转入下一期的固定制造费用为0，两个因素相抵后，使采用完全成本法计算的营业利润比采用变动成本法计算的营业利润减少了10 000元。

第四章　本量利分析

第一节　本量利分析的概述

本量利分析是在成本性态分析和变动成本法基础上的进一步扩展。本量利分析所提供的基本原理和方法在企业生产经营中有着广泛的用途，是为企业经营决策、预测、利润的规划、成本控制和业绩评价提供必要的财务信息的一种重要工具。

本量利分析是"成本—业务量—利润"分析的简称，是指对企业在一定期间内的成本、业务量和利润三者之间的相互依存关系所进行的分析。本量利分析的目的在于通过分析短期内产品销售量、销售价格、固定成本、单位变动成本以及产品结构等因素的变化对利润的影响，为企业管理人员提供预测、决策等方面的信息。

一、本量利分析的基本假定

本量利分析理论是建立在一定的假设基础上的，这些假设限定了本量利分析的应用范围，而且由于各种因素的影响往往与实际情况不同。如果忽视了这一点，特别是当假定不成立或有偏差时，要及时调整、修正分析讨论。否则，会造成本量利分析不当，导致作出错误的预测和决策。本量利分析一般有以下几个方面假定。

1. 成本性态分析假定

假定成本性态分析工作已经完成，全部成本已经被区分为变动成本与固定成本两部分，则有关的成本性态模型已经建立起来。

2. 相关范围和线性关系假定

由于本量利分析是在成本性态分析基础上发展起来的，成本性态分析的基本假设也就成为本量利分析的基本假设，也就是在相关范围内，固定成本总额保持不变，变动成本总额随业务量变化成正比例变化，前者用数学模型来表示就是 $y=a$，后者用数学模型来表示就是 $y=bx$，所以，总成本与业务量呈线性关系，即 $y=a+bx$。相应地，假设售价也在相关范围内保持不变，这样，销售收入与销售量之间也呈线性关系，用数学模型来表示就是 以售价为斜率的直线 $y=px$（p 为销售单价）。这样，在相关范围内，成本与销售收入均表现为直线。由于有了相关范围和线性关系这两种假设，就把在相关范围之外，成本和销售收入与业务量呈非线性关系的实际情况排除在外了。但在实际经济活动中，成本、销售收入和业务量之间会存在这种非线性关系的现象。

3. 产销平衡假设

一般产量的变化会影响到成本的变化，而销量的变化则会影响到收入的变化。在单一品种的情况下，假定产销平衡，即企业只安排一种产品生产的条件下，是以生产出来的产品总是可以实现销售，达到产销平衡为前提条件的。因此，在模型分析中，通常不考虑产量而只考虑销量这一数量因素。

4. 品种结构稳定假设

在多品种产销的情况下，假定品种结构稳定。所谓品种结构是指各产品的产销额占全部产品产销额的比重，即在企业安排多种产品生产的条件下，不仅假定产销平衡，而且在销售总量(额)发生变化时，是以产品品种结构不变为前提条件的。

5. 利润假设

本量利分析中的利润一般假定为不考虑投资收益和营业外收支的营业利润，通常假设投资收益和营业外收支为零，则亦可为利润总额。至于会计实务中，必须在利润前扣除其他税金，可视其特征进行分类。若与产销量(业务量)或销售额增减变动关系不大的税金，如房产税、印花税、车船使用税、土地使用税等，可视作固定成本(期间成本)；若与产销量(业务量)或销售额增减变动关系较大的税金，如销售税、营业税、城市维护建设税等价内税，均可视作变动成本。

由于本量利分析建立在以上各种假设之上，所以，一般只适用于短期分析。这些假定便于揭示成本、业务量和利润等诸要素之间的规律性联系，突出某些重要的结论，同时，了解这些假定也为实际工作中应用本量利分析原理指出了努力的方向，即不能盲目照搬本量利分析的结论，必须从动态的角度去分析企业生产经营条件、市场与价格、生产要素、品种结构与技术条件等诸因素的实际变动，调整分析结论。要积极应用动态分析和敏感性分析等技术来克服本量利分析的局限性，同时还应考虑如何在完全成本模式下应用本量利分析的问题。

二、本量利分析的基本方法及其变换形式

1. 基本的损益方程式

目前，多数企业都使用损益法来计算销售利润，即首先确定一定期间的销售收入，然后计算与这些收入相匹配的成本，两者之间的差就为销售利润。

销售利润＝销售收入－总成本
＝销售收入－(变动成本＋固定成本)
＝销售量×销售单价－销售量×单位变动成本－固定成本
＝销售量×(销售单价－单位变动成本)－固定成本

这个方程式明确地表达了本量利之间的数量关系的基本数学模型，它包括五个相互联系的变量，只要给定其中任意四个变量，就可以通过模型计算出另外一个变量。一般情况下，在规划利润时，通常将单价、单位变动成本、固定成本视为稳定的常量，只有销售量和利润两个自由变量。这样，在给定目标利润时，可以利用数学模型直接计算出销售水平；在给出销售量时，也可以直接计算出销售利润。

[例 4-1] 假设某企业生产一种产品，每月固定成本 5 000 元，单价 30 元，单位变动成本 15 元，本月计划销售 700 件，则预期销售利润是多少？

将有关数据代入损益方程式：

销售利润＝700×(30－15)－5 000＝5 500(元)

基本的损益方程式不仅可以根据计算的要求变换成其他形式，还可以根据企业的具体情况增加一些变量，成为更复杂、更接近实际的方程式。损益方程式实际上是利润表的模型化表达，不同的利润表可以构造出不同的模式。

2. 损益方程式的变换形式

基本的损益方程式把“销售利润”放在等号的左边，其他变量放在等号的右边，这种形式便于计算销售利润。如果待求的数值是其他变量，则可以将方程式进行恒等变换，使等号的左边是待求的变量，其他参数放在右边，由此可以得出四个损益方程式的变换形式。

(1) 计算销量的方程式。

$$\text{销量}=\frac{\text{固定成本}+\text{销售利润}}{\text{单价}-\text{单位变动成本}}$$

假设[例 4-1]中该企业拟实现目标利润 10 000 元，问销量应达到多少?

$$\text{销量}=\frac{5\ 000+10\ 000}{30-15}=1\ 000(\text{件})$$

(2) 计算单价的方程式。

$$\text{单价}=\frac{\text{固定成本}+\text{销售利润}}{\text{销量}}+\text{单位变动成本}$$

假设[例 4-1]预计销售 750 件，预期利润为 7 000 元，则销售单价应为多少?

$$\text{单价}=\frac{5\ 000+7\ 000}{750}+15=31(\text{元})$$

(3) 计算单位变动成本的方程式。

$$\text{单位变动成本}=\text{单价}-\frac{\text{固定成本}+\text{销售利润}}{\text{销量}}$$

假设销售单价 30 元，每月固定成本 5 000 元，销量为 1 000 件，销售利润为 9 000 元，则单位变动成本应该为多少?

$$\text{单位变动成本}=30-\frac{5\ 000+9\ 000}{1\ 000}=16(\text{元})$$

(4) 计算固定成本的方程式。

$$\text{固定成本}=\text{单价}\times\text{销量}-\text{单位变动成本}\times\text{销量}-\text{销售利润}$$

假设[例 4-1]中该企业生产这种产品的单位变动成本为 15 元，销售价格为 30 元，预期销售量为 700 件，预期利润为 7 000 元，则固定成本应为多少?

$$\text{固定成本}=700\times(30-15)-7\ 000=3\ 500(\text{元})$$

三、边际贡献及相关指标的计算

1. 边际贡献

边际贡献是本量利分析中的重要概念，是衡量企业经济效益的重要指标。边际贡献也称贡献毛益，是指产品销售收入弥补全部的变动成本总额后的剩余部分。其单位边际贡献指产品的销售单价减去单位变动成本后的余额，即每增加一个单位产品销售可为企业带来的利润水平的增加。

(1) 单一产品的产销情况下的边际贡献计算公式。

边际贡献＝销售收入－变动成本
＝销售量×(销售单价－单位变动成本)
＝销售量×单位边际贡献

其中,单位边际贡献＝销售单价－单位变动成本

［例 4－2］ 假设某公司只生产一种产品,该产品单位售价为 30 元,单位变动成本为 15 元,销售量为 700 件,则:

边际贡献＝(30－15)×700＝10 500(元)
单位边际贡献＝30－15＝15(元)

(2) 多种产品的产销情况下的边际贡献计算公式。

全部产品边际贡献＝∑(各种产品边际贡献)
＝∑(各种产品销售收入－各种产品变动成本)

若将边际贡献放入利润基本公式,则为

利润＝边际贡献－固定成本
＝销量×单位边际贡献－固定成本

边际贡献的大小将直接影响企业产品销售的盈亏情况,产品销售能否保本以及能否取得销售利润,将取决于边际贡献能否弥补全部固定成本,并有剩余额及剩余额的大小。在固定成本不变的情况下,边际贡献的增减意味着利润的增减,只有当边际贡献大于固定成本时,才能为企业提供利润,否则,企业将会出现亏损。

［例 4－3］ 假设某企业生产 A、B、C 三种不同型号的产品,上月耗费固定成本 1 500 元,有关资料见表 4－1,请计算边际贡献和利润。

表 4－1 某企业销售及成本计划资料

单位:元

产品	单价	单位变动成本	销量
A	20	16	150
B	15	10	270
C	12	8	400

A 产品单位边际贡献＝20－16＝4(元)
A 产品边际贡献＝4×150＝600(元)
B 产品单位边际贡献＝15－10＝5(元)
B 产品边际贡献＝5×270＝1350(元)
C 产品单位边际贡献＝12－8＝4(元)
C 产品边际贡献＝4×400＝1600(元)

则该企业上月边际贡献＝A 产品边际贡献＋B 产品边际贡献＋C 产品边际贡献
＝600＋1 350＋1 600＝3 550(元)

2. 边际贡献率

边际贡献率是指产品的边际贡献占产品的销售收入的百分比(或单位边际贡献除以单价)。这是反映产品盈利能力的相对数指标,它可以理解为每 1 元销售收入中边际贡献所占的

[例 4-7]　假设 A 企业只生产和销售单一产品，该产品单位售价 80 元，单位变动成本 50 元，固定成本总额 60 000 元，预计正常销售量 4 000 件，试计算其盈亏临界点销售量。

$$盈亏临界点销售量=\frac{60\ 000}{80-50}=2\ 000(件)$$

2. 盈亏临界点销售额

盈亏临界点销售额是指利润为零的销售额。

$$利润=销售额\times边际贡献率-固定成本$$

令利润为 0，此时的销售额为盈亏临界点销售额：

$$盈亏临界点销售额\times边际贡献率-固定成本=0$$

$$盈亏临界点销售额=\frac{固定成本}{边际贡献率}$$

[例 4-8]　仍以[例 4-7]的资料为例，其盈亏临界点销售额$=\frac{60\ 000}{(80-50)\div 80}=160\ 000$(元)

(三) 多品种的盈亏临界分析

生产单一产品的企业在市场经济中只占少数，大多数企业都生产多种产品，多种产品的盈亏临界点一般用盈亏临界点销售额来表示，其计算公式如下：

$$综合盈亏临界点销售额=\frac{固定成本}{加权平均边际贡献率}$$

其中，　$$加权平均边际贡献率=\frac{\sum各种产品边际贡献}{\sum各种产品销售收入}\times 100\%$$

或　$$=\sum(各种产品边际贡献率\times该产品销售额占总销售比重)$$

[例 4-9]　设 B 企业生产和销售甲、乙、丙三种产品。该企业计划年度三种产品品种结构比例不变，计划销量及单价、单位变动成本数据如表 4-3 所示，计划年度固定成本总额 174 000 元。试计算该企业盈亏临界点销售额。

表 4-3　B 企业成本资料

产品	计划销售量(件)	单价(元)	单位变动成本(元)
甲	5 000	80	50
乙	3 000	90	70
丙	2 000	100	60

$$加权平均边际贡献率=\frac{(80-50)\times 5\ 000+(90-70)\times 3\ 000+(100-60)\times 2\ 000}{5\ 000\times 80+3\ 000\times 90+2\ 000\times 100}$$

$$=\frac{150\ 000+60\ 000+80\ 000}{400\ 000+270\ 000+200\ 000}=33.33\%$$

$$则综合盈亏临界点销售额=\frac{174\ 000}{33.33\%}=522\ 052.21(元)$$

二、安全边际和安全边际率

与盈亏临界点密切相关的还有一个概念，即安全边际。所谓安全边际，是指正常销售量或销售额超过盈亏临界点销售量或销售额的差额。这一差额表明销售量或销售额下降多少，企业就会发生亏损。盈亏临界点状态意味着企业当期销售量下的边际贡献刚好补偿全部的固定成本。只有当销售量或销售额超过盈亏临界点销售量或销售额时，其超出部分（即安全边际）所提供的边际贡献才能形成企业的利润。显然，超出部分越大，企业实现的利润就越多，经营也就越安全。从这个意义上来说，安全边际是从相反的角度来研究盈亏临界点问题，也是企业经营安全程度的评价指标。

安全边际的计算公式如下：

$$安全边际额=正常销售额-盈亏临界点销售额$$
$$安全边际量=正常销售量-盈亏临界点销售量$$

[例 4-10] 以[例 4-7]的有关数据计算：

$$安全边际量=4\ 000-2\ 000=2\ 000(件)$$
$$安全边际额=4\ 000\times80-160\ 000=160\ 000(元)$$

有时，企业为了考察当年的生产经营安全情况，还可以用本年实际订货额代替正常销售额来计算安全边际。企业生产经营的安全性，还可以用安全边际率来表示，即安全边际与正常销售额（或当年实际订货额）的比值。安全边际率的计算公式为：

$$\begin{aligned}安全边际率&=\frac{安全边际量}{正常销售量(或实际订货量)}\times100\%\\&=\frac{安全边际额}{正常销售额(或实际订货额)}\times100\%\end{aligned}$$

[例 4-11] 据[例 4-7]、[例 4-10]的有关资料计算：

$$安全边际率=\frac{160\ 000}{4\ 000\times80}\times100\%=\frac{2\ 000}{4\ 000}\times100\%=50\%$$

安全边际和安全边际率的数值越大，企业经营安全程度越高，发生亏损的可能性就越小，企业经营就越安全；反之，企业经营越不安全，发生亏损的可能性就越大。西方国家评价企业经营安全程度的一般标准如表 4-3 所示。

表 4-3 企业经营安全性评价标准

安全边际率	10%	10%～20%	20%～30%	30%～40%	40%以上
安全程度	危险	值得注意	较安全	安全	很安全

三、盈亏临界点作业率

盈亏临界点作业率，又称保本作业率，是指盈亏临界点的销售量占企业正常销售量的百分比。所谓正常销售量，是指在正常市场环境和企业正常开工情况下产品的销售数量。它是盈亏临界点的临界值的另一种表达方式。盈亏临界点作业率的计算公式如下：

$$盈亏临界点作业率=\frac{盈亏临界点销售量}{正常销售量}\times100\%$$

上述比率表明企业实现保本的业务量在正常业务量中所占的比重。由于企业通常按照正常的销售量来安排产品的生产，在合理的库存的条件下，产品产量与正常的销售量应该大体相同，所以，盈亏临界点作业率还可以表明企业在保本状态下生产能力的利用程度。安全边际率与盈亏临界点作业率具有互补关系，即安全边际率＋盈亏临界点作业率＝1

盈亏临界点作业率是反指标，数值越小，说明企业经营的安全程度越高。

[例 4-12]　仍以[例 4-7]、[例 4-11]的数据为例，其盈亏临界点作业率$=\frac{2\ 000}{4\ 000}=50\%$

$$安全边际率+盈亏临界点作业率=50\%+50\%=1$$

四、销售利润率

从上述有关指标的分析说明中可知，只有超过盈亏临界点销售量或销售额的安全边际，才能为企业提供利润。安全边际部分的销售收入减去其变动成本后的差额，既是安全边际提供的边际贡献，也是企业的利润。因为安全边际部分的销售收入已无须负担任何固定成本，只要从中扣除变动成本之后还有剩余，虽然仍可以称其为边际贡献，但它实际上是企业的利润。即有：

$$利润=安全边际销售量\times单位边际贡献$$
$$=安全边际销售额\times边际贡献率$$

等式两边同除以销售收入，可以得到

$$销售利润率=安全边际率\times边际贡献率$$

上述公式为我们提供了一种计算销售利润率的新方法，并且表明企业要提高销售利润率，就必须提高安全边际率（即降低盈亏临界点作业率），或提高边际贡献率（即降低变动成本率）。

[例 4-13]　仍以[例 4-7]、[例 4-11]的有关数据为例，计算销售利润率。

$$边际贡献率=\times100\%=37.5\%$$
$$销售利润率=50\%\times37.5\%=18.75\%$$

用常规的计算方法也会得到同样的结果：

$$销售利润率=\frac{利润}{销售收入}\times100\%=\frac{(80-50)\times4\ 000-60\ 000}{4\ 000\times80}\times100\%=18.75\%$$

第三节　本量利分析图

本量利分析图是指在直角坐标系上反映企业不同业务水平条件下的盈亏状况的图形，也称盈亏临界图或损益平衡图。常用的本量利分析图有基本的本量利图、边际贡献式的本量利图。它们都能够直观地从动态角度揭示成本、销量、利润之间的相互依存的关系。

一、基本的本量利图

基本的本量利图在管理会计中运用得最广泛，且能反映最基本的本量利关系。它所反映的成本是以固定成本为基础，能清晰地反映固定成本总额不变的特点，同时能揭示盈亏平衡点、安全边际、盈利区与亏损区的关系。

1. 基本的本量利图绘制方法

[例 4-14]　某企业只生产一种产品，单位售价为 10 元，单位变动成本为 6 元，销量 600 件，固定成本 2 000 元。下面以这些数据为例，介绍基本的本量利图的绘制方法。

（1）建立直角坐标系。以横轴表示销售量，纵轴表示成本和销售收入的金额。

（2）绘制固定成本线。在纵轴上找出固定成本数值点，以此为起点绘制一条与横轴平行的固定成本线 F。

（3）绘制总成本线。以纵轴上的固定成本数值点为起点，以单位变动成本为斜率，绘制一条直线，即为总成本线 L。

（4）绘制销售收入线。以坐标原点为起点，以单价为斜率，绘制销售收入线 S。

（5）确定盈亏临界点。在基本的本量利图上，销售收入线和总成本线的交点即为盈亏临界点，在这一点上，销售收入总额等于总成本。

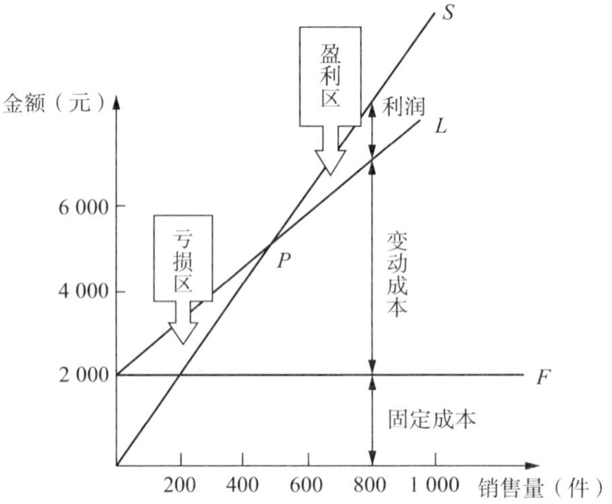

图 4-1　基本的本量利图

2. 基本的本量利图所表达的意义

（1）固定成本线与横轴之间的距离为固定成本值，它不因产量的增减而变动。

（2）总成本线与固定成本线之间的距离为变动成本，它随产量而成正比例变化。

（3）总成本线与横轴之间的距离为总成本，它是固定成本与变动成本之和。

（4）盈亏临界点 P 在横轴上对应的销售量是 500 件，表明企业在此销售量下总收入与总成本相等，既没有盈利，也不亏损。在此基础上增加销售量，销售收入超过总成本，S 与 L 之间的距离为利润值，形成盈利区；反之，形成亏损区。

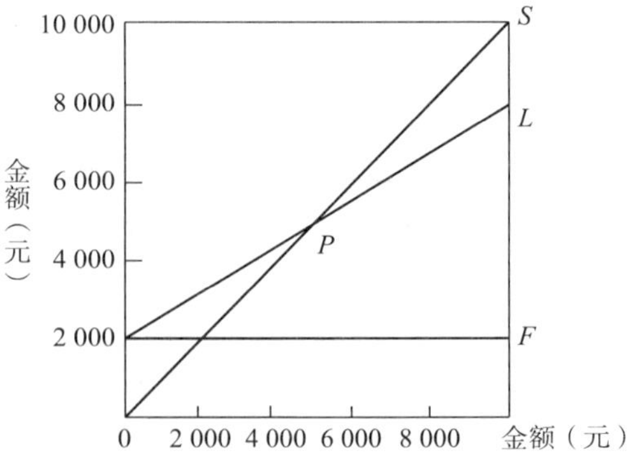

图 4-2　方形本量利图

图 4-1 的销售量（横轴）不仅可以使用实物量，也可以使用金额来表示，其绘制方法与上面介绍的大致相同。通常，这种图画成正方形，如图 4-2 所示。

在绘制时，销售收入线为从原点出发的对角线，其斜率为 1；总成本线从点（0，固定成本值）出发，斜率为变动成本率。这种图不仅用于单一产品，还可用于多种产品的情况，只不过需要计算加权平均的变动成本率。

二、边际贡献式的本量利图

图 4－3 是根据[例 4－14]的资料所绘制的边际贡献式的本量利图，这种图的特点是先画变动成本线 V，然后在此基础上以点(0，固定成本值)为起点画一条与变动成本线相平行的总成本线 L，其他部分的绘制方法与基本的本量利图相同。

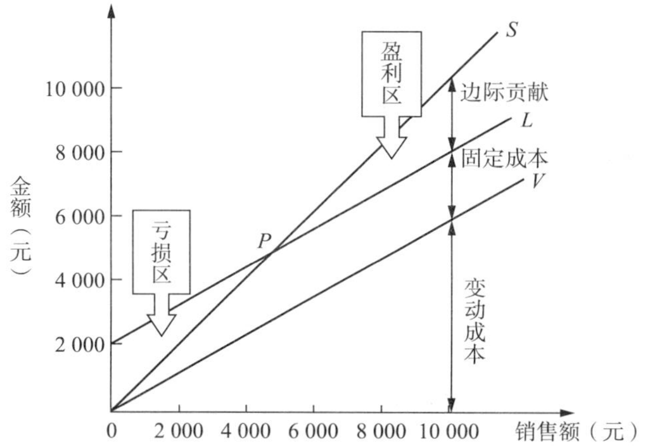

图 4－3　边际贡献式的本量利图

这种图的优点是可以表示边际贡献的数值。企业的销售收入 S 随销售量成正比例增长。这些销售收入首先用于弥补产品自身的变动成本，剩余的是边际贡献，即 $S0V$ 围成的区域。边际贡献区域随销售量增加而扩大，当其达到固定成本值时(到达 P 点)，企业处于盈亏临界状态；当边际贡献超过固定成本后，企业进入盈利状态。

三、量利式的本量利图

这种图也常常被称为利润图，因为纵坐标的销售收入及成本因素均被省略，整个图形仅仅反映销售数量与利润之间的依存关系。这是一种简化的盈亏临界图，受到企业高层经理人员的欢迎，因为它特别简明扼要，易于理解。

1. 量利式的本量利图绘制方法

图 4－4 是根据[例 4－14]的资料所绘制的量利式的本量利图，该图的绘制方法如下：

(1) 建立直角坐标系，横坐标表示销售数量(可用实物单位表示)，纵坐标表示利润和亏损。

(2) 在纵坐标利润等于 0 的点上画一条水平线，代表损益两平线(或损益平衡线)。

(3) 在纵坐标上标负的固定成本点 F(－2 000)，该点即销售量为 0 时的亏损数。

(4) 在横坐标上任取一整数销售量，然后计算在该销售量水平下的损益数，并依此在坐标图中再确定一点，连接该点与 F，便可画出利润线。

(5) 利润线与损益两平线的交点即为盈亏临界点。

2. 量利式本量利图所表达的意义

(1) 当销售量为零时，企业的亏损额等于固定成本。

(2) 当产品的销售价格及成本水平不变时，销售数量越大，利润就越多，或亏损越少；反之，销售数量越小，利润也越少，或亏损越多。

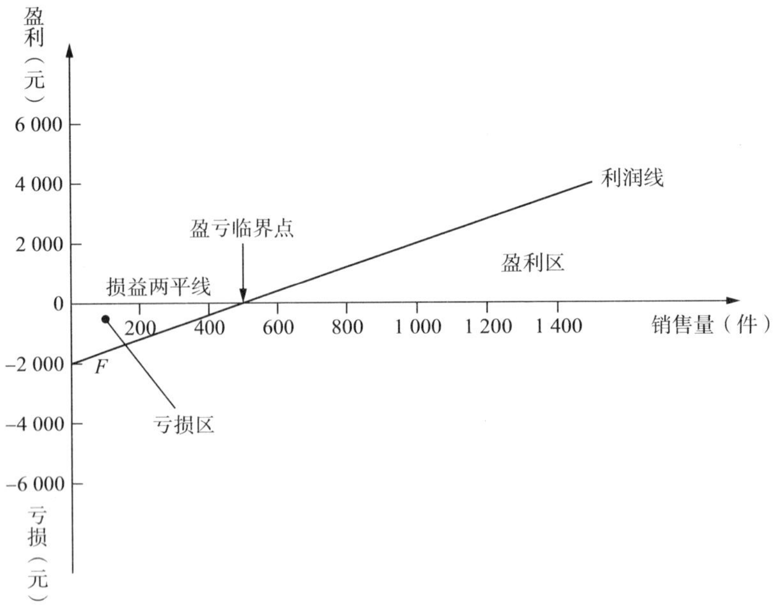

图 4－4　量利式的本量利图

第四节　影响利润各因素变动分析

利润是综合反映企业经营成果和经营业绩的重要指标。为了科学地规划利润、制定最优利润目标、控制利润的变动，就有必要深入研究利润指标同其构成因素——销售量、售价、单位变动成本、固定成本等之间的内在联系，了解各因素变动对利润指标的影响，实现目标利润的有关条件以及对利润影响的敏感程度。

（一）分析有关因素变动对销售利润的影响

经济因素是企业在决策时需要考虑的所有因素当中最基本的，也是最首要的。在决定任何生产经营问题时，都应先分析拟采取的行动对利润有什么影响，如果该行动产生的收益大于它所引起的支出，就可以增加企业的盈利，则这项行动在经济上是可取的。影响利润各因素的变动分析，主要方法是将变化了的参数代入本量利方程式，测定其造成的利润变动。

［**例 4－15**］　某企业目前的损益状况如下：

销售收入（3 000 件×50 元/件）	150 000 元
销售成本：	
变动成本（3 000 件×30 元/件）	90 000 元
固定成本	30 000 元
销售和管理费用（全部固定）	20 000 元
利润	10 000 元

如果销量、单价、单位变动成本、固定成本诸因素中的一项或多项同时变动，都会对利润产

生影响。通常分为以下三种情况来测定销售利润的变化：

1. 外界单一因素发生变化

外界某一因素发生变化时，企业需要测定其对销售利润的影响，预计未来期间的利润。

根据[例 4－15]该企业的损益情况，如果用损益方程式来表示，即为

$$\begin{aligned}\text{销售利润}&=\text{销售收入}-\text{变动成本}-\text{固定成本}\\&=150\ 000-90\ 000-(30\ 000+20\ 000)\\&=10\ 000(\text{元})\end{aligned}$$

假设由于市场需求发生变化，销量减少到 2 500 件，则利润将变为：

$$\text{销售利润}=2\ 500\times 50-2\ 500\times 30-(30\ 000+20\ 000)=0(\text{元})$$

由于销量减少了 500 件，使得企业利润减少了 10 000 元。企业应根据这种预见得到的变化，采取相应措施抵消这种影响。

如果价格、单位变动成本或固定成本发生变动，也可以采用同样的方法测定其对利润的影响。

2. 企业拟采取某项行动

企业如果拟采取某项行动，将会使有关因素发生变动，企业需要测定该行动对销售利润的影响，作为评价该行动是否合理的依据。

(1) 假设[例 4－15]中，该企业采取了更有效的广告方式，使得销量增加了 10%，则利润将变为：

$$\begin{aligned}\text{销售利润}&=3\ 000\times(1+10\%)\times 50-3\ 000\times(1+10\%)\times 30-(30\ 000+20\ 000)\\&=16\ 000(\text{元})\end{aligned}$$

这项措施使得企业利润增加 6 000 元，它是增加广告开支的上限。如果这次广告宣传的支出超过 6 000 元，就不能增加企业的盈利，反而得不偿失。

(2) 假设该企业拟实施一项技术培训计划来提高工作效率，使单位变动成本由 30 元降低到 28 元，则销售利润将变为：

$$\text{销售利润}=3\ 000\times 50-3\ 000\times 28-(30\ 000+20\ 000)=16\ 000(\text{元})$$

这项计划使得企业的销售利润增加了 6 000 元，这 6 000 元是培训计划开支的上限。如果培训计划的开支不超过 6 000 元，则可以从当年新增利润中得到补偿，并可获得长期受益；如果开支超过 6 000 元，则要慎重考虑这项计划是否真的具有意义。

(3) 假设该企业拟自建门市部，售价由原来的 50 元提高到 51 元，同时销量仍维持不变。此时，销售利润$=3\ 000\times 51-3\ 000\times 30-(30\ 000+20\ 000)=13\ 000$(元)。

这项计划使企业利润增加 3 000 元，它是门市部每年开支的上限。

由于企业的任何经济活动都要消耗钱物，因此，评价其对销售利润的影响，比较得失总是必要的。利用本量利方程式，可以具体计算出对最终利润的影响有利于经营决策。

3. 有关因素发生相互关联的变化

由于外界因素发生变化或企业拟采取某项行动，使得有关因素发生相互关联的影响，企业需要测定其引起的利润变动，以便选择决策方案。

假设[例 4－15]中，该企业按照国家规定普调工资，使得单位变动成本增加 4%，固定成本增加 2%，结果将会导致利润下降。为了抵消这种影响，企业有两个应对措施：一是提高销售价格 5%。而提价会使销量减少 10%；二是增加产量 15%，为使这些产品销售出去，要追加

860 元广告费。

调整工资后，不采取措施的利润为：

销售利润＝3 000×50－3 000×30×(1＋4%)－50 000×(1＋2%)

＝5 400(元)

采用第一方案的预计利润：

销售利润＝3 000×(1－10%)×[50×(1＋5%)－30×(1＋4%)]－50 000×(1＋2%)

＝6 510(元)

采用第二方案的预计利润：

销售利润＝3 000×(1＋15%)×[50－30×(1＋4%)]－50 000×(1＋2%)－860

＝13 000(元)

通过比较可知，第二方案比较好。

(二) 分析实现目标利润的有关条件

上面的分析是以影响销售利润的诸因素为已知数，销售利润是待求的未知数。在企业里有时会碰到与其恰好相反的情况，即销售利润是已知数而其他因素是待求的未知数。例如，经营承包合同规定了利润目标，主管部门下达了销售利润指标，或者根据企业长期发展和职工生活福利的需要，企业必须达到特定利润水平等。在这种情况下，应当研究如何利用企业现有资源，合理安排产销量、收入和成本支出，以实现特定利润，也就是分析实现目标利润所需要的有关条件。

[例 4－16] 继续以[例 4－15]的资料为例，假设该企业欲使利润增加 35%，即达到 13 500 元，可以从以下几个方面着手，采取相应的措施。

(1) 减少固定成本。

减少固定成本，可使利润相应增加。主要的问题是确定需要减少多少成本，才能使原来的利润增加 35%，达到 13 500 元。

13 500＝3 000×50－3 000×30－固定成本

固定成本＝46 500(元)

如果其他条件不变，固定成本从 50 000 元降低到 46 500 元，即降低 7%，则可以保证实现目标利润。

(2) 减少单位变动成本。

将单位变动成本作为未知数代入本量利方程式，可得：

13 500＝3 000×50－3 000×单位变动成本－50 000

单位变动成本＝28.83(元)

如果其他条件不变，单位变动成本从 30 元降低到 28.83 元，即下降 3.9%，则可以保证实现目标利润。

(3) 提高售价。

将单位售价作为未知数代入本量利方程式，可得：

13 500＝3 000×单价－3 000×30－50 000

单价＝51.17(元)

如果其他条件不变，单位售价从 50 元增加到 51.17 元，即上升 2.34%，则可以保证目标利润。

(4) 增加产销量。

将产销量作为未知数代入本量利方程式,可得:

$$13\ 500=销售量\times(50-30)-50\ 000$$

$$销售量=3\ 175(件)$$

如果其他条件不变,销售量从 3000 件增加到 3175 件,即增加 5.83%,则可以保证目标利润。

(三) 敏感性分析

敏感性分析就是研究与某一变量相关的因素发生变动时对该变量的影响程度。在现实经济环境中,就企业内部来说,影响利润的因素主要包括销售量、销售单价、单位变动成本和固定成本,这些因素会经常发生变动,导致利润也随之发生相应的变动。即使这些因素的变动方向和变动幅度完全一样,对利润所产生的影响也大不相同,经营者希望事先知道哪一个参数影响小,哪一个参数影响大,以及影响程度如何。他们掌握这些数据有重要的实用意义,可使之在情况发生变化后及时采取措施,调整企业计划,使得生产经营活动经常被控制在最有利的状态之下。

本量利关系的敏感分析,主要是研究与分析有关因素影响利润变动的方向及其变动的极限值,各因素变化对利润变化的影响程度,以及各因素变动时如何调整销量以保证原目标利润的实现等问题。

[例 4-17]　某企业只生产一种产品,其销售单价 50 元,单位变动成本 30 元,预计明年固定成本 50 000 元,产销量计划达到 3 000 件。

预计明年销售利润为 3 000×(50－30)－50 000＝10 000(元)

有关的敏感性分析如下:

1. 各因素变动影响利润变动的方向

首先必须了解每一因素单独变动时,使利润随之发生同方向变动还是反方向变动,从而有利于控制利润变动的方向,使利润朝有利于企业发展的方向变动。

根据本量利分析的基本模式,即

$$利润=销售量\times(销售单价-单位变动成本)-固定成本总额$$

可知,销售量与销售单价的变动将使利润发生同方向变动,即销售量或销售单价的增加会使利润上升,给企业带来有利的影响;反之,利润就会下降。而单位变动成本和固定成本总额的变动将使利润发生相反方向的变动。因此,降低单位变动成本,压缩固定成本,将促进利润增长;反之,将使利润下降。

2. 影响利润的因素变动极限值

销售单价、单位变动成本、销售量和固定成本这些因素的变动,会影响利润的高低。这种变化达到一定程度,会使企业利润消失,进入盈亏临界状态,使企业的经营状况发生质变。敏感分析的目的之一,就是提供能引起目标发生质变的各因素变动的极限值,其方法称为最大最小法。

(1) 销售量的最小极限值。

在其他因素不变的情况下,利润随销售量的变动而同方向变动,销售量下降时,利润也随之下降,下降到一定程度,企业的利润将变为 0,它是企业能够忍受的销售量的最小极限值,即盈亏临界点销售量。若实际销售量小于此最小极限值，企业就会发生亏损。

如[例 4－17]，销售量的最小极限值为：

$$销售量=\frac{50\ 000}{50-30}=2\ 500(件)$$

当销售量降至 2 500 件，即销售计划只完成 83.33％时，企业利润为 0。

(2) 销售单价的最小极限值。

在其他因素不变的情况下，利润随销售单价的变化而呈同方向变化，当销售单价下降时，利润也相应减少，当减少到一定程度时，利润变为 0，它是企业能忍受的单价最小极限值，即盈亏临界点的销售单价。若实际销售单价小于这个最小极限值，则企业将会亏损。

采用[例 4－17]的数据：

$$3\ 000\times(单价-30)-50\ 000=0$$

$$单价=46.67(元)$$

当单价降至 46.67 元，即降低 6.67％时，企业由盈利转为亏损。

(3) 单位变动成本的最大极限值。

在其他因素不变的情况下，利润随单位变动成本的变动而呈反方向变动，单位变动成本上升会使利润下降，下降到一定程度，利润将变为 0，此时的单位变动成本就是企业能忍受的最大极限值。

采用[例 4－17]的数据：

$$3\ 000\times(50-单位变动成本)-50\ 000=0$$

$$单位变动成本=33.33(元)$$

当单位变动成本上升至 33.33 元，企业利润将变为 0。即当单位变动成本上升幅度超过 11.1％时，企业将由盈利转为亏损。

(4) 固定成本的最大极限值。

在其他因素不变的情况下，利润随固定成本的变动而呈反方向变动，固定成本上升，利润随之下降，下降到一定程度，利润就变为 0，此时的固定成本就是企业能忍受的最大极限值。

采用[例 4－17]的数据：

$$3\ 000\times(50-30)-固定成本=0$$

$$固定成本=60\ 000(元)$$

当固定成本上升至 60 000 元时，企业利润将变为 0。即当固定成本上升幅度超过 20％时，企业将由盈利转为亏损。

3. 敏感系数与敏感分析表

销量、销售单价、单位变动成本、固定成本这些因素的变动都会引起利润的变动，但它们的敏感程度各不相同。有的因素发生微小的变化就会使利润发生较大的变化，这些因素称为强敏感性因素；与此相反，有些因素发生变动后，利润的变动不大，反映比较迟钝，这些因素被称为不敏感因素。

反映敏感程度的指标是敏感系数：

$$敏感系数=\frac{目标值变动百分比}{参数值变动百分比}$$

仍以[例 4－17]的数据为基础，进行敏感程度的分析。

(1) 销售量的敏感程度。

假设销售量增长 10%，则销售量 $=3\ 000\times(1+10\%)=3\ 300$(件)

利润 $=3\ 000\times(1+10\%)\times(50-30)-50\ 000=16\ 000$(元)

原计划利润为 10 000 元，则利润的变化率为：

$$目标值变化率=\frac{16\ 000-10\ 000}{10\ 000}=60\%$$

$$销售量的敏感系数=\frac{60\%}{10\%}=6$$

这说明利润以 6 倍的速率随着销售量变化，销售量每上升 1%，利润就增长 6%；反之，销售量每下降 1%，利润也随之降低 6%。

(2) 销售单价的敏感程度。

假设销售单价增长 10%，则：

销售单价 $=50\times(1+10\%)=55$(元)

利润 $=3\ 000\times(55-30)-50\ 000=25\ 000$(元)

原计划利润为 10 000 元，则利润的变化率为：

$$目标值变化率=\frac{25\ 000-10\ 000}{10\ 000}=150\%$$

$$销售单价的敏感系数=\frac{150\%}{10\%}=15$$

这说明销售单价对利润的影响很大，利润以 15 倍的速率随着销售单价变化。销售单价每上升 1%，利润就增长 15%；反之，销售单价每下降 1%，利润就随之降低 15%。涨价是提高利润的最有效手段，价格下跌也是企业的最大威胁。因此，企业必须对销售单价予以格外关注。

(3) 单位变动成本。

假设单位变动成本增长 10%，则

单位变动成本 $=30\times(1+10\%)=33$(元)

利润 $=3\ 000\times(50-33)-50\ 000=1\ 000$(元)

原计划利润为 10 000 元，则利润的变化率为：

$$目标值变化率=\frac{1\ 000-10\ 000}{10\ 000}=-90\%$$

$$则单位变动成本的敏感系数=\frac{-90\%}{10\%}=-9$$

这说明单位变动成本对利润的影响要比销售单价小，单位变动成本每上升 1%，利润将减少 9%；反之，单位变动成本每下降 1%，企业将多获得 9%的利润。

(4) 固定成本。

假设固定成本增长 10%，则

固定成本 $=50\ 000\times(1+10\%)=55\ 000$(元)

利润 $=3\ 000\times(50-30)-55\ 000=5\ 000$(元)

原计划利润为 10 000 元，则利润的变化率为：

$$目标值变化率=\frac{5\ 000-10\ 000}{10\ 000}=-50\%$$

则固定成本的敏感系数$=\frac{-50\%}{10\%}=-5$

这说明固定成本每上升1%，则利润下降5%；反之，固定成本每减少1%，则利润增长5%。

将上述四个因素按敏感性强弱排列，其顺序依次是销售单价(15)、单位变动成本(−9)、销售量(6)、固定成本(−5)。其中敏感系数为正值的，表明它与利润为同向增减；敏感系数为负的，表明它与利润反向增减。

敏感系数提供了各因素变动百分比和利润变动百分比之间的比例，但不能直接显示变化后利润的值。为了使经理人员更直观、清晰地了解各个因素的敏感程度，可以编制敏感分析表。表4-4就是以[例4-17]为例编制的敏感分析表。

表4-4 单因素敏感分析表

因素＼变动率	−20%	−10%	0	10%	20%
销售量	−2 000	4 000	10 000	16 000	22 000
销量单价	−20 000	−5 000	10 000	25 000	40 000
单位变动成本	28 000	19 000	10 000	1 000	−8 000
固定成本	20 000	15 000	10 000	5 000	0

表4-4中，列示了某因素变动一定幅度，带来利润的值。

在表4-4中，只是正负各选了两个点。如果选择的点，比如以±5%为一点，就可以获得更多的数据；如果再把这些点连接起来，便会得到一条条直线，就成为一张分析图了。

本章小结

本量利分析是成本、业务量和利润三者之间的关系分析，其主要目的是分析短期内产品销售量、销售单价、固定成本、单位变动成本以及产品结构的变化对利润的影响。它是在成本性态分析和变动成本法的基础上进一步展开的一种分析方法，着重研究销售数量、价格、成本和利润之间的数量关系。它所提供的原理、方法在管理会计中有着广泛用途，同时它又是企业进行决策、计划和控制的重要工具。

本量利分析具体包括盈亏临界点的计算及应用、本量利关系分析、利润敏感分析及应用等。本量利分析应遵循以下基本假定：成本按性态划分假定、相关范围和线性关系假定、产销平衡假定、品种结构稳定假定、利润假定等。

复习思考题

1. 什么是本量利分析，其基本假定有哪些？
2. 本量利的基本数学模型是什么？
3. 什么是边际贡献？它有哪些表现形式？
4. 什么是盈亏临界点？它有哪几种表现形式？如何计算？

5. 如何在多种产品条件下计算盈亏临界点？

6. 本量利分析图主要有哪些形式？如何绘制它们？

7. 什么是边际贡献？什么是安全边际？什么是安全边际率？如何用它们来计算销售利润率？

8. 单价、单位变动成本、固定成本、销售量分别对盈亏临界点及利润有何影响？

练习题

一、单选题

1. 边际贡献率与变动成本率两者之间的关系是(　　)。

A. 变动成本率高，边际贡献率也高　　B. 变动成本率高，则边际贡献率低

C. 边际贡献率与变动成本率没关系　　D. 变动成本率是边际贡献率的倒数

2. 生产单一产品的企业，盈亏临界点销售额等于(　　)。

A. 盈亏临界点销售量÷单位利润　　B. 固定成本总额÷边际贡献率

C. 固定成本总额÷单位边际贡献　　D. 固定成本总额÷边际贡献总额

3. 某产品单价为 20 元，单位变动成本为 15 元，固定成本为 20 000 元，目标税后利润为 15 000 元，所得税税率为 25%。则实现目标净利润的销售量为(　　)件。

A. 6 000　　B. 2 000　　C. 8 000　　D. 10 000

4. 某产品的盈亏临界点销售量为 400 台，此时的变动成本总额为 400 元，固定成本总额为 200 元。销售第 401 台产品能增加税前利润(　　)元。

A. 0　　B. 0.5　　C. 1　　D. 1.5

5. 下列说法正确的是(　　)。

A. 安全边际量与安全边际率都是正指标，其值越大，说明企业经营的安全程度越大

B. 安全边际率是盈亏临界点作业率的倒数

C. 安全边际率是越小越好，盈亏临界点作业率是越大越好

D. 安全边际率与盈亏临界点作业率都是越大越好

6. 在生产多品种产品的企业，如果成本水平和各产品单位售价不变，在各产品单位边际贡献一致的情况下，改变品种结构，则盈亏临界点的销售额(　　)。

A. 下降　　B. 上升　　C. 不变　　D. 不确定

7. 盈亏临界点不变，销售量越大，能实现的利润(　　)。

A. 越多　　B. 越少　　C. 不变　　D. 等于 0

8. 边际贡献率的确定公式可表示为(　　)。

A. 固定成本/边际贡献　　B. 销售收入/固定成本

C. 变动成本/单位边际贡献　　D. 边际贡献/销售收入

9. 某产品的销售利润率为 20%，单位售价 10 元，实际销售量为 80 000 单位，盈亏临界点作业率为 62.5%，则该产品的变动成本额为(　　)万元。

A. 30　　B. 37.33　　C. 42.67　　D. 54.4

10. 下列说法正确的是(　　)。

A. 安全边际率与变动成本率之积大于 1
B. 边际贡献率与变动成本率之和大于 1
C. 安全边际率与保本作业率之间互为倒数
D. 销售利润率等于安全边际率与边际贡献率之积

11. 企业经营安全程度的判断指标一般是采用(　　)。
A. 边际贡献率　　B. 利润率
C. 安全边际率　　D. 达到盈亏临界点的作业率

12. 假设某企业生产甲、乙、丙三种产品，各产品的边际贡献率分别为 10%、15%和 30%，销售比重分别为 30%、30%和 40%，则该企业综合的加权边际贡献率为(　　)。
A. 55%　　B. 19.5%　　C. 15%　　D. 30%

13. 盈亏临界点可按以下公式进行确定(　　)。
A. 固定成本/单位变动成本　　B. 固定成本/单位边际贡献
C. 固定成本/单位售价　　D. 变动成本/单位售价

14. 某企业生产某种产品的专用设备的年折旧额为 78 000 元，每件产品耗用材料和工人工资分别为 5 元和 10 元，销售管理费用年发生额为 36 000 元，其中变动性部分占 40%，当期产销量为 1 000 件。企业为获得 30 000 元利润，产品的销售单价至少应达到(　　)元/件。
A. 129　　B. 144.6　　C. 159　　D. 168

15. 在销售量不变的情况下，保本点越高，则(　　)。
A. 只引起盈利区的变化　　B. 只引起亏损区的变化
C. 盈利区的面积越大，亏损区的面积越小　　D. 盈利区的面积越小，亏损区的面积越大

16. 下列那一个因素会使盈亏临界点发生变化(　　)。
A. 销售量增加　　B. 生产量减少
C. 变动成本总额随产量增加而增加　　D. 由于增加设备而增加固定成本

17. 某产品的固定成本总额为 35 000 元，变动生产成本为 15 元，变动非生产成本为 3 元，产品的变动成本率为 30%，则该产品的保本量是(　　)台。
A. 50 000　　B. 834　　C. 1 000　　D. 778

二、多选题

1. 边际贡献通常有以下几种表达形式(　　)。
A. 边际贡献总额　　B. 单位边际贡献
C. 边际贡献率　　D. 变动成本率

2. 下列比率之和为 1 的是(　　)。
A. 安全边际率和边际贡献率　　B. 安全边际率与盈亏临界点作业率
C. 盈亏临界点作业率和变动成本率　　D. 变动成本率和边际贡献率

3. 在其他因素不变的情况下，产品单价上升会导致(　　)。
A. 变动成本率下降　　B. 变动成本率上升
C. 安全边际率上升　　D. 边际贡献率上升

4. 某产品单价为 8 元，固定成本总额为 2 000 元，单位变动成本为 5 元，计划产销量 600 件，要实现 400 元的利润，可分别采取的措施有(　　)。

A. 减少固定成本 600 元
B. 提高单价 1 元
C. 提高产销量 200 件
D. 降低单位变动成本 1 元

5. 下列表述正确的是(　　)。
A. 变动成本增加,目标销售量将减少
B. 单位售价降低,目标销售量将会增加
C. 固定成本增加,目标销售量也增加
D. 目标利润增加,目标销售量也要增加

6. 下列各项中,可以作为判定企业处于保本状态的条件有(　　)。
A. 边际贡献等于零
B. 安全边际等于零
C. 利润等于零
D. 保本作业率等于 100%

7. 在进行本量利分析时,如果单独提高单价,则会导致的结果有(　　)。
A. 保本量降低
B. 保利点提高
C. 边际贡献率上升
D. 单位边际贡献下降

8. 下列各项中,能够同时影响保本点、保利点的因素为(　　)。
A. 单位边际贡献
B. 边际贡献率
C. 固定成本总额
D. 目标利润

9. 某企业计划期间预计的可实现利润低于企业在期初制定的目标利润。现在企业为了保证目标利润的实现,可能采取的措施有(　　)。
A. 提高销售单价
B. 降低单位变动成本
C. 降低固定成本总额
D. 扩大销售

10. 对一种产品保本销售量正确的计算公式是(　　)。
A. 固定成本总额÷边际利润率
B. 固定成本总额÷(销售单价－单位变动成本)
C. 实际销售量 － 安全边际量
D. 保本销售额÷单价

11. 为了提高安全边际,企业可以采取的措施有(　　)。
A. 提高边际贡献率
B. 降低固定成本总额
C. 降低单位变动成本
D. 扩大销售

12. 综合边际贡献率的决定因素包括(　　)。
A. 综合的保本点销售额
B. 各产品销售数量比重
C. 各产品销售收入占总销售收入的比重
D. 各产品边际贡献率

三、判断题

1. 本量利分析法与变动成本法是一致的,而盈亏临界点分析则与完全成本法一致。
2. 盈亏临界点不变,销售量越大,则能实现的利润就越多。
3. 超过盈亏临界点以上的安全边际所提供的边际贡献就是企业的利润。
4. 安全边际率与盈亏临界点作业率是评价企业经营安全程度的指标,安全边际率越大,盈亏临界点作业率越大,企业经营安全程度就越好。
5. 企业的加权平均盈亏临界点有两种表示方法,一种为实物量表示,另一种为金额表示。
6. 单价变动、单位变动成本变动及固定成本变动,均会引起保本点、保利点同方向变动。
7. 某企业的变动成本率为 70%,安全边际率为 20%,则其销售利润率为 14%。
8. 当边际贡献总额等于固定成本时,达到盈亏临界点作业率为 100%,安全边际为 0。
9. 销售量不变,盈亏临界点越低,能实现的利润越多。

10. 安全边际率=(预计销售量－保本销售量)÷保本销售额。

11. 本、量、利分析的前提条件是成本按经济用途进行划分。

12. 当企业生产经营多种产品时,企业的盈亏临界点可以数量表示。

13. 盈亏临界图中,销售总收入线与变动成本线之间的垂直距离为边际贡献。

四、计算题

1. 某企业全年只产销一种产品,共200件,销售单价为100元,有关资料如下:

直接材料7 000元,直接人工4 000元;

制造费用4 000元(其中:变动部分为1 000元,固定部分为3 000元);

销售费用3 000元(其中:变动部分为1 000元,固定部分为2 000元);

管理费用1 000元(其中:变动部分为100元,固定部分为900元)。

要求计算该产品的边际贡献、单位边际贡献、边际贡献率、变动成本率。

2. 某公司本年变动成本为20 000元,边际贡献率为60%,销售利润率为30%,要求:

(1) 计算本年的利润;

(2) 计算本年的安全边际额;

(3) 假定下年度各项指标不变,销售额达到多少才能实现30 000元的目标利润。

3. 某公司准备生产一种新产品,其单价为100元,单位变动成本为60元,年固定成本总额为200 000元。要求:

(1) 试计算该产品的盈亏临界点销售量;

(2) 为达到目标利润100 000元的销售量;

(3) 当目标销售量为8 000件时:

① 该公司的目标利润;

② 单价增加20%,对目标利润的影响;

③ 单位变动成本减少10%,对目标利润的影响;

④ 如果年固定成本比预计降低10%,单位变动成本比预计高10%,对目标利润的影响。

4. 某公司2012年销售收入为600 000元,销售成本为660 000元,其中包括固定费用300 000元。预测2013年增加广告费60 000元,产品销售量即可大幅度增加,公司就可转亏为盈。

(1) 预测2013年该公司的盈亏临界点销售额。

(2) 若该公司计划2013年实现目标利润100 000元,则目标销售额应为多少?

5. 某企业当前生产A产品10 000件,每单位售价10元,单位产品变动成本8元;全年固定成本18 000元。

要求:

(1) 计算当前盈亏临界点销售量。

(2) 该企业生产能力还有剩余,据调查,降价10%可使销售量翻一番,降价后可实现多少利润?

6. 某企业经营一种产品,正常的月销售量为4 000件,销售单价为25元,单位变动成本为15元,固定成本为25 000元。要求:

(1) 分别计算达到盈亏临界点作业率、安全边际率和销售利润率;

(2) 若其他条件不变,当销售利润率达到30%时,销售量为多少?

7. 某公司 2012 年的简明损益表如下(单位:元):

销售收入	160 000	
减:销售成本	120 000	(其中变动成本占 60%)
销售毛利	40 000	
减:营业费用	48 000	(其中,固定成本占 50%)
净利润	−8 000	

经过分析,公司亏损的原因是对产品的广告宣传不够,2013 年如果能增加广告费 4 000 元,可使销量大幅度增加,就能扭亏为盈。要求:

(1) 计算该公司 2013 年保本点销售额;

(2) 如果该公司 2013 年计划实现利润 14 000 元,则其销售额应为多少?

8. 三瑞公司预计在 2013 年产销 A、B、C 三种产品,其销售及成本的有关资料如下:

产品名称	A 产品	B 产品	C 产品
产销量	200 台	400 台	600 台
销售单价	1 000 元	1 250 元	3 000 元
变动成本率	60%	56%	70%
固定成本总额	403 200 元		

要求:

(1) 采用加权平均法预测该公司 2013 年综合盈亏临界点销售额,以及 A、B、C 三种产品的盈亏临界点销售量。

(2) 若截止到 2013 年 4 月底,该公司已实现销售:A 产品 90 台,B 产品 180 台,C 产品 300 台,请问此时是否已达到保本?

9. 某厂生产和销售 A、B 两种产品,产品的单位售价分别为:A 产品 5 元,B 产品 2.50 元。边际贡献率分别为:A 产品为 35%,B 产品为 30%。全月固定成本 66 000 元。

要求:

(1) 设本月各产品的预计销售量分别为:A 产品 30 000 件,B 产品 40 000 件。请计算以下各项指标:

① 盈亏临界点的销售量(用金额表现)。

② A、B 两种产品的盈亏临界点的销售量(用实物单位表现)。

③ 用金额表现的安全边际。

④ 本月的预计利润。

(2) 设每月增加广告费 7 500 元,可使 A 产品的月增销售增加到 40 000 件,而 B 产品的月销售量减少到 32 000 件,请具体说明采取这一措施是否合算。

重新计算用金额表现的盈亏临界点的销售量。

10. 某公司生产某种产品,单位售价为 10 元,单位变动成本为 6 元,全年固定成本总额为 80 000 元。

要求:

(1) 计算该产品的边际贡献率。

(2) 计算该产品的盈亏临界点销售额。

(3) 该公司预计本年度销售收入为 250 000 元，则其利润为多少？

(4) 该公司经理希望能增加利润 15 000 元，则销售收入应增加多少？

(5) 该公司业务经理深信，只要增加广告开支，则必能使销售收入增加 60 000 元。请问广告开支最多可增加多少，而仍能使利润保持不变？

(6) 该公司最近收到某一批发商订购该产品 3 000 件。请问该公司希望使其全年利润增加 6 000 元，则对该批发商的报价应为多少？

11. 某企业产销单一产品，上年度售价为 10 元，销售量为 200 000 件，固定成本为 680 000 元，实现利润 320 000 元。在制定本年度计划时，销售部经理主张将售价降低 10%，预计至少可增加销售量 30%。

要求：如果本年度固定成本和单位变动成本仍保持上年水平，那么：

(1) 根据销售部经理的意见，企业将可实现多少利润；

(2) 如果采纳该经理关于降价 10%的主张，但要求企业获取利润 400 000 元，则销售量应达到多少。

12. 某企业产销一种产品，正常年度的销售总额为 2 200 000 元，变动成本总额为 1 200 000 元，尚有增产 50%的能力。

要求：为扩大经营成果，现有下列三个方案可供选择，请分别测算其各可使企业增加或减少多少利润。

(1) 降价 10%并支付相当于销售额 2%的佣金，预计可增加销售量 50%；

(2) 增加单位变动成本 10%，以改变产品质量，而维持原价，预计可增加销售量 40%；

(3) 对产品做进一步加工而增加单位变动成本 60%和固定制造费用总额 50 000 元，提价 50%，预计可保持目前的正常销售量水平。

参考答案

一、单选题

1. B　2. B　3. C　4. B　5. A　6. D　7. A　8. D　9. B
10. D　11. C　12. B　13. B　14. C　15. D　16. D　17. B

二、多选题

1. ABC　2. BD　3. ACD　4. ABCD　5. BCD　6. BCD
7. AC　8. ABC　9. ABCD　10. BCD　11. ABCD　12. CD

三、判断题

1. ×　2. √　3. ×　4. ×　5. ×　6. ×　7. ×
8. √　9. √　10. ×　11. ×　12. ×　13. √

四、计算题

1. 边际贡献＝100×200－(7 000＋4 000＋1 000＋1 000＋100)＝6 900(元)

单位边际贡献 $=100-\dfrac{7\ 000+4\ 000+1\ 000+1\ 000+100}{200}=34.5$(元)

边际贡献率 $=\dfrac{34.5}{100}=34.5\%$

变动成本率 $=1-34.5\%=65.5\%$

2.(1) 本年销售收入 $=\dfrac{20\ 000}{1-60\%}=50\ 000$(元)

本年利润 $=50\ 000\times 30\%=15\ 000$(元)

(2) 安全边际率 $=30\%\div 60\%=50\%$

安全边际额 $=50\ 000\times 50\%=25\ 000$(元)

(3) 固定成本 $=50\ 000-20\ 000-15\ 000=15\ 000$(元)

销售额 $=\dfrac{15\ 000+30\ 000}{60\%}=75\ 000$(元)

3.(1) 盈亏临界点销售量 $=\dfrac{200\ 000}{100-60}=5\ 000$(件)

(2) 销售额 $=\dfrac{200\ 000+100\ 000}{100-60}=7\ 500$(件)

(3) 当目标销售量为 8 000 件时,

① 该公司的目标利润 $=(100-60)\times 8\ 000-200\ 000=120\ 000$(元)

② 单价增加 20%时:

利润 $=[100\times(1+20\%)-60]\times 8\ 000-200\ 000=280\ 000$(元)

单价变动对目标利润的影响率 $=\dfrac{168\ 000-120\ 000}{120\ 000}=40\%$

③ 单位变动成本减少 10%时:

利润 $=[100-60\times(1-10\%)]\times 8\ 000-200\ 000=168\ 000$(元)

单位变动成本对目标利润的影响率 $=\dfrac{168\ 000-120\ 000}{120\ 000}=40\%$

④ 如果年固定成本比预计低 10%,单位变动成本比预计高 10%,则

利润 $=[100-60\times(1+10\%)]\times 8\ 000-200\ 000\times(1-10\%)=92\ 000$(元)

固定成本和变动成本同时变动对目标利润的影响率 $=\dfrac{92\ 000-120\ 000}{120\ 000}=-23.33\%$

4.(1) 变动成本 $=660\ 000-300\ 000=360\ 000$

边际贡献率 $=(600\ 000-360\ 000)/600\ 000=40\%$

盈亏临界点销售额 $=(300\ 000+60\ 000)/40\%=900\ 000$(元)

(2) $(X-900\ 000)\times 40\%=100\ 000$

$X=1\ 150\ 000$(元)

实现目标利润 100 000 元,则目标销售额应为 1 150 000 元。

5.(1) 盈亏临界点销售量 $=18\ 000/(10-8)=9\ 000$(件)

(2) 降价后可实现利润 $=(9-8)\times 20\ 000-18\ 000=2\ 000$(元)

6.(1) 保本点 $=25\ 000/(25-15)=2\ 500$

保本作业率 $=2\ 500/4\ 000=62.5\%$

安全边际率＝(4 000－2 500)/4 000＝37.5％

销售利润率＝安全边际率×边际贡献率＝37.5％×(25－15)/25＝15％

(2) 30％＝(1－保本作业率)×边际贡献率＝(1－保本作业率)×(25－15)/25

保本作业率＝25％＝2 500/X

X＝10 000

若其他条件不变，当销售利润率达到30％时，销售量为10 000件。

7. (1) 2012年变动成本＝120 000×60％＋48 000×50％＝96 000(元)

2012年固定成本＝120 000×40％＋48 000×50％＝72 000(元)

$$2012年边际贡献率=\frac{160\ 000-96\ 000}{160\ 000}=40\%$$

$$2013年保本点销售额=\frac{72\ 000+4\ 000}{40\%}=190\ 000(元)$$

(2) $$2013年实现目标利润的销售额=\frac{72\ 000+4\ 000+14\ 000}{40\%}=225\ 000(元)$$

8. (1)

产品名称	A产品	B产品	C产品	合计
产销量	200台	400台	600台	
销售单价	1 000元	1 250元	3 000元	
销售额	20万元	50万元	180万元	250万元
销售额占总销售额的比重	8％	20％	72％	
变动成本率	60％	56％	70％	
边际贡献率	40％	44％	30％	
固定成本总额	403 200元			

综合边际贡献率＝40％×8％＋44％×20％＋30％×72％＝33.6％

综合盈亏临界点销售额＝403 200/33.6％＝1 200 000(元)

A盈亏临界点销售量＝1 200 000×8％/1 000＝96(件)

B盈亏临界点销售量＝1 200 000×20％/1 250＝192(件)

C盈亏临界点销售量＝1 200 000×72％/3 000＝288(件)

(2) A产品超过盈亏临界点创造的边际贡献＝(90－96)×40％×1 000 ＝－2 400(元)

B产品超过盈亏临界点创造的边际贡献＝(180－192)×44％×1 250＝－6 600(元)

C产品超过盈亏临界点创造的边际贡献＝(300－288)×30％×3 000＝ 10 800(元)

合计 1 800(元)

此时已达到保本。

9. (1) A. 总销售额＝30 000×5＋40 000×2.5＝250 000(元)

A产品销售额比重＝150 000/250 000＝60％

B产品销售额比重＝100 000/ 250 000＝40％

综合边际贡献率＝60％×35％＋40％×30％＝33％

综合保本额＝66 000/33％＝200 000(元)

B. A产品销售量＝(200 000×60％)/5＝24 000(件)

B 产品销售量＝(200 000×40%)/2.5＝32 000(件)

C. 安全边际＝250 000－200 000＝50 000(元)

D. 本月预计利润＝250 000×33%－66 000＝16 500(元)

(2) 增加广告费后的预计利润＝边际贡献总额－固定成本

＝40 000×5×35%＋32 000×2.5×30%－(66 000＋7 500)

＝20 500(元)

增加利润＝20 500－16 500＝4 000(元)

所以,这一措施划算。

(3) 销售总额＝40 000×5＋32 000×2.5＝280 000(元)

A 产品销售额比重：40 000×5/280 000＝71.4%

B 产品销售额比重：32 000×2.5/280 000＝28.6%

综合边际贡献率：71.4%×35%＋28.6%×30%＝33.57%

综合保本额：(66 000＋7 500)/33.57%＝218 945(元)

10.(1) 边际贡献率＝(10－6)÷10×100%＝40%

(2) 盈亏临界点销售额＝80 000÷40%＝200 000 (元)

(3) 边际贡献总额＝ 250 000×40% ＝100 000(元)

利润＝100 000－80 000＝20 000(元)

(4) 利润要增加 15 000 元,固定成本不变,所以,边际贡献总额需增加 15 000 元

即,收入× 40%＝15 000(元)

收入＝15 000÷40%＝37 500(元)

即,要使利润增加 15 000 元,销售收入应增加 37 500 元

(5) 广告费最多为：60 000×40%＝24 000(元)

(6) 设报价为 X 元,则：(X－6)×3 000＝6 000(元)

解得：X＝8

即,报价 8 元就可使全年利润增加 6 000 元。

11. 先计算单位变动成本：

上年的单位边际贡献＝(680 000＋320 000)÷200 000＝5(元)

单位变动成本＝10－5＝5(元)

(1) 降价方案的利润：

销售收入＝200 000×1.3×(10×0.9)＝2 340 000(元)

变动成本＝200 000×1.3×5＝1 300 000(元)

边际贡献＝2 340 000－1 300 000＝1 040 000(元)

利润＝1 040 000－680 000＝360 000(元)

(2) 降价 10%后,实现 400 000 元利润所必须的销售量：

降价后单位边际贡献＝9－5＝4(元)

应达到销售量：(680 000＋400 000)÷4＝270 000(件)

12.(1) 增加销售收入＝22 00 000×[(0.9×1.5)－1] ＝770 000(元)

增加变动成本：

销售成本＝1 200 000×0.5＝600 000(元)

销售费用＝2 200 000×0.9×1.5×0.02＝59 400(元)

增加利润＝770 000－600 000－59 400＝110 600(元)

(2) 增加销售收入＝2 200 000×0.4＝880 000(元)

增加变动成本＝1 200 000×(1.4×1.1－1)＝648 000(元)

增加利润＝880 000－648 000＝232 000(元)

(3) 增加销售收入＝2 200 000×0.5＝1 100 000(元)

增加成本＝1 200 000×0.6＋50 000＝770 000(元)

增加利润＝1 100 000－770 000＝330 000(元)

所以，第三个方案为最佳方案。

第五章 预测分析

第一节 预测分析概述

一、预测分析的意义

预测是根据反映客观事物的资料信息，运用科学方法来预计和推断客观事物发展的必然趋势和可能性。即根据过去和现在预测未来，由已知推断未知的过程。管理会计中的预测分析，是指运用专门的方法进行经营预测的过程。所谓经营预测，是指企业根据现有的经济条件和掌握的历史资料以及客观事物的内在联系，对生产经营活动的未来发展趋势和状况进行的预计和测算。

企业经营成败的关键在于决策，而决策又取决于科学的预测。预测直接为决策服务，是决策的先导与前提。经营预测对于提升企业管理水平、增强竞争能力、提高经济效益方面具有重要意义。预测分析是企业编制全面预算的依据，全面预算的编制是以销售预算为起点，而销售预算的编制又是以销售预测为依据的，只有进行科学的市场预测，才能避免盲目生产或产品供不应求所造成的损失。随着市场经济的不断发展，企业面临的竞争越来越激烈，企业为了求生存、谋发展，就需对市场的瞬息变化和经济形势的发展趋势进行深入的调查研究，在取得大量信息资料的基础上，做出科学的预测分析，为企业领导的决策提供真实、有效的素材。

总之，预测分析是企业管理的重要职能，是决策的基础，没有准确的预测做依据，就不能做出符合客观发展规律的科学决策。

二、预测分析的基本内容

预测分析的基本内容主要包括销售预测、成本预测、利润预测和资金需要量预测。

销售预测是企业根据市场调查所得到的有关资料，通过对相关因素的分析研究，估计和推算某种产品在未来一段时期内的市场销售量或销售额水平及变化趋势的过程。

成本预测是根据企业的未来发展目标和有关资料，运用专门的方法推测与估算未来成本水平及发展趋势的过程。

利润预测是指在销售预测的基础上，根据企业的未来发展目标和其他相关资料，预计、推测或估算未来应达到的和可望实现的利润水平及变动趋势的过程。

资金需要量预测是指在销售预测、成本预测和利润预测的基础上，根据企业的未来经营发展目标并考虑影响资金的各种因素，运用一定方法估计和推算企业未来一定时期内或一定项目上所需要的资金数额、来源渠道、运用方向及其效果的过程。

三、预测分析的基本步骤

预测分析是一项既复杂又细致的工作，一般可以按以下步骤进行：

1. 确定预测目标

要做好预测分析工作，首先要弄清楚预测所指的具体对象及预测所要达到的目的。这就需要企业根据总体目标，设计和选择预测的内容、期限和范围等，并要保证预测分析能突出重点。

2. 收集和整理资料

确定好预测目标后，收集和整理资料是预测工作的起点和进行预测的依据。因为准确、系统、全面的资料是预测分析的前提条件。因此，收集的资料既要完整、全面，又要真实、可靠，同时还要对这些资料进行加工、整理，并进行系统分析，从中找出与预测对象有关的各因素之间的相互依存关系。

3. 选择预测方法

每种预测方法都有特定的用途，对于不同的预测对象，我们应根据预测的目标、内容、要求和所掌握的资料，选择相应的预测方法。对于定量预测，要建立数学模型，以确定最佳的定量预测分析方法。所建的经济数学模型应该进行检验，可靠后再用于预测。对于定性预测，应结合以往经验选择最佳的定性预测方法。

4. 综合分析预测

应用选定的预测方法和建立的模型，分别进行定量和定性分析，在分析内部、外部的各种影响因素后，进行分析判断，揭示事物的变化趋势，并预测其发展结果。

5. 检查验证

通过检查前期预测结果是否与当前实际相符，检查过去的预测结果是否正确，并分析找出误差原因，以便及时对原选择的预测方法加以改进，使预测方法在本期预测过程中加以改正，完善预测机制。

6. 修正预测结果并输出最后预测结论

对于原用定量方法进行的预测，常常由于某些因素的数据不充分或无法定量而影响预测的精确，这就需要用定性分析方法考虑这些因素，并修正定量预测结果。而原用定性方法预测的结果，也需要用定量的方法加以修正、补充，使预测结果更接近实际。

四、预测分析的方法

预测分析的方法有很多，随预测分析的对象、目的及期限的不同而各有所异，但是基本方法主要有两大类，即定量分析法和定性分析法。

1. 定量分析法

定量分析法又称数量分析法，它是根据历史资料，采用统计推断的方法或建立数学模型，对所取得的数学资料进行科学的加工处理，以充分揭示各有关因素之间的规律性联系，作为对未来事物发展趋势预测的依据的方法。定量分析按照具体做法的不同，可以分为以下几种类型：

(1) 趋势外推分析法

趋势外推分析法又称时间序列法，它将某指标过去的变化趋势作为预测的依据，而把未来作为历史的自然延续。即属于按事物自身发展趋势进行预测的一类动态预测方法。这种方法的基本预测原理是:企业过去和现在存在的某种发展趋势将会延续下去,而且过去和现在发展的条件同样适用于未来,可以将未来视为历史的自然延续。

(2) 因果预测分析法

因果预测分析法是根据预测对象与其他相关指标之间相互依存、相互制约的有规律性的联系,来建立相应的因果数学模型所进行的预测分析方法。这类方法的基本原理是:预测对象受到许多因素的影响,它们之间存在着复杂的因果关系,通过对这些变量内在规律性的研究可建立一定的数量模型,在已知自变量的条件下,可利用模型直接推测预测对象的水平。

2. 定性分析法

定性分析法又称非数量分析法,它是一种直观性的预测方法,主要依靠人们的主观判断来确定事物的未来情况和发展趋势。预测人员一般是有经验的管理人员、销售人员、财务人员和工程技术人员,他们按照过去积累的经验进行分析与判断,各自分别提出初步的预测意见,然后进行综合、补充和修正,得出最终预测结论。在缺乏完整的历史资料或有关变量之间不存在较为明显的数量关系等情况下,适合采用此方法。

定性分析法的优点是省时省力,但有容易受主观判断影响和预测结果不精确等缺点。定量分析法虽然比较精确,但许多非计量因素无法考虑。当今社会,由于社会的、道德的、审美的、许多非经济目标日益受到重视,还有国家的方针政策以及政治经济形势的变动、消费者心理以及消费习惯的改变、股东的意向以及企业员工参与等因素,企业在进行分析预测时,也应该考虑这些非经济的或不可计量的因素。因此,在实际工作中,应根据需要将两类方法科学合理地结合起来应用,以达到预测的目的。

第二节　销售预测

一、销售预测的意义

销售预测是在市场调查的基础上,根据市场供需情况的发展趋势,以及本企业的销售单价、促销活动、产品改进等方面的计划安排,对该商品在计划期间的销售量或销售额所作出的预计和推测。本节主要介绍销售量的预测。

销售是企业经营管理的关键,企业的产品只有实现销售,才能取得收入,获得利润。在市场经济条件下,企业的生存取决于市场对企业产品的需求程度,即企业是否能生产出适销对路、品质合格的产品,以满足社会需要。

在“以需定销,以销定产”的方式下,销售预测对于指导利润预测、成本预测和资金需求量预测,安排经营计划,组织生产和进行长短期决策都起着决定性的作用。

销售预测可以使企业全面掌握产品市场需求的基本动态和产品销售变化的一般规律,从而确定生产计划和其他有关的计划,合理安排有关产品的生产、销售活动,做到以销定产、产销平衡。在企业的预测系统中,销售预测是处于先导地位的,企业关注在未来一定时期内哪些产品适销对路,在市场上占有多少份额,从事某项产品的生产销售能赚取多少利润,成本多高,需要多少资金等。

二、销售预测的方法

(一) 销售预测方法的种类

影响销售的因素有很多,这些因素一般分为内部因素和外部因素两类。影响销售的外部因素主要有:当前的市场环境、企业的市场份额、经济发展趋势、竞争对手情况等。内部因素主要有:产品的价格、产品的功能和质量、企业提供的配套服务,各种广告促销方法、企业的生产能力等。预测时,除对这些因素分清主次并综合考虑外,还要选择适当的预测方法。

销售预测的方法有很多,具体方法概括起来有两类,即定性预测分析方法和定量预测分析方法。其中,销售量预测常用的方法有:主观判断法、特尔菲法、专家小组法、消费者意向调查分析法、产品寿命周期分析法等定性预测分析方法,以及趋势预测分析法、因果预测分析法等定量预测分析方法。

(二) 销售预测的定性预测方法

销售预测的定性分析方法可以分为以下几种。

1. 主观判断法

主观判断法又称意见汇集法、推销员判断法。它是由企业的推销人员根据他们的调查,将每个顾客或各类顾客对特定预测对象的销售预测值填入设计的卡片或表格,然后由销售部门经理对此进行综合分析,以完成预测销售任务的一种定性分析方法。由于基层销售人员最熟悉市场,能直接倾听顾客的意见,因而能够提供直接反映顾客需求的信息。

采用该方法进行销售预测所需的时间短、费用低、简便易行,但对推销人员的要求比较高,能通过销售员的调查反映真实情况。然而推销人员的素质各异,对产品市场销售形势的判断估计过高或过低,在一定程度上都会干扰预测结论。

2. 特尔菲法

特尔菲法又称专家调查法,主要采用通信的方式,通过向有关专家发出预测调查表的方式来搜集专家们的意见,然后由企业有关部门把各专家意见进行综合、整理、归纳,作出预测判断的方法。

采用这一方法,在征询意见时,各专家之间应尽量做到互不通气,以使各位专家能真正根据自己的经验、观点和方法进行预测,避免受到特别权威专家的左右。有些复杂的问题涉及面较广,而每个专家所占有的资料总是有限的,如果由各位专家单独预测,则难免带有一些片面性,这就需要进行重复征询。同时,在每次重复征询过程中,都应注意把上次征询意见的结果进行加工整理后反馈给每位专家。特别注意不应忽视少数人的意见,以使各位专家在重复预测时能做出较全面的分析和判断。

3. 专家小组法

专家小组法是由企业组织各有关方面的专家组成小组,运用专家们的集体智慧进行判断的方法。小组中的专家们可以广泛讨论,相互启发,以弥补个人意见的不足,可以全面深入地分析研究问题。但是,这种方法的预测结果容易受少数特别权威人士意见的左右。有的碍于情面,难以畅所欲言;有的受别人观点的影响,放弃了自己有独到之处的观点。所以,采用这一方法,要求每一位专家要从企业的整体利益出发,充分表达自己的观点,不必受不同意见的束缚和影响。

4. 消费者意向调查分析法

消费者意向调查分析法，是指对具有代表性的消费群体的消费意向的调查。这是一种了解把握市场需求变化趋势，制定销售预测策略的一种定性分析方法。

5. 产品寿命周期分析法

产品寿命周期，是指新产品投入市场到被市场淘汰的过程。通常产品寿命周期一般都要经过萌芽期、成长期、成熟期和衰退期，而产品寿命周期分析法是利用销量在不同寿命周期阶段的变化趋势进行销售预测的一种定性分析方法。

三、销售预测的定量预测方法及应用

销量预测的定量预测方法主要是根据有关历史资料，运用数学方法对其进行加工处理，并通过建立数学模型来揭示影响销售各因素之间的依存关系以及未来销售的发展趋势，作出销售预测结论的一种数量分析方法。实际运用中采用的销售预测的定量预测方法主要分为两类，即为趋势预测分析法和因果预测分析法。

1. 趋势预测分析法

所谓趋势预测分析法，是指根据企业历史资料，按照发生时间的先后顺序排列的一系列销售数据，应用专门的数学方法进行加工处理，建立数学模型，由此推断销售量未来发展趋势的分析方法。

趋势预测分析法具体包括算术平均法、移动平均法、加权平均法、指数平滑法、时间趋势分析法。本节仅介绍算术平均法、加权平均法和指数平滑法这三种方法。

(1) 算术平均法

算术平均法是根据过去若干时期销售量的算术平均数，作为未来的销售预测数的预测方法。其计算公式为：

$$\text{预测销售量}=\frac{\sum \text{各期销售量之和}}{\text{期数}}$$

[例 5-1] 某企业 20××年上半年产品销售量资料如表 5-1 所示，根据资料预测 7 月份的销售量。

表 5-1　20××年上半年产品销售量资料

月份	1	2	3	4	5	6
产品销售量(件)	2 100	2 250	2 320	2 470	2 540	2 700

根据资料，用算术平均法预测 7 月份的产品销量为：

$$\text{预测销售量}=\frac{2\ 100+2\ 250+2\ 320+2\ 470+2\ 540+2\ 700}{6}=2\ 397(\text{件})$$

算术平均法计算简便，但未考虑各时期销售量对预测值的不同影响度，因而可能造成预测结果与实际数量发生较大差异。该方法使用于销售量变动不大或产品呈稳定增长的情况。

(2) 加权平均法

加权平均法是对各期的销售量给予不同的权重，将各期的销售量作为观察值与各期的权数相乘，求其平均数作为预测值的方法。与算术平均法相比，加权平均数考虑了各期不同的权数，避免了各期差异的平均化。其计算公式为：

$$预测销售量=\frac{\sum(某期销售量\times该期权数)}{各期权数之和}$$

一般考虑远期资料对未来的影响较小，近期资料对未来的影响较大。根据这一原则，权数可以按照时间的远近定位 1，2，3，…，$n-1$，n 中的任意一段顺序的取值，如 1，2，3，…；6，7，8，…；也可以根据观察值变化的幅度大小确定不同间隔的权数。但是由于权数本身对平均数有影响，即使权数的间隔相等，计算结果也有一定的差异。

选择适当的权数是采用该公式的关键。在实际运用中，权数的确定除了可以采用上述自然权数法以外，还可以按照饱和权数法来选择。饱和权数法要求各期权数之和等于 1，比如可使最近一期的权数为 0.5，其次一期为 0.5 的一半（即 0.25），再下一期为 0.25 的一半（即 0.125），依次类推，最后两期权数各占剩余权数的$\frac{2}{3}$和$\frac{1}{3}$。

［例 5－2］ 继续以［例 5－1］的资料为例，假定 1—6 月份各期权数分别为 1，2，3，4，5，6，根据资料预测 7 月份产品的销售量。

根据资料，用加权平均法预测 7 月份产品的销售量为：

$$\begin{aligned}预测销售量&=\frac{2\,100\times1+2\,250\times2+2\,320\times3+2\,470\times4+2\,540\times5+2\,700\times6}{1+2+3+4+5+6}\\&=2\,492(件)\end{aligned}$$

（3）指数平滑法

指数平滑法是根据前期销售量（额）的实际数和预测数，利用事先确定的平滑指数及其补数（1－平滑指数）为权数，来预测下一期销售量（额）的一种方法。其计算方法为：

某期预测销售量＝平滑指数×前期实际销售量＋（1－平滑指数）×前期预测销售量

用数学模型来表示，即为：

$$\overline{Q_{t+1}}=\alpha Q_t+(1-\alpha)\overline{Q_t}$$

式中，$\overline{Q_{t+1}}$代表第 $t+1$ 期的预测值，Q_t 代表第 t 期的实际值，$\overline{Q_t}$表示第 t 期的预测值，α为平滑系数（$0<\alpha<1$）。一旦选定平滑系数α，知道第 t 期的实际观察值 Q_t 与第 t 期的预测值，就可以计算出第 $t+1$ 期的预测值。

平滑指数是一个经验数据，它具有修匀实际数所包含的偶然因素对预测值影响的作用。一般取值为 0.3～0.7。由于平滑指数取值越大，则近期实际数对预测结果的影响就越大；平滑指数取值越小，则近期实际数对预测结果的影响就越小。所以，在进行近期预测或销售量变动较大的预测时，平滑指数应取得适当大些；在进行长期预测或者销售量波动较小的预测时，平滑指数就应取得适当小些。

指数平滑法实际上是一种分别以α和 $1-\alpha$为权数的特殊的加权平均法，采用这种方法可适当消除偶然因素引起的实际波动，使预测更加准确。该方法适用面较广，但平滑指数的选择带有一定的随意性。

［例 5－3］ 继续以［例 5－1］的资料为例，假定 20××年 1 月份的预测销售量为 2 120 件，平滑指数$\alpha=0.3$。

根据资料，列表计算如表 5－2。

表 5-2　20××年上半年产品销量预测表

月份	销售量实际数 Q_t(件)	αQ_t	$(1-\alpha)\overline{Q_t}$	$\overline{Q_{t+1}}$
1	2 100			2 120
2	2 250	630	1 484	2 114
3	2 320	675	1 479.8	2 154.8
4	2 470	696	1 508.36	2 204.36
5	2 540	741	1 543.052	2 284.052
6	2 700	762	1 598.836 4	2 360.836 4
7		810	1 652.585 48	2 462.585 48

根据资料，预测该公司 20××年 7 月的产品销售量为 24 63 件。由于平滑指数$\alpha=0.3$，有较大的人为因素，所以，预测值与实际情况会有一定的差异。这也是该方法运用的难点。

2. 因果预测分析法

因果预测分析法，是指利用事物发展的因果关系推测估计事物未来发展趋势的一种分析方法，又称回归分析法。回归分析法具体包括直线趋势法、曲线趋势法和指数曲线趋势法等。本节主要介绍直线趋势法。

直线趋势法，又称一元线性回归模型法，是根据过去若干期的销售量的实际资料，确定可以反映销售量增减变动趋势的直线方程，并将此直线延伸，进而求出某产品未来销售量预测值的一种预测方法。在直线趋势方程 $y=a+bx$ 中，y 表示销售量的预测值，x 表示预测期的时间序数。

直线趋势方程中的待定参数 a、b，根据最小二乘法确定。基本原理是：令预测值与实际值的离差平方和最小时，对 a、b 求导并令其为零，得到如下标准方程组：

$$\begin{cases}\sum y=na+b\sum x\\ \sum xy=a\sum x+b\sum x^2\end{cases}$$

求解该标准方程组，得到 a、b 的估计值为：

$$a=\frac{\sum y-b\sum x}{n}$$

$$b=\frac{n\sum xy-\sum x\sum y}{n\sum x^2-(\sum x)^2}$$

[例 5-4]　继续以[例 5-1]为例，建立以时间为 x，销售量为 y 的直线趋势方程，预测 7 月份产品销售量。

根据资料，列表计算如表 5-3 所示：

表 5-3　20××年上半年产品销售量计算表

月份	时间 x	销售量 y	x^2	xy
1	1	2 100	1	2 100
2	2	2 250	4	4 500
3	3	2 320	9	6 960
4	4	2 470	16	9 880

续表

月份	时间 x	销售量 y	x^2	xy
5	5	2 540	25	12 700
6	6	2 700	36	16 200
$\sum$	$\sum x=21$	$\sum y=14\ 380$	$\sum x^2=91$	$\sum xy=52\ 340$

根据资料，建立直线趋势方程，并估计参数 a、b 的值为：

$$b=\frac{n\sum xy-\sum x\sum y}{n\sum x^2-(\sum x)^2}=\frac{6\times 52\ 340-21\times 14\ 380}{6\times 91-21^2}=114.86$$

$$a=\frac{\sum y-b\sum x}{n}=\frac{14\ 380-114.86\times 21}{6}=1\ 994.66$$

直线趋势方程为：

$$y=a+bx=1994.66+114.86x$$

则 7 月份的预测销售量 $=1\ 994.66+114.86\times 7=2\ 799$（件）

第三节　成本预测

一、成本预测的意义

成本作为衡量企业经济效益的重要指标，是企业管理的重要对象之一。在现代经济条件下，成本管理工作不仅要反映实际耗费和分析成本超额的原因，而且更应该着眼于规划未来，进行成本预测，确定目标成本，从而控制成本的形成过程，降低成本，提高质量，实施全面的成本管理。

成本预测就是根据企业目前的经营状况和发展目标，利用专门的方法对企业未来的成本水平和变动趋势进行的推断。通过成本预测，有助于提高预见性，减少盲目性，有利于控制成本，提高经济效益，同时也为进行科学决策提供有效的依据。

二、成本预测的内容

成本预测分析的内容主要有两个方面：一是规划企业作为奋斗目标的未来成本，它是在未来期应当达到的成本，称之为目标成本；二是对企业实际情况进行预测，对未来时期可能达到的成本进行预测，称之为预测成本。这两种成本都是事前发生的，但又有不同的含义：目标成本是应当达到的，是经过努力奋斗应当实现的目标；预测成本是根据过去的成本情况，推测在未来时期有可能实现的状况。

三、目标成本的制定

目标成本是企业在生产经营活动中预先规定作为奋斗目标的未来成本，它是一种发生的成本。确定目标成本应当代表先进水平，要比实际成本低，即为了控制生产经营过程中的物质耗费和活劳动耗费，降低生产成本，保证目标利润的实现。

目标成本的制定一般可采用以下两种方法：

1. 按照目标利润和销售预测的结果制定

这种方法适用于全部产品的目标成本的制定。大多数企业都在确定目标利润的基础上，计算预计销售单价和预计销售量的乘积(即为预计销售收入)，再扣除目标利润，就得到目标成本。即

目标成本＝预计单价×预计销售量－目标利润

＝预计销售收入－目标利润

2. 先进成本法

它是选择某一成本水平作为目标成本。当该产品由若干厂家同时生产时，制定产品的目标成本可以用先进成本法确定目标成本，以进一步挖掘降低成本的潜力，作为企业的奋斗目标。先进成本法一般常用计算先进平均数予以确定目标成本。先进平均数方法不是以本行业做好的成本为目标，而是以本行业中等以上的水平为基准，再确定一个一般企业能接受的、经过努力可以达到的成本作为目标成本。它适用于生产水平在中等及以下的企业制定其目标成本。

四、预测的方法

成本预测的方法主要有历史资料分析法、因素预测法、定额测算法和预计成本测算法等。本节仅介绍历史资料分析法。成本预测中的历史资料分析法，是指在掌握有关成本等历史资料的基础上，采用一定方法进行数据处理，建立有关成本模型，并据此预测未来成本的一种方法。关键问题是如何利用有关历史资料确定总成本模型。实际操作中，数学模型为 $y=a+bx$，模型中待定的参数 a、b 确定的常用方法有高低点法、回归直线分析法和加权平均法。

1. 高低点法

高低点法同前面所介绍的混合成本分解的方法基本一致，即选用一定时期历史资料中的最高业务量和最低业务量的成本之差除以最高业务量和最低业务量之差，计算出单位变动成本，然后再计算固定成本。模型 $y=a+bx$ 中，待定参数 a、b 的计算公式为：

$$b=\frac{\text{最高业务量的成本}-\text{最低业务量的成本}}{\text{最高业务量}-\text{最低业务量}}$$

$$a=\text{最高业务量的成本}-b\times\text{最高业务量}$$

或

$$=\text{最低点业务量的成本}-b\times\text{最低业务量}$$

$$\text{总成本预测值 } y=a+b\times\text{预计业务量}$$

[例 5-5] 某企业生产一种产品，20××年 8 月份，预计产量达到 90 台，20××年 3—7 月份，有关成本资料如表 5-4 所示：

表 5-4 某企业 20××年 3—7 月成本资料

月份	产量(台)	总成本(万元)
3	60	40
4	70	55
5	58	42
6	75	58
7	80	60

根据表 5-4 的资料，采用高低点法预测 20××年 8 月份的总成本。

$$b=\frac{最高业务量的成本-最低业务量的成本}{最高业务量-最低业务量}=\frac{60-42}{60-58}=0.818\ 2$$

$$a=最高业务量成本-b\times最高业务量=60-0.818\ 2\times80=-5.456$$

则 20××年 8 月份总成本预测值 $y=a+b\times$预计业务量

$=-5.456+0.818\ 2\times90$

$=68.182$(万元)

2. 回归直线分析法

回归直线分析法是根据历史资料，应用最小平方原理求解出回归直线方程 $y=a+bx$ 中的参数 a、b。具体方法与前面第二章混合成本分解的方法基本一致。a、b 两个参数的计算公式如下：

$$b=\frac{n\sum xy-\sum x\sum y}{n\sum x^2-(\sum x)^2}$$

$$a=\frac{\sum y-b\sum x}{n}$$

[例 5-6] 继续以[例 5-5]的资料为例，用回归直线分析法计算 20××年 8 月份的总成本。

设产量为自变量 x，总成本为因变量 y，建立回归直线方程 $y=a+bx$。

表 5-5 计算分析表

月份	x	y	x^2	xy
3	60	40	3 600	2 400
4	70	55	4 900	3 850
5	58	42	3 364	2 436
6	75	58	5 625	4 350
7	80	60	6 400	4 800
合计	343	255	23 889	17 836

$$b=\frac{n\sum xy-\sum x\sum y}{n\sum x^2-(\sum x)^2}=\frac{5\times17\ 836-343\times255}{5\times23\ 889-343^2}=0.954\ 9$$

$$a=\frac{\sum y-b\sum x}{n}=\frac{255-0.954\ 9\times343}{5}=-14.506\ 1$$

则回归直线方程为 $y=-14.506\ 1+0.954\ 9x$

20××年 8 月份，总成本预测值 $y=-14.506\ 1+0.954\ 9\times90=71.43$(万元)

3. 加权平均法

该方法是根据过去若干期固定成本和单位变动成本的历史资料，按事先确定的权数进行加权的方法。该方法也是建立在 $y=a+bx$ 方程的基础上。与上述两种方法不同的是：一是该方法所依据的历史资料是各个时期的固定成本 a 和单位变动成本 b，而不是总成本；二是求解参数方法不同，加权平均法就是规定各个时期的成本资料以不同的权属。由于距计划期越近，对计划期的影响越大，加权权数应大些，即一般近期资料权数大；反之，则加权权数小些，即远期资料权数小。同销售预测方法中的权数确定一样，也可以有自然权数和饱和权数两种。

为计算简便，加权时可采用饱和权数，即令$\sum w_i = 1$，然后直接对各期成本资料加权平均，求得a和b两个参数。

两个加权平均数公式如下（w为各期资料权数）：

$$a = \frac{\sum a_i \times w_i}{\sum w_i}$$

$$b = \frac{\sum b_i \times w_i}{\sum w_i}$$

［例5－7］ 某企业20××年1—6月份生产单一产品的有关成本资料如下：

表5－6 相关成本资料

月份	固定成本总额 a	单位变动成本 b	权数
1	20 000	30	0.021
2	22 000	32	0.041 5
3	20 000	30	0.062 5
4	23 000	34	0.125
5	23 500	35	0.25
6	23 400	28	0.5

假设7月份产量为70件，用加权平均法计算20××年7月份的总成本。

$$a = 20\,000 \times 0.021 + 22\,000 \times 0.041\,5 + 20\,000 \times 0.062\,5 + 23\,000 \times 0.125 + 23\,500 \times 0.25 + 23\,400 \times 0.5 = 23\,033$$

$$b = 30 \times 0.021 + 32 \times 0.041\,5 + 30 \times 0.062\,5 + 34 \times 0.125 + 35 \times 0.25 + 28 \times 0.5 = 30.833$$

则预测总成本方程为 $y = 230\,33 + 30.833x$

20××年7月份，预测总成本 $y = 23\,033 + 30.833 \times 70 = 25\,191.31$（元）

第四节 利润预测

一、利润预测的意义

利润是衡量企业经济效益综合性最强的主要指标，它不仅反映企业在一定时期内的生产经营成果，也是衡量和考虑企业经济效益和业绩的重要依据。利润预测是对企业未来（计划期）可实现的利润进行的预见。利润对于一个企业来说，在经营活动中的地位至关重要的，如果没有利润，企业难以生存下去，更谈不上扩大生产规模和发展生产水平了。因此，利润是企业生产经营活动和管理工作质量的综合成果，也是反映多种财务要素的综合性指标。每个企业都应对利润进行有效管理。搞好利润预测，对于经营管理者的规划、决策工作具有重要意义。

所谓目标利润，是指企业在未来一段时间内，经过努力应该达到的最优化利润控制目标，它是企业未来经营必须考虑的重要战略目标之一。目标利润应该反映未来企业可以实现的最佳利润水平，既先进又合理。并且目标利润确定后，应保持相对稳定，不能随意更改，并及时组织落实为实现目标利润，在产量、成本、价格等方面必须达到的各项指标和有关措施，并以此作为编制全面预算的基础。

二、利润预测分析的内容

利润预测是在销售预测、成本预测的基础上，通过对产量、价格、成本的预测数据进行综合分析，进一步反映利润在未来时期的状况。利润预测分析的主要内容有两方面：其一是确定目标利润，即企业在未来一段时间内，经过努力应该达到的最优化利润控制目标，这是利润预测的中心任务；其二是反映各因素的变动对目标利润变动的影响，即利润变动因素敏感性分析。利润变动因素的敏感性分析在第四章本量利分析中已作了详细的介绍。本节主要介绍目标利润的预测。

三、利润预测的方法

利润预测可以按照有关利润的指标来计算得出，也可以根据销售预测中计划期的预计销售量和成本水平，应用本量利的相互关系和经营杠杆系数等方法进行。

1. 按照有关利润率指标计算

企业可以选择先进、合理的利润率作为预测目标利润的依据，通常可以选择销售利润率、产值利润率和资金利润率，其对应的相关指标为产品销售收入、产品总产值、资金平均占用额。具体计算公式表示如下：

(1) 销售利润率

目标利润＝销售利润率×预计销售收入总额

(2) 产值利润率

目标利润＝产值利润率×预计产品总产值

(3) 资金利润率

目标利润＝资金利用率×预计资金平均占用额

2. 本量利方法

本量利方法是根据利润、销售量、成本之间的数量关系来确定目标利润。

在企业只生产单一产品的情况下，其具体公式为：

目标利润＝(销售单价－单位变动成本)×预计销售量－固定成本

或　　＝单位边际贡献×预计销售量－固定成本

[例5-8] 某公司预计计划期间销售甲产品1 000件，假设甲产品的销售单价为30元，单位变动成本为18元，固定成本总额为3 500元，要求预测该企业产品在计划期间可实现多少利润。

预计目标利润＝1 000×(30－18)－3 500＝8 500(元)

在实际工作中，如果企业生产销售多种产品，则企业预计利润的计算公式为：

多种产品预计的利润＝加权平均边际贡献率×预测销售收入－固定成本

或　　＝∑(某产品边际贡献率×预计该产品销售量)－固定成本

［例 5-9］　某公司经营 A、B 两种产品，全年的固定成本为 10 000 元，其销售资料如表 5-7 所示。

表 5-7　产品销售资料

项　目	A 产品	B 产品
预测销售量(件)	1 500	1 200
预测销售收入(元)	45 000	42 000
销售比重	51.72%	48.28%
单位边际贡献(元)	12	15
边际贡献率	40%	42.86%

根据以上资料，企业预计可实现的利润为：

预测利润＝(4 500＋4 200)×(51.72%×40%＋48.28%×42.86%)－10 000
＝26 001.3(元)

3. 经营杠杆

在预测利润时，在其他因素不变的情况下，销售量一定程度的变动会使利润以更大幅度变动，将利润变动率大于销售量变动率的特殊现象称为经营杠杆效应。这如同物理学中的杠杆原理，只要给予一个较小的力，便可以举起一个较重的物体一样。从财务角度看，经营杠杆效应源于固定成本的存在。在产品售价和单位变动成本不变的情况下，当销售量变动时，固定成本成为增加利润的杠杆，使得单位固定成本呈反比例变动，即销售量越大的单位产品所负担的固定成本越小，单位产品获利能力越高；反之，单位产品获利能力就越低，从而带来单位利润相对变化，最终导致利润的变动率总是大于销售量变动率。因此，经营杠杆是在销售量变动时，利用固定成本，使利润实现更大的变动。经营杠杆所产生的效益和反映的风险可用经营杠杆系数来衡量。

(1) 经营杠杆系数

经营杠杆系数，又称为经营杠杆率，它是指利润变动率相当于销售量变动率的倍数，或利润变动率与销售量变动率的比值，其计算公式为：

$$经营杠杆系数(DOL)=\frac{利润变动率}{销量变动率}$$

［例 5-10］　某公司生产一种产品的有关资料如表 5-8 所示：

表 5-8　该产品相关资料

项目	基期	预测期	变动额	变动率
销售量(件)	1 000	2 000	500	50%
单位边际贡献(元)	30	30		
边际贡献(元)	30 000	60 000	15 000	50%
固定成本(元)	15 000	15 000		
利润(元)	15 000	45 000	30 000	200%

预测期的经营杠杆系数(DOL)＝200%/100%＝2。

按上述公式计算经营杠杆系数，必须掌握利润变动率和销售量变动率，因而计算比较繁琐，不便于利用经营杠杆系数进行利润的预测分析。为了事先能简便计算确定经营杠杆系数，实际计算时，经营杠杆系数通常可按以下简化公式计算：

$$经营杠杆系数(DOL)=\frac{基期边际贡献}{基期利润}$$

（2）利用经营杠杆系数来预测利润

经营杠杆系数在利润预测中预测销售量变动对利润的影响。因此，在一定业务量范围内，经营杠杆系数确定后，即可结合计划期的销售变动率来预测计划期的利润，其计算公式为：

$$预测利润=基期利润\times(1+销售变动率\times经营杠杆系数)$$

［例 5－11］ 某企业按照基期资料计算的经营杠杆系数为 4，基期利润为 15 万元，销售收入为 100 万元。若预测期销售收入总额为 150 万元，则预测期可实现的利润为：

$$预测利润=15\times\left(1+\frac{150-100}{100}\times4\right)=45(万元)$$

经营杠杆系数指标不仅可以用于预测利润，而且也反映了经营风险的大小。在一定的相关范围内，当产品单价、单位变动成本和固定成本不变时，销售量越大，经营杠杆系数越小；反之，销售量越小，经营杠杆系数越大。当在同一销售量水平上时，经营杠杆系数越大，利润变动幅度越大，企业经营的风险越大。所以，就一般企业而言，应保持相对较低的经营杠杆系数。

第五节　资金需要量预测

一、资金需要量预测的意义

资金是企业生产经营活动中必备的条件，是各种物质的货币表现。企业除必须进行销售、成本、利润的预测分析以外，还必须正确地做好资金需要量的预测工作，从而做到心中有数，合理筹集资金、利用资金，不断提高资金利用的经济效益，以最少的资金占有取得最佳的经济效益。因此，科学地进行资金预测，不仅能为企业生产经营活动的正常开展测算相应的资金需要量，而且能为制定经营决策、节约资金耗费、提高资金使用效益创造有利的条件。

资金需要量预测就是在销售预测、成本预测和利润预测的基础上，根据企业未来经营发展目标，并考虑影响资金的各项因素，运用一定方法估计和推算企业在未来一定时期内或一定项目上所需要的资金数额、来源渠道、运用方向及其效果的过程。

二、资金需要量预测的方法

资金需要量预测的方法主要有资金增长趋势预测法及销售百分比法。本节主要详细介绍销售百分比法。

资金增长趋势预测法，就是运用回归分析法原理对企业过去若干期销售量（销售额）及资金需要量的历史资料进行分析计量，以确定反映销售量（销售额）与资金需要量之间的数学模型，并据以推算估计未来期间资金需要量的一种方法。

销售百分比法，是根据各个资金项目与销售收入总额之间的依存关系，以未来销售收入变动的百分比为主要参数，预测随着销售收入增加需要相应增加的资金总量。采用销售百分比法预测资金需要量时，应具备的前提条件主要有：①资产负债表上的大部分项目与销售收入有直接的正比关系；②各资产现时的规模与其销售水平相当；③预测期的销售结构和价格水平与基期保持相同。

销售百分比法的计算公式为：

$$\text{预计需要增加的资金量}=(S_1-S_0)\left(\frac{A}{S_0}-\frac{L}{S_0}\right)-D-R+M$$

式中，S_1 为下期预测销售收入，S_0 为基期销售收入，(S_1-S_0) 表示销售额的变动差额；A 为随销售收入变动的资产项目基期金额，L 为随销售收入变动的负债项目基期金额，$\left(\frac{A}{S_0}-\frac{L}{S_0}\right)$ 表示每增加百元销售收入所需要增加的资金需要量；D 为下期提取的折旧摊销额与同期用于更新改造的资金之差额；R 为按下期销售收入及基期销售净利率计算的利润与预计发放股利的差额；M 为下期新增的零星资金需要量。

三、销售百分比法的预测步骤

第一步：确定基期的销售收入 S_0 和下期预计的销售收入 S_1。

第二步：分析资产负债表，将随销售量变动的项目分离出来。

(1) 资产类项目

流动资产中的货币资金、应收账款和存货等项目，一般会随着销售收入的增加而增加。因为较多的销售量需要占用较多的存货，发生较多的应收账款，从而要求货币资金需要量增加。固定资产项目则视企业现有生产能力是否满足预测期经营规模的需要而定，如果企业生产能力可以满足未来的需要，则不需要增加固定资产方面的资金投入；反之，如果未来销售量增加超出现有生产能力，则必须扩大生产能力，追加资金投入。至于长期投资、无形资产和其他资产项目，一般与销售量的增减无关，不需要考虑。

(2) 负债类项目

流动负债中的应付账款、应缴税金和其他应付款等会随着销售量的增加而相应增加；而长期负债项目一般与销售量的增减无关，不需考虑。

(3) 所有者权益项目

实收资本和资本公积项目一般与销售量增减无关。留存收益中实现的利润如果未全部分配给投资者，与计提的固定资产折旧一样，会形成企业内部的资金来源。

第三步：计算基期资产负债表上随销售量变动的各项目占基期销售收入的百分比。

根据第二步的分析结果，将随着销售的增加而增加的各项目金额与基期销售收入相比，得到相应的比例。

$$\text{资产占销售收入的百分比}=\frac{\text{随销售量变化的资产}}{\text{基期销售额}}=\frac{A}{S_0}$$

$$\text{负债占销售收入的百分比}=\frac{\text{随销售量变化的负债}}{\text{基期销售额}}=\frac{L}{S_0}$$

第四步：确定随销售的增加需要追加的资金。

将第三步计算出的“资产占销售收入的百分比”减去“负债占销售收入的百分比”，得到每增加 1 元，销售额需要增加的资金量。

$$\text{单位销售额增加需增加的资金}=\frac{A}{S_0}-\frac{L}{S_0}$$

第五步：确定企业内部形成的资金，从而得出计划期需要追加的资金。

内部形成的资金是企业留存收益的增加数以及固定资产折旧额，这部分资金来源可以抵减需要筹集的资金。

第六步：根据销售百分法计算公式预计需要增加的资金量得出结果。

四、销售百分比的应用

[例 5-12] A 企业 2012 年销售收入为 100 万元，税后净利润为 5 万元，发放股利为 3 万元，2012 年末的资产负债表资料如表 5-9 所示。

表 5-9　A 企业 2012 年末资产负债表(元)

资　产		负　债	
现金及银行存款	25 000	应付账款	156 000
应收账款	150 000	长期负债	210 000
存货	200 000	普通股本	500 000
厂房设备(净值)	350 000	留存收益	69 000
长期投资	110 000		
无形资产	100 000		
资产合计	935 000	权益合计	935 000

假设 2013 年预计销售收入达到 150 万元，并仍按原股利发放率发放股利，折旧提取数为 5 万元，其中，60%用于当年更新改造支出，现有厂房设备应用能力已处于饱和状态，计划期间零星资金需要量为 2.1 万元。求预测期需要追加的资金量。

根据资料，各指标计算如下：

$S_1-S_0=150-100=50$(万元)

$$\frac{A}{S_0}-\frac{L}{S_0}=\frac{25\,000+150\,000+200\,000+350\,000}{1\,000\,000}-\frac{156\,000}{1\,000\,000}=56.9\%$$

$D=5\times(1-60\%)=2$(万元)

$R=150\times\frac{5}{100}\times\left(1-\frac{3}{5}\right)=3$(万元)

则预测资金需要量$=50\times56.9\%-2-3+2.1=25.55$(万元)

本章小结

经营预测是指企业根据现有的经济条件和掌握的历史资料以及客观事物的内在联系，对生产经营活动的未来发展趋势和状况进行的预计和测算。预测分析的基本步骤主要有：①确定预测目标；②收集和整理资料；③选择预测方法；④综合分析预测；⑤检查验证；⑥修正预测结果并输出预测结论。预测分析的具体方法一般可以分为定量分析法和定性分析法这两大类。

销售预测是在市场调查的基础上，根据市场供需情况的发展趋势，以及本企业的销售单价、促销活动、产品改进等方面的计划安排，对该商品在计划期间的销售量或销售额所作出的预计和推测。销售预测的定性分析法主要包括：主观判断法、特尔菲法、专家小组法、消费者意向调查分析法、产品寿命周期分析。销售预测的定量分析法主要是趋势预测分析法和因果预测分析法。

成本预测就是根据企业目前的经营状况和发展目标，利用专门的方法对企业未来成本水平和变动趋势进行的推断。在实际操作中，常用高低点法、直线回归分析法和加权平均法来预测成本。

利润预测是在销售预测、成本预测的基础上，通过对产量、价格、成本的预测数据进行综合分析，进一步反映利润在未来时期的状况。利润预测可以按照有关利润的指标来计算得出，也可以根据销售预测中计划期的预计销售量和成本水平，应用本量利的相互关系和经营杠杆系数等方法进行。

资金需要量预测就是在销售预测、成本预测和利润预测的基础上，根据企业未来经营发展目标并考虑影响资金的各项因素，运用一定方法估计和推算企业在未来一定时期内或一定项目上所需要的资金数额、来源渠道、运用方向及其效果的过程。

复习思考题

1. 什么是经营预测？预测分析的一般步骤有哪些？
2. 销售预测的常用方法有哪些？哪些属于定量分析，哪些属于定性分析？
3. 在应用指数平滑法时，怎样根据实际需要确定平滑指数的数值？
4. 成本预测的主要方法有哪几种？
5. 经营杠杆系数如何计算？产生经营杠杆效应的原因是什么？
6. 用销售百分比法预测资金需要量时，各项目如何确定？

练习题

一、单选题

1. 预测分析方法分为两大类，即定量分析方法和(　　)。

A. 平均法　　B. 定性分析方法　　C. 回归分析方法　　D. 指数平滑方法

2. 平滑系数α，其一般取值范围在(　　)。

A. $0<\alpha<1$　　B. $0.3<\alpha<0.7$　　C. $0.3\leqslant\alpha\leqslant0.7$　　D. $0\leqslant\alpha\leqslant1$

3. 在众多预测中，(　　)处于先导地位，它对于指导其他预测起着决定性的作用。

A. 利润预测　　B. 成本预测　　C. 资金预测　　D. 销售预测

4. 佳佳公司2013年7月份的实际销售量为600件，2013年6月份对7月份销售量的预测值为550件，假设平滑系数a为0.7，用指数平滑法预测8月份的销售量为(　　)件。

A. 455　　B. 585　　C. 550　　D. 600

5. 运用销售百分比法预测资金需要量时，下列说法中不正确的是(　　)。

A. 货币资金、应收账款、存货等项目会随着销售额的变动而变动，其变动额作为增加的资金需求量

B. 应付账款、其他应付款等项目会随着销售额的变动而变动，其变动额作为增加的资金供给量

C. 预期的折旧额扣除用于更新改造的资金后可作为增加的资金供给量

D. 预期的净利润都作为增加的资金供给量

二、多选题

1. 下列预测方法中属于趋势预测法的是(　　)。

A. 本量利分析法　　B. 回归分析法　　C. 指数平滑法　　D. 加权平均法

2. 以下说法中正确的是(　　)。

A. 平滑系数越大，说明上期实际数对预测值影响很大

B. 平滑系数越小，说明上期预测数对预测值影响越大

C. 平滑系数的取值范围在0～1

D. 平滑系数的一般取值在0.3～0.7

3. 具有生产潜力的企业采用销售百分比法预测资金需要量时，下列各项中，应列入随销售额变动的资产项目的有(　　)。

A. 应收账款　　B. 存货　　C. 无形资产　　D. 固定资产

4. 特尔菲方法的特点包括(　　)。

A. 不记名　　B. 多次反馈　　C. 集中性　　D. 记名

5. 目标利润是企业在一定时期内要完成的利润指标。企业未来的目标利润可根据(　　)来预测。

A. 销售利润率法　　B. 产值利润率法

C. 销售成本利润率法　　D. 经营杠杆利润率法

6. 在预测分析中，属于定量分析法的有(　　)。

A. 判断分析法　　B. 本量利分析法　　C. 指数平滑法　　D. 回归分析法

三、判断题

1. 由于运用的前提和原理不同，定量分析方法和定性分析方法只能独立用于具体的预测分析项目，不可结合使用。

2. 企业要进行销售量预测，必须具备齐全的销售量历史资料才能进行。

3. 用销售百分比法预测资金需要量的做法是以销售收入变动百分比为主要参数，同时兼顾销量变动引起的其他因素对资金的影响。

4. 目标成本的提出和测定应经过反复测算才能完成，一般可采用两种方法进行预测，即按目标利润进行预测和以先进的成本水平作为目标成本。

5. 高低点法就是选用一定时期历史资料中的最高成本和最低成本之差，除以最高业务量和最低业务量之差，计算出单位变动成本，然后确定固定成本的一种计算方法。

6. 用销售百分比法预测资金的需要量时，必须与预测人员的经验和判断能力相结合，才能得出较为准确的结果。

7. 企业在进行筹资预测时，应扣除企业内部形成的资金来源。

四、计算题

1. 某公司 2013 年 1—6 月份的销售量如下表所示：

月份	1	2	3	4	5	6
销量(台)	38	39	41	43	44	45

要求：(1) 用加权平均法预测该企业 2013 年 7 月的销售量(使用饱和权数)；

(2) 若 2013 年 1 月份的预测值为 34 台，用指数平滑法预测该企业 2013 年 7 月的销售量(假定平滑系数为 0.4)。

2. 假设某公司近 5 年某产品的产量与成本数据如下：

年份	产量(件)	单位产品成本(元)
2008	500	70
2009	600	69
2010	400	71
2011	700	69
2012	800	65

预计 2013 年度的产量为 850 台，要求采用回归直线分析法预测 2013 年的总成本和单位成本。

3. 2012 年某公司下属 A、B、C 三个车间的有关资料如下表所示：

车间	销售收入(万元)	总产值(万元)	销售成本(万元)	利润总额(万元)
A 车间	5 000	5 500	4 000	800
B 车间	2 000	2 100	1 200	400
C 车间	2 500	2 000	2 000	500

已知：A 车间 2013 年的预计销售收入为 6 000 万元，B 车间 2013 年预计产值为 2 500 万元，C 车间 2013 年的预计销售成本为 2 400 万元。要求：

(1) 计算利用销售利润率预测 A 车间 2013 年的利润额；

(2) 计算利用产值利润率预测 B 车间 2013 年的利润额；

(3) 计算利用成本利润率预测 C 车间 2013 年的利润额。

4. 某公司 2011 年和 2012 年的产销量和利润资料如下：

项目	产销量(万件)	利润(万元)
2011	20	500
2012	24	700

要求：

(1) 计算该公司的经营杠杆系数；

(2) 计算 2013 年产销量达到 30 万件的利润变动率，并计算 2013 年的预计利润。

5. 某企业 2012 年销售收入为 300 000 元，税后利润为 12 000 元，并发放了 8 000 元股利，

2013 年计划销售收入将达到 480 000 元，假定其他条件不变，仍按基期股利发放率支付股利，按计划提取折旧 12 000 元，其中 35%用于当年更新改造支出，厂房设备尚未达到饱和状态，有关零星资金需要量为 7 000 元。2012 年 12 月 31 日资产负债表如下表所示：

某公司 2012 年 12 月 31 日资产负债表

资产		负债及所有者权益	
现金	5 000	应付账款	31 000
应收账款	57 000	应付票据	10 000
存货	40 000	长期负债	55 000
固定资产净值	90 000	股本	120 000
无形资产	30 000	留存收益	6 000
合计	222 000	合计	222 000

试用销售百分比法预测 2013 年的追加资金需要量。

6. 已知：某公司 2012 年销售收入为 20 000 万元，销售净利润率为 12%，净利润的 60%分配给投资者。2012 年 12 月 31 日的资产负债表（简表）如下：

资产负债表（简表）

2012 年 12 月 31 日　　单位：万元

资产	期末余额	负债及所有者权益	期末余额
货币资金	1 000	应付账款	1 000
应收账款净额	3 000	应付票据	2 000
存货	6 000	长期借款	9 000
固定资产净值	7 000	实收资本	4 000
无形资产	1 000	留存收益	2 000
资产总计	18 000	负债及所有者权益总计	18 000

该公司 2013 年计划销售收入比上年增长 30%，为实现这一目标，公司需新增设备一台，价值 148 万元。据历年财务数据分析，公司流动资产与流动负债随销售额同比率增减。公司如需对外筹资，可按面值发行票面年利率为 10%、期限为 10 年、每年年末付息的公司债券解决。假定该公司 2013 年的销售净利率和利润分配政策与上年保持一致，公司债券的发行费用可忽略不计，适用的企业所得税率为 25%。

要求：

(1) 计算 2013 年公司需增加的营运资金；

(2) 预测 2013 年需要对外筹集资的金量。

参考答案

一、单选题

1. B　2. C　3. D　4. B　5. D

二、多选题

1. CD 2. ABCD 3. AB 4. ABC 5. ABCD 6. BCD

三、判断题

1. × 2. × 3. √ 4. √ 5. × 6. √ 7. √

四、计算题

1.（1）加权平均法。

假设 2013 年 1—6 月销售量的饱和权数分别为 0.5，0.25，0.125，0.062 5，0.041 7，0.020 8

根据资料 2013 年 7 月份的预测销售量＝45×0.5＋44×0.25＋43×0.125＋41×0.062 5＋39×0.041 7＋38×0.020 8＝44(台)

（2）指数平滑法。

预测 2013 年 7 月份的销售量＝$0.4\times45+0.4\times0.6\times44+0.4\times0.6^2\times43+0.4\times0.6^3\times41+0.4\times0.6^4\times39+0.4\times0.6^5\times38+0.6^6\times34=43$(台)

2.

年份	产量(x)	单位产品成本(元)	总成本(y)	xy	x^2
2008	500	70	35 000	17 500 000	250 000
2009	600	69	41 400	24 840 000	360 000
2010	400	71	28 400	11 360 000	160 000
2011	700	69	48 300	33 810 000	490 000
2012	800	65	52 000	41 600 000	640 000
合计	3 000		205 100	129 110 000	1 900 000

$$b=\frac{5\times129\ 110\ 000-3\ 000\times205\ 100}{5\times1\ 900\ 000-3\ 000\times3\ 000}=60.5(\text{元})$$

$$a=\frac{205\ 100-181\ 500}{5}=4\ 720(\text{元})$$

预计 2013 年总成本为：

$y=4\ 720+60.5\times850=56\ 145$(元)

2013 年预计单位成本为：

$$b=\frac{56\ 145}{850}=66.05(\text{元})$$

3.（1）A 车间 2013 年的销售利润率＝800÷5 000×100%＝16%

A 车间 2013 年的预测利润＝6 000×16%＝960(万元)

（2）B 车间 2013 年的产值利润率＝400÷2 100＝19%

B 车间 2013 年的预测利润＝2 500×19%＝475(万元)

（3）C 车间 2013 年的成本利润率＝500÷2 000×100%＝25%

C 车间 2013 年的预测利润＝2 400×25%＝600(万元)

4.(1) $DOL=\frac{利润变动率}{产销量变动率}=\frac{(700-500)\div 500}{(24-20)\div 20}=2$

(2) 2013 年产销量达到 30 万辆的利润变动率＝DOL×销售变动率＝50%

2013 年的预测利润＝基期利润×(1＋销售变动率×DOL)

＝700×(1＋0.25×2)＝1 050(万元)

5. $S_1-S_0=480\ 000-300\ 000=180\ 000$ 元

$\frac{A}{S_0}-\frac{L}{S_0}=\frac{5\ 000+57\ 000+40\ 000}{300\ 000}-\frac{31\ 000+10\ 000}{300\ 000}=20.33\%$

$D=12\ 000\times(1-35\%)=7\ 800$(元)

$R=480\ 000\times\frac{12\ 000}{300\ 000}\times\left(1-\frac{8\ 000}{12\ 000}\right)=6\ 400$(元)

则预测 2013 年资金需要量＝180 000×20.33%－7 800－6 400＋7 000＝29 394(元)

6.(1) 计算 2013 年公司需增加的营运资金：

流动资产占销售收入的百分比＝10 000/20 000＝50%

流动负债占销售收入的百分比＝3 000/20 000＝15%

增加的销售收入＝20 000×30%＝6 000(万元)

增加的营运资金＝6 000×50%－6 000×15%＝2 100(万元)

(2) 预测 2013 年需要对外筹集的资金量：

增加的留存收益＝20 000×(1＋30%)×12%×(1－60%)＝1 248(万元)

对外筹集资金量＝148＋2 100－1 248＝1 000(万元)

第六章　短期经营决策

在市场经济环境下，为了应对激烈的竞争和瞬息万变的市场状况，企业管理当局经常会作出各种各样的经营与投资决策。这些决策的正确与否关系到企业未来的生存和发展，如果企业做出了错误的决策，就有可能在激烈的市场竞争中被淘汰。现代管理科学认为，企业应该把正确的经营与投资决策放在首位。“管理的重心在经营，经营的重心在决策”，这是市场经济环境下的必然要求。

第一节　决策分析概述

管理会计中的决策分析是专门针对企业经营中出现的各种问题进行财务可行性研究，为管理人员做出科学、正确的决策并提供有用的信息的过程。

一、决策分析的概念

决策是指为了实现一定的目标，借助科学的理论和方法，对可供选择的方案进行分析和比较，从中选择最优方案的过程。简言之，决策就是对未来各种可能的行动方案做出选择的过程。

决策分析就是指为实现企业预定目标，在科学预测的基础上，结合企业内外部环境和条件，对与企业未来经营战略、方针或措施有关的各种备选方案可能导致的结果进行系统的测算和对比分析，并从中选出最优方案的过程。

决策分析是企业经营管理的核心，决策的正确与否关系到企业未来发展的成败。在市场经济条件下，企业必须根据市场的需求来决定生产什么、如何生产、生产多少，以及如何定价等经营方向与方针。经营决策的正确与否往往直接体现在经济效益上，并对企业的未来发展产生深远影响。因此，企业经营管理者面临的首要问题是如何作出科学而又正确的决策。

二、决策分析的特点

(1) 决策分析要有明确的目标。

(2) 决策分析要以客观必然的认识为依据，而不能单纯地臆断或猜想。

(3) 决策分析要有两个或两个以上的备选方案供选择。

(4) 决策分析总是面向未来的。

(5) 决策分析不是瞬间的决定，而是一个提出问题、分析问题、解决问题的系统分析过程。

三、决策的分类

决策分析贯穿于生产经营活动的始终，涉及的内容较多。不同的分类标准将决策分为若干不同的类型，这就决定了决策的多样性。

(一) 按决策的重要程度分类

1. 战略决策

战略决策是指关系到企业全局和企业未来发展方向的重大决策。这类决策取决于企业的长远规划和外部环境对企业的影响，它的正确与否对企业的成败具有决定性作用。如，企业经营目标的确定、新产品的开发、生产能力的扩大等。

2. 战术决策

战术决策是指对日常经营管理活动所采用的局部性决策。这类决策主要考虑如何使现有的人力、物力、财力资源得到合理而充分的利用。如，零部件的自制与外购、生产结构的安排、短期资金的筹措等。

(二) 按决策条件的肯定程度分类

1. 确定型决策

确定型决策是指与决策相关的各项条件或自然状态是已知的，且每个方案只有一个确定的结果，没有不确定性因素在内的决策。这类决策比较容易进行，通过比较不同的方案就能作出决策。

2. 风险型决策

风险型决策是指所涉及的各种备选方案的各项条件都是已知的，但每一方案的执行都有可能出现两种或两种以上的不同结果，并且可以依据有关资料确定出现各种可能结果的概率。备选方案结果的不确定性使这类决策存在一定的风险。

3. 不确定型决策

不确定型决策是指所涉及的各种备选方案的各项条件都是未知的，而且每一方案的执行都有可能出现两种或两种以上的不同结果，但无法确定出现各种可能结果的概率，只能依靠决策者的实践经验和判断能力来解决。

(三) 按决策的重复程度分类

1. 程序化决策

程序化决策是指例行的或重复性的决策，它相对简单，在很大程度上依赖以前的解决方法，按照事先规定好的一个系统化的程序、规则或政策做就可以了。如，正常生产情况下的每次存货的采购量，就可以按照事先确定的经济订货批量采购，而无须作出新的决策。

2. 非程序化决策

非程序化决策是指复杂的、非例行的决策，这类决策是独一无二的、不重复发生的。如，是否接受特殊价格追加订货的决策。

(四) 按决策规划时间的长短分类

1. 短期决策

短期决策一般是指在一个经营年度或经营周期内能够实现其目标的决策。主要包括生产决策、成本决策和定价决策等。主要特点为，能充分利用现有资源进行战术决策，一般不涉及大量资金的投入，见效比较快。

2. 长期决策

长期决策是指在较长时期(超过一年)才能实现的决策。主要特点为,对若干期的收支产生影响,一般需注入大量资金,见效比较慢。

(五) 按决策方案之间的关系分类

1. 接受或拒绝方案决策

接受或拒绝方案决策,又称独立方案的决策,是指各自独立存在,不受其他任何方案影响的决策。如,亏损产品是否停产的决策,是否接受特殊价格追加订货的决策等。

2. 互斥方案决策

互斥方案决策是在两个或两个以上相互排斥的方案中选出唯一的一个方案的决策。如,零部件的自制与外购决策、几种新产品的选择决策、联产品的出售与深加工决策等。

3. 组合方案决策

组合方案决策是指在企业资源总量受到一定限制的条件下,从多个备选方案中选出一个最优组合方案,使企业的综合经济效益达到最优。

(六) 其他分类

决策除按以上的分类标准外,还可以按其他分类标准分类。如按决策者所处的管理层次不同,分为:高层决策、中层决策、基层决策;按决策内容分类为:成本决策、生产决策、定价决策、存货决策等;按决策的侧重点不同,可以分为:计划决策、控制决策等。

四、决策分析的程序

决策分析的主要程序有以下四个步骤。

1. 明确决策问题和目标

制定决策首先应该明确决策的问题和目标,如,是否接受某一特殊的客户订单,生产何种产品,亏损产品是否停产。在一项决策作出之前,必须明确该问题。

2. 搜集相关资料并制定备选方案

对决策问题明确之后,应该搜集相关资料,了解决策问题的相关数据,并充分考虑现实与可能,设计制定各种可能实现目标的备选方案。备选方案的制定要集思广益,要充分考虑各种可能的情况,各备选方案要尽可能详细,以有利于分析各方案的优劣。

3. 对备选方案作出评价,选出最优方案

这一过程需要对各备选方案进行详尽的定性和定量分析,从各个方面分析每个方案的可行性和优劣。这个过程是正确决策的关键,它要求针对各方案的决策标准作出细致的分析,进而通过各方案的决策标准进行比较,得出最优方案。

4. 决策方案的实施和控制

最优方案选定以后,就要组织实施。在方案实施的过程中,可能会出现未预料到的新情况,根据新情况可能要调整和修改原方案。对方案实施过程的监控,可以保证决策的顺利实施,同时能够积累经验和数据,为今后的决策制定提供指导。

第二节　短期经营决策的一般方法

一、短期经营决策的相关概念

(一) 相关成本

相关成本是指与特定决策方案相联系的、能对决策产生重大影响的、在短期经营决策中必须予以充分考虑的成本,又称“有关成本”。如果某项成本只属于某个经营决策方案,即若有这个方案存在,就会发生这项成本;若该方案不存在,就不会发生这项成本,那么这项成本就是相关成本。相关成本包括:增量成本、边际成本、机会成本、估算成本、重置成本、付现成本、专属成本、可避免成本、可分成本、可延缓成本等。

1. 增量成本

增量成本是指因实施某项决策方案而发生的成本,如果不采纳该决策方案,则增量成本就不会发生。狭义的增量成本是指两个备选方案之间的差额,一般又称“差量成本或差别成本”。在一定条件下,某一决策方案的增量成本就是该方案的相关变动成本,但有时也会包括固定成本。

2. 边际成本

理论上,边际成本是指产量的微量变化所引起的成本的变动数额。在实际中,产量的微量变化是相对的,微量只能小到一个经济单位,如一批、一个、一件等。因此,在管理会计中,边际成本就是产量每增加或减少一个单位所引起的成本的变动数额。

3. 机会成本

机会成本是指在决策过程中,由于选取最优方案而放弃次优方案所丧失的潜在利益,即选择目前接受的方案所付出的代价。机会成本不是通常意义上的成本,它不是一种实际支出或费用,也不需入账反映,而是失去的收益,这种收益不是实际的,而是潜在的,但在决策时应作为一个现实的因素加以考虑。

4. 估算成本

估算成本是一种特殊形式的机会成本,是需要经过假定推断才能确定的成本。估算成本的典型形式就是利息。如,企业购置生产设备所使用的资金,不论该项资金是借入的还是自有的,也不管其是否存入银行或进行某项投资,为了正确地分析、评价设备购置方案的经济性,均可将可能取得的存款利息或投资报酬视为该项资金的机会成本。

5. 重置成本

重置成本是指在当前的生产条件和市场供应情况下,从市场上重新取得某项现有的资产所需支付的成本。由于技术的进步以及通货膨胀等因素的共同影响,企业资产的重置成本可能与历史成本出现较大差异,在企业的经营决策中,应着重考虑的是资产的重置成本而不是历史成本。

6. 付现成本

付现成本也称现金支出成本,是指由于决策引起的需要在将来动用现金支付的成本。在企业的经营决策中,一般要把付现成本作为一项重要的因素来考虑。

7. 专属成本

专属成本指那些能够明确归属于特定决策方案的固定成本或混合成本，它往往是为了弥补生产能力不足的缺陷，增加有关装置、设备、工具等长期资产而发生的。专属成本的确认与取得上述装置、设备、工具的方式有关。若采用租入的方式，则专属成本就是与此相关的租金成本；若采用购买方式，则专属成本的确认还必须考虑有关装置、设备、工具本身的性质。若取得的装置等是通用的，则专属成本就是与这些装置有关的主要使用成本，如折旧费、摊销费等；如果取得的装置是专用的，则专属成本就是这些装置等的全部取得成本。

8. 可避免成本

可避免成本是指企业如果采用某个特定方案就不会继续发生的成本。可避免成本通常取决于决定是否停止某产品的生产或终止某项经济业务的决策，如果企业接受该方案，则有些成本就不会继续发生；如果企业不接受该方案，则这些成本还会继续发生，因此，这项成本就是可避免成本。

9. 可分成本

可分成本是指在联产品或半成品的生产决策中，对于已经分离的联产品或已产出的半产品进行深加工而追加发生的成本。联产品在分离点之后或半产品在产出后，有些要进一步加工后才能出售，有些既可以直接对外销售，也可以进一步加工后销售。可分成本就是进一步加工方案必须考虑的相关成本。

10. 可延缓成本

可延缓成本是指与已选定但可延缓实施的某方案相关联的有关成本。该方案的延缓实施，不会对企业的经营活动带来重大不利影响。当方案延缓实施时，与之相关联的成本则随之延迟发生。由于可延缓成本的发生时间具有一定的弹性，因此，在决策中，特别是在资金不太充足的情况下，应予以考虑。

（二）无关成本

无关成本也称“非相关成本”，是指与特定决策方案无关，或在决策中不需考虑的成本。如果无论是否存在某决策方案，均会发生某项成本，那么，可以断定该项成本就是该方案的无关成本。无关成本包括：沉没成本、不可避免成本、共同成本、联合成本等。

1. 沉没成本

沉没成本也称历史成本，是指由过去的决策所引起并已经发生的实际支出，不能由现在或将来的决策所改变的成本。企业大多数固定成本（固定资产的折旧、无形资产的摊销费），属于沉没成本。

2. 不可避免成本

不可避免成本是指不论管理当局做出何种决策，都不能改变其发生数额的成本。也就是说，这种成本的发生与特定的决策方案无关，不管决策方案是否被采纳，其金额都会发生，因此是无关成本。

3. 共同成本

共同成本与专属成本相对，是指由多个方案共同拥有的固定成本。如各方案共同分享的设施和服务成本，包括车间管理人员工资、车间中的照明、取暖、空调等费用。不论采用哪种方案，其发生金额都相同，因此，属于无关成本。

4. 联合成本

联合成本与可分成本对应，是指联产品在未分离前的生产过程中所发生的，应由所有联产品共同负担的生产成本。通常在是否进一步加工的方案中属于不必考虑的无关成本。

(三) 相关收入与无关收入

相关收入是指由某特定决策方案直接引起的、能对决策产生重大影响的、在决策中必须予以充分考虑的未来收入。如果某项收入只属于某个决策方案，即若有这个方案存在，就会产生这项收入，若不存在，就不会产生这项收入，那么，这项收入就是相关收入。

无关收入是相对于相关收入而言的，如果无论是否存在某决策方案均会发生某项收入，那么，该项收入就是决策方案的无关收入。

二、经营决策的一般分析方法

(一) 确定型决策的分析方法

确定型决策所涉及的各种备选方案的各项条件都是已知的，而且每一个方案都有相对应的、确定的结果。因此，对这种类型的决策，只需要对有关指标进行比较分析即可。

1. 差量分析法

差量分析法是指通过对两个备选方案的“差量收入”与“差量成本”的比较，来评价有关方案优劣的一种决策方法。其分析的基本公式为：

差量利润＝差量收入－差量成本

差量分析法的基本原理可由表 6－1 来体现：

表 6－1　差量分析法

项目 方案	甲方案	乙方案	差量 D
R(预期收入)	$R_{甲}$	$R_{乙}$	$D_R=R_{甲}-R_{乙}$
C(预期成本)	$C_{甲}$	$C_{乙}$	$D_C=C_{甲}-C_{乙}$
P(预期利润)	$P_{甲}$	$P_{乙}$	$D_P=(R_{甲}-R_{乙})-(C_{甲}-C_{乙})$

如果 $D_R>D_C$，即 $D_P>0$，则甲方案更优；如果 $D_R<D_C$，即 $D_P<0$，则乙方案更优。

［例 6－1］　假定某企业的某项设备既可以用来生产 A 产品，也可以用来生产 B 产品，经测算，其预计的销售量分别为 2 000 件和 1 800 件，预计单位售价分别为 20 元/件和 19 元/件，单位变动成本分别为 10 元/件和 11 元/件。该企业从经济上考虑，应该生产哪种产品？

差量收入＝R_A-R_B＝2 000×20－1 800×19＝5 800(元)

差量成本＝C_A-C_B＝2 000×10－1 800×11＝200(元)

由上述计算结果知，差量收入>差量成本，即差量利润＝5 800－200＝5 600(元)，所以，生产 A 产品的方案更优，可比 B 方案多赚利润 5 600 元。

需要说明的是，差量分析法是针对特定的两个方案进行的，是一种“短中取长”的方法，只能回答特定的两个方案中哪个较好，如果存在两个以上的备选方案，就需分别两两比较方案，并从中选出最优方案，即在多次的“短中取长”的基础上，再“长中取长”，直至选出最优方案。

2. 边际贡献分析法

边际贡献分析法是指通过比较各种备选方案所提供的边际贡献总额的大小，来分析、评价有关方案优劣的一种决策分析方法。其基本程序为：计算各备选方案的边际贡献总额，其中，边际贡献总额最大的方案为最优方案，可由表 6-2 来表示。

表 6-2　边际贡献分析法

项目＼方案	甲方案	乙方案
R(预期收入)	$R_{甲}$	$R_{乙}$
V(预期变动成本)	$V_{甲}$	$V_{乙}$
M(预期边际贡献)	$M_{甲}=R_{甲}-V_{甲}$	$M_{乙}=R_{乙}-V_{乙}$

利用边际贡献分析法进行经营决策的理论前提是：一般不改变生产能力，固定成本总额通常保持不变。如果采用某方案需要购买专用设备，则需要对扣减了专用设备后的边际贡献总额的余额来比较。因此，在以利润作为决策分析的标准时，只需要比较各备选方案的边际贡献总额即可。这里，"贡献"是指企业生产的产品或提供的劳务对实现企业利润目标所作的贡献。一般情况下，固定成本在相关范围内不随业务量的变动而变动，因此，只要收入大于变动成本，就会形成贡献。边际贡献的大小反映了各备选方案对实现企业目标利润所作贡献的大小。

[例 6-2]　某企业拟用剩余的生产能力 40 000 机时来开发新产品，可供选择的新产品有甲、乙、丙三种。已知甲、乙、丙三种产品的售价分别为 40 元/件、50 元/件、60 元/件，生产甲、乙、丙三种产品的单位变动成本分别为 30 元/件、35 元/件、40 元/件，单位产品所需机日小时分别为 2 小时、4 小时、5 小时。假定这三种产品的市场销路都不存在问题，要求判断应开发哪种产品才能给企业带来最大利润。

由于本例中新产品是由剩余生产能力来开发的，没有涉及追加设备所增加的固定成本问题，因此，通过比较三种备选方案所能提供的边际贡献总额的大小，就可以得知应开发哪种产品。所提供的边际贡献总额最多的产品就是对实现企业利润目标贡献最大的产品。

边际贡献分析的过程，可以由表 6-3 来表示。

表 6-3　边际贡献计算表

项目＼方案	甲产品	乙产品	丙产品
产量(件)	$\frac{40\ 000}{2}=20\ 000$	$\frac{40\ 000}{4}=10\ 000$	$\frac{40\ 000}{5}=8\ 000$
单位售价(元/件)	40	50	60
单位变动成本(元/件)	30	35	40
单位边际贡献(元/件)	10	15	20
边际贡献总额(元)	200 000	150 000	160 000
单位产品所需机器小时(小时)	2	4	5
单位机器小时边际贡献(元/机时)	5	3.75	4

由以上计算结果可知，生产甲产品更为有利，因为其所提供的边际贡献总额比乙产品多 50 000 元，比丙产品多 40 000 元。由单位机日小时边际贡献判断得出的结论也是如此。

在利用边际贡献分析法进行决策时，应该选取边际贡献总额最大的方案，而不能只根据单位边际贡献的大小来择优。因为,单位边际贡献大的产品,由于其耗用资源等方面的限制,其提供的边际贡献总额未必最大。

3. 成本无差别点分析法

成本无差别点分析法也称为临界成本分析法、成本平衡分析法。成本无差别点分析法是以成本高低作为决策依据的,在备选方案业务量事先不能确定的情况下,特别是各备选方案的预期收入相等时,可通过计算比较不同方案总成本相等时的业务量,也就是成本无差别点来选择预期成本较低的方案,这种决策分析方法称为成本无差别点分析法。

成本无差别点的计算公式如下:

$$成本无差别点=\frac{两个方案固定成本差额}{两个方案单位变动成本差额}$$

成本无差别点是指两个方案总成本相等时的业务量水平。如果预计未来的业务量在成本无差别点之下时,应选择固定成本较低的方案;如果预计未来的业务量在成本无差别点之上时,应选择固定成本较高的方案。

[**例 6-3**] 假设某企业只生产一种型号的产品,现有两种方案可供选择:一种为采用传统的机械化设备,每年的专属固定成本 20 000 元,单位变动成本 12 元;另一种为采用先进的自动化设备,每年的专属固定成本 30 000 元,单位变动成本 7 元。要求对上述两方案作出决策分析。

首先,计算成本无差别点:

$$成本无差别点=\frac{30\ 000-20\ 000}{12-7}=2\ 000(件)$$

可根据两个方案的数据作图:

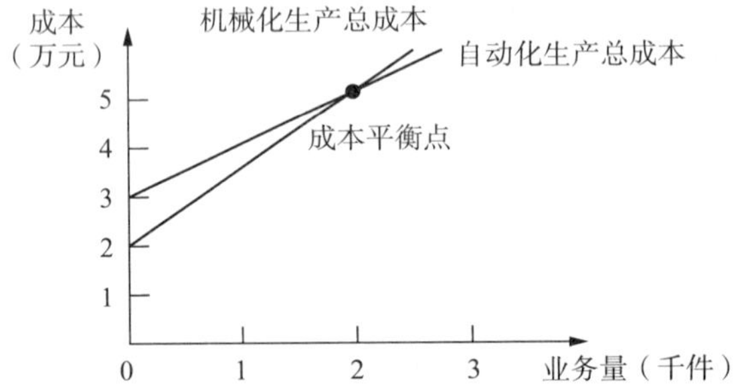

图 6-1　两种方案的比较图示

从图 6-1 可以看出,当业务量在 2 000 件以下时,机械化生产的总成本线在自动化生产的总成本以下,这时选择机械化设备生产的成本较低,应选择机械化设备生产;当业务量在 2 000 件以上时,自动化生产的总成本线在机械化生产的总成本以下,这时选择自动化设备生产的成本较低,应选择自动化设备生产。

(二) 不确定型决策的分析方法

1. 大中取大决策法

大中取大决策法是一种比较乐观的决策方法,也称乐观决策法,是指决策者在进行方案的选择时,以乐观的态度,从最好的客观环境条件出发,选择预期效果最好的方案。

这种决策方法的基本程序是:

(1) 分别确定各方案在不同自然状态下的“最大收益值”;

(2) 从已确定的各方案在不同自然状态下的“最大收益值”中再找出其中最大的“最大收益值”;

(3) 从各备选方案中选定最大的“最大收益值”方案作为最优方案。

[例 6-4] 某企业的某产品预计在未来市场上的需求状况有好、一般和差三种,经营此种产品有甲、乙、丙三种方案,这三种方案在不同的市场需求状况下的预期收益情况如表 6-4 所示。

表 6-4 各方案收益情况 单位:元

预期收益 备选方案 / 市场需求状况	甲方案	乙方案	丙方案
好	7 000	9 000	5 000
一般	5 000	4 000	3 000
较差	1 000	1 200	1 300

现要求采用大中取大决策法,确定经营该产品的最优方案。

(1) 甲、乙、丙三个方案的预期收益可由表 6-4 得出。

(2) 确定甲、乙、丙三种方案在不同的市场需求状况下的最大收益值,在市场需求状况好的条件下,它们的收益值最大,分别为 7 000 元、9 000 元和 5 000 元。

(3) 从 7 000 元、9 000 元和 5 000 元中选择最大的收益值 9 000 元,即乙方案最优。

2. 大中取小决策法

大中取小决策法也称“最小最大后悔值决策法”,是根据主观上采取的方案的收益同客观上最优方案的收益之间的差额的大小来选择最优方案的一种决策方法。

这种决策方法的基本程序为:

(1) 分别确定不同的自然状态下预期收益最大的方案及其收益值;

(2) 分别确定不同的自然状态下各方案的后悔值,后悔值是指在给定的自然状态下,一个方案可能取得的收益值(或损益值)与该状态下的最大收益值(或损益值)之间的差距。

(3) 分别确定各个方案在不同自然状态下的最大后悔值;

(4) 在已确定的最大后悔值中找最小的最大后悔值,与之相对应的方案就为最优方案。

[例 6-5] 借用[例 6-4]的有关资料,运用大中取小决策法来选择最优方案。

(1) 当市场需求好时,乙方案的预期收益最大,为 9 000 元;

当市场需求一般时,甲方案的预期收益最大,为 5 000 元;

当市场需求较差时,丙方案的预期收益最大,为 1 300 元。

(2) 计算各方案的后悔值:

当市场需求好时,甲、乙、丙方案的后悔值分别为 2 000 元(9 000—7 000)、0 元(9 000—9 000)和 4 000 元(9 000—5 000);

当市场需求一般时,甲、乙、丙方案的后悔值分别为 0 元(5 000—5 000)、1 000 元(5 000—4 000)和 2 000 元(5 000—3 000);

当市场需求较差时,甲、乙、丙方案的后悔值分别为 300 元(1 300—1 000)、100 元(1 300—1 200)和 0 元(1 300—1 300)。

(3) 确定甲、乙、丙三个方案在不同自然状态下的最大后悔值。

甲方案的最大后悔值为 2 000 元;

乙方案的最大后悔值为 1 000 元;

丙方案的最大后悔值为 4 000 元;

(4) 确定最小的最大后悔值,为 1 000 元,即乙方案为最优方案。

3. 小中取大决策法

小中取大决策法是一种比较悲观的决策方法,因此也称为悲观决策方法。它是指决策者在进行方案的选择时,以悲观的态度,从最坏的客观条件出发,选择预期效果最好的方案。

[例 6-6] 仍借用[例 6-4]的资料,运用小中取大决策法来选择最优方案。

(1) 分别确定甲、乙、丙方案的最小收益值;

甲方案的最小收益值为 1 000 元;

乙方案的最小收益值为 1 200 元;

丙方案的最小收益值为 1 300 元;

(2) 确定最大的最小收益值,为 1 300 元,即丙方案最优。

(三) 风险型决策分析方法

风险型决策分析方法主要是使用概率分析法。概率分析法是指对企业经营中的许多因素(如产品的销售价格、销售量、变动成本等)在一定范围内的变动程度作出估计,从而把影响决策的各种现象都考虑进来,使决策更接近于实际情况。

[例 6-7] 某企业为扩大甲产品的生产量,需要提高设备的生产能力。现有两个备选方案,方案一:购置新设备;方案二:对原有设备进行改造。有关资料如表 6-5 所示。要求采用概率分析法选择最优方案。

表 6-5 风险型决策数据表

销售状态	概率	改造旧设备			购置新设备		
		投资额	使用期	年均收益值	投资额	使用期	年均收益值
畅销	0.6	100 元	10 年	60 万	200 万	10 年	170 万
滞销	0.4			30 万			−10 万

计算过程如下:

改造旧设备未来收益的期望值=0.6×60×10+0.4×30×10−100=380(万元)

购置新设备未来收益的期望值=0.6×170×10+0.4×(−10)×10−200=780(万元)

由以上计算过程可以得出,购置新设备未来收益的期望值 780 万元比改造旧设备未来收益的期望值 380 万元多出 400 万元,因此,购置新设备的方案更优。

第三节 生产决策

一、新产品开发的品种决策分析

在市场经济条件下,企业只有不断地开发新产品,促进产品更新换代,才能不断满足社会需要,维持和扩大市场效率,取得经营主动权。这里介绍的新产品开发的品种决策,是指可以利用企业现有剩余生产能力来开发某种在市场上有销路的新产品，而且已经掌握可供选择的多个新品种方案的有关资料，不涉及长期投资决策中开发新产品。新产品开发的品种决策分析按是否涉及专属成本分为两种情况，以下分别介绍。

(一) 不追加专属成本时的决策分析

在新产品开发的品种决策中，如果有关方案不涉及追加专属成本，就可以用单位资源边际贡献分析法直接进行新产品开发的品种决策。

单位资源贡献分析法，指以有关方案的单位资源边际贡献指标作为决策评价指标的一种方法。在各个备选方案中，如果某个方案的单位资源边际贡献最大，则这个方案最优。具体公式为：

$$单位资源边际贡献=\frac{单位边际贡献}{单位产品资源消耗定额}$$

[例 6-8] 某汽车零配件公司现具有一种新产品的生产经营能力，有关经营能力成本(约束性固定成本)为 30 000 元。现有甲、乙两个品种可供选择，甲、乙两品种均不需要追加专属成本，相关资料见表 6-6。要求对甲、乙两个品种进行品种决策。

表 6-6 相关数据资料

单位:元

项目＼品种	甲品种	乙品种
售价	200	100
单位变动成本	160	70
单位产品定额台时	10	6

根据已知条件，可选用单位资源边际贡献分析法进行决策分析，指标的计算见表 6-7。

表 6-7 单位资源边际贡献分析

单位:元

项目＼品种	甲品种	乙品种
单位边际贡献	40	30
单位产品定额台时	10	6
单位台时边际贡献	4	5

由表 6-7 的计算结果可知，甲品种的单位台时边际贡献指标为 4，小于乙品种的单位台时边际贡献指标 5，所以，应当开发乙品种。

由此可见，在开发新产品品种的多方案决策中，不能单以产品的单位售价或单位边际贡献的大小作为取舍的标准。

当有关决策方案的相关收入均不为零，相关产品成本全部为变动时，可以将边际贡献总额作为评价指标。[例 6-8]也可以由边际贡献总额分析法，以有关方案的边际贡献总额作为决策评价指标进行决策。

[例 6-9] 仍采用[例 6-8]的资料，假定该企业现有的剩余生产能力为 60 000 小时。要求用边际贡献总额分析法进行决策。

若剩余的生产能力都用来生产甲品种，则可以生产的件数＝60 000÷10＝6 000(件)，甲品种的边际贡献＝40×6 000＝240 000(元)；

若剩余的生产能力都用来生产乙品种，则可以生产的件数＝60 000÷6＝10 000(件)，乙品种的边际贡献＝30×10 000＝300 000(元)。

乙品种的边际贡献 300 000 元大于甲品种的边际贡献 240 000 元，所以，应采用乙品种。30 000 元的固定成本为沉没成本，属于无关成本，在决策时不予考虑。

(二) 涉及追加专属成本时的决策分析

当新产品开发的品种决策方案中涉及追加专属成本时，就无法继续使用单位资源边际贡献分析法和边际贡献总额分析法，而应当考虑使用差量损益分析法进行决策。

差量损益分析法是差量分析法的一种形式，是指在进行两个互斥方案的决策时，以差量损益指标作为评价方案取舍标准的一种决策方法。该法一般要通过编制差量损益表计算差量损益指标。差量损益等于差量收入与差量成本之差，表示企业多得的利润或少发生的损失；差量收入是两方案相关收入之差，差量成本是两个方案相关成本之差。

[例 6-10] 已知新品种甲和新品种乙的相关收入分别为 350 000 元和 300 000 元，增量成本分别为 290 000 元和 225 000 元，假定开发他们都需要装备不同的专用设备，相应追加专属成本分别为 2 000 元和 17 500 元。要求：利用差量损益分析法进行新产品开发的品种决策。

分析过程如表 6-8 所示。

表 6-8 差量损益分析表

单位：元

方案 项目	甲品种	乙品种	差量额
相关收入	350 000	300 000	50 000
相关成本合计	292 000	242 500	49 500
其中：增量成本	290 000	225 000	
专属成本	2 000	17 500	
差量损益			500

由以上计算结果得知，差量损益为 500，大于 0，所以，应当开发甲品种，企业可多获利润 500 元。

二、亏损产品是否停产、转产的决策

亏损产品的决策，主要研究在企业组织多品种生产时，如果某一种产品的收入低于按完全成本法计算的产品成本，出现了亏损，那么，是按照原有规模继续生产该亏损产品，还是停止生产或转产该亏损产品的问题。

(一) 是否停产的决策

是否停产的决策又称是否继续生产亏损产品决策，是指企业管理者围绕亏损产品在未来一定时期是否按原有的规模继续生产所作的决策。亏损产品是否停产，不能用有关产品的收入总额是否能够补充全部成本，是否能给企业提供经营净利润作为判断标准，而应看其能否带来边际贡献。能够带来边际贡献的产品在经济上都是有利的，因此，如果没有更好的替代方案，而该亏损产品又能带来边际贡献，则不应停止该亏损产品的生产。

[例 6-11] 某企业同时经营甲、乙、丙三种产品，其中乙产品发生亏损，有关资料如表 6-9 所示。

表 6－9　相关数据资料

单位:元

项　目	甲产品	乙产品	丙产品	合　计
销售收入	60 000	40 000	50 000	150 000
变动成本	30 000	30 000	20 000	80 000
边际贡献	30 000	10 000	30 000	70 000
固定成本	10 000	15 000	15 000	40 000
利润	20 000	－5 000	15 000	30 000

现在要求确定,从经济上考虑,乙产品是否应该停产。

由表 6－9 可以看出,乙产品亏损 5 000 元,三种产品的利润总额为 30 000 元(20 000－5 000＋15 000),如果停产会使利润总额上升至 35 000 元(20 000＋15 000),从表面上看停产乙产品对企业有利,但通过分析后发现,如果没有更好的替代方案,乙产品是不能停止生产的。因为乙产品能提供边际贡献,其数额为 10 000 元,这说明该产品具有获利能力,可以补偿一部分固定成本,对企业来说是有利的。如果停产乙产品,将丧失 10 000 元边际贡献,而且原来由乙产品负担的固定成本还将转嫁给甲产品和丙产品,从而使这两种产品的利润额减少,使整个企业的利润总额下降。

假设停止生产乙产品,原来由乙产品负担的固定成本按甲、丙的销售收入的比例进行分摊,有关损益的计算如表 6－10 所示。

表 6－10　有关损益的计算表

单位:元

项目	甲产品	丙产品	合计
销售收入	60 000	50 000	110 000
变动成本	30 000	20 000	50 000
边际贡献	30 000	30 000	60 000
固定成本	18 181.82	21 818.18	40 000
利润	11 818.18	8 181.82	20 000

表 6－10 表明,乙产品停产后,不仅没有使企业的利润总额增加,反而还减少了 10 000 元,所减少的数额就是该停产产品所能提供的边际贡献额。

如果亏损产品本身不能提供边际贡献,而且又不属于国计民生所必需的产品,就可以考虑停止生产。

(二) 是否转产的决策

如果原有用于生产亏损产品的生产能力能够转移,那么,企业的管理者应对其亏损产品在未来一定时期是否转产进行分析,并作出科学的决策。

对是否转产,判断的标准是看转产后生产的产品所提供的边际贡献总额(有专属固定成本时,应计算剩余边际贡献总额)是否大于原亏损产品提供的边际贡献总额。

[例 6－12]　在[例 6－11]中,假设该企业在停产乙产品后将原来生产乙产品的生产能力转产丁产品,一年可产销 500 件,丁产品单位售价为 200 元,单位变动成本为 100 元。转产丁

产品不需追加专属固定成本。现要求通过分析，判断是否应转产。

分析如下：

(1) 计算丁产品所能提供的边际贡献总额。

丁产品边际贡献总额=500×(200−100)=50 000(元)

(2) 比较乙产品与丁产品的边际贡献总额。

乙产品的边际贡献总额为10 000元，而丁产品的边际贡献总额为50 000元，丁产品所提供的边际贡献总额大于乙产品所提供的边际贡献总额，若转产丁产品可多获利40 000元，因此应该转产丁产品。

转产丁产品后，企业的经营成果如表6-11所示。

表6-11 相关数据资料

单位:元

项　目	甲产品	丙产品	丁产品	合　计
销售收入	60 000	50 000	100 000	210 000
变动成本	30 000	20 000	50 000	100 000
边际贡献	30 000	30 000	50 000	110 000
固定成本	10 000	15 000	15 000	40 000
利润	20 000	15 000	35 000	70 000

转产丁产品后，企业的利润增加了40 000元(70 000−30 000)。

[例6-13] 假设在[例6-12]中，转产丁产品必须追加专属设备投资45 000元，问是否应该转产丁产品？

在这种情况下，要考虑在转产过程中发生的专属固定成本，将丁产品提供的剩余边际贡献总额与乙产品提供的边际贡献总额进行比较，选择其中的较大者。

丁产品边际贡献总额=50 000(元)；

丁产品专属固定成本=45 000(元)；

丁产品剩余边际贡献总额=50 000−450 00=5 000(元)

由上述的计算结果得知，生产丁产品所获得的剩余边际贡献比生产乙产品所获得的边际贡献总额少5 000元(10 000−5 000)，所以，此时不能选择转产丁产品。

对亏损产品的处置过程中，要注意几点：

(1) 凡是能够提供边际贡献的产品，在经济上对企业都是有利的。因此，当出现能提供边际贡献的亏损产品，在没有好的替代方案的条件下，一般不应停产，因为其提供的边际贡献可以弥补一部分固定成本。但是，如果亏损产品不能提供边际贡献，而且也不是关系国计民生的重要产品，一般应考虑停产。

(2) 不能提供边际贡献的亏损产品是否一定要停产，首先要考虑其成本有没有降低的可能性，其次要考虑根据市场情况有没有提高售价的可能性。降低成本和提高售价、增加收入都是企业扭亏为盈的重要途径，如果能够扭亏为盈，则不应停产。另外，还要考虑其是否属于关系国计民生的重要产品，如果是，即使亏损，也不能停产，但要在降低成本方面采取措施。

(3) 对能提供边际贡献的亏损产品，在生产条件和市场销路较好的情况下，可扩大规模进行生产，提高产销量，这样可使企业利润增加。

三、产品深加工决策

企业生产的产品往往既可以在经过初步加工后以半成品的形式立即对外销售，也可以在进一步加工成产成品后销售。同样对于联产品，既可以在联产过程结束时立即对外销售，也可以再进一步加工后再销售。对于是否深加工，企业要权衡利弊得失，作出合理的决策。

(一) 半成品是否深加工的决策

对于一般产品而言，经过初步加工后的半产品是否要进一步加工，只需考虑进一步加工后所能增加的销售收入是否超过增加的成本，即可以采用差量分析法来作决策。如果前者大于后者，则应进一步加工；否则，则应作为半成品出售。此时，进一步加工前的成本与此决策无关，是非相关成本，在决策时不予考虑。

[例 6-14] 某企业生产甲产品，其年产销量为 8 000 件。该产品可经初步加工后立即销售，单位售价为 55 元，单位变动成本为 45 元；该产品也可以再进一步加工后出售，单位售价为 75 元，单位产品在进一步加工过程中需追加变动成本 8 元，另外增加了一台设备，该设备年折旧额 16 000 元。要求：分析确定甲产品应立即出售还是进一步加工后再出售。

(追加)收入＝8 000×(75－55)＝160 000(元)

(追加)成本＝8 000×(45＋8－45)＋16 000＝80 000(元)

差量损益＝160 000－80 000＝80 000(元)

所以，进一步加工是有利的，该企业应选择对半成品深加工的方案。

(二) 联产品是否深加工的决策

联产品是指一种原材料同时生产出来的几种价值较大的产品。有些联产品在分离出来以后，可立即出售也可以经过加工后销售。分离前的成本属于联合成本，可按联产品的售价等标准分配给各种联产品。联合成本是沉没成本，与此决策无关。联产品在分离后进行深加工阶段所发生的变动成本和专属固定成本，通常称为可分成本，它是决策分析中的相关成本。

[例 6-15] 某企业在对同种原材料进行加工的过程中，同时生产出甲、乙两种联产品，它们既可以在分离后立即出售，也可以进一步加工后再出售。这两种联产品的有关资料如表 6-12 所示。要求：分析确定该企业甲、乙联产品是分离后立即出售还是进一步深加工后再出售。

表 6-12 联产品的有关资料

单位：元

数量 产品 项目	甲产品	乙产品
预计产品销量(件)	6 000	8 000
立即出售单价(元)	8	5
联产阶段单位成本(元)	4	4
继续加工后售价(元)	12	8
继续加工追加单位变动成本	2	1.5
继续加工追加固定成本	0	1 500

(1) 计算联产品进一步加工后的预期收入：

甲产品进一步加工的预期收入＝6 000×12＝72 000(元)

乙产品进一步加工的预期收入＝8 000×8＝64 000(元)

(2) 计算联产品进一步加工的可分成本：

甲产品的可分成本＝6 000×2＝12 000(元)

乙产品的可分成本＝8 000×1.5＋1 500＝13 500(元)

(3) 计算联产品进一步加工后的预期收入与可分成本之差：

甲产品进一步加工后的预期收入与可分成本之差＝72 000－12 000＝60 000(元)

乙产品进一步加工后的预期收入与可分成本之差＝64 000－13 500＝50 500(元)

(4) 计算甲、乙产品立即出售的收入，并将甲、乙产品进一步加工后的预期收入与可分成本之差同其立即出售的销售收入进行比较，最终作出决策。

甲产品立即出售收入＝6 000×8＝48 000(元)

乙产品立即出售收入＝8 000×5＝40 000(元)

上述计算结果表明，甲产品进一步加工的收入与可分成本之差大于立即出售收入12 000元(60 000－48 000)；乙产品进一步加工的收入与可分成本之差大于立即出售收入10 500元(50 500－40 000)。因此，联产品分离后，甲、乙产品都应进一步加工后再出售。

四、零部件自制或外购的决策

企业生产经营过程中所需要的某些零部件，有些既可以从市场上直接购买，也可以利用企业自己的技术和设备自行制造。从市场上购买可以享用供应商规模化生产的成本优势和技术优势，可以减少企业的投资，从而降低风险，但必须支付买家和有关的运杂费等；自制可以控制零部件的质量，保证及时供货等，但需要支付原材料、人工费和其他的一些相关费用。究竟采用什么方式取得所需的零部件在经济上更为有利？由于生产经营中所需的零部件，无论是自制还是外购，给企业带来的收益是相同的，因此，只需对外购和自制两种取得方式的预期成本进行计量和分析，以预期成本的多少作为评价方案优劣的依据。

(一) 需要量确定条件下的零部件取得决策

企业在一定时期内零部件的总需求量已经确定的条件下，可对自制和外购方案的相关成本进行比较，成本较低的方案为最优方案。自制方案的相关成本一般包括制造过程中发生的变动成本、可能发生的专属成本、相关机会成本以及未来可避免的固定成本等；外购方案的相关成本包括支付的买价及相关运费等。

[例 6－16] 某企业生产甲产品，全年需用甲零件 3 600 件，该零件既可以自制，也可外购。自制单位成本为 26 元，有关资料如表 6－13 所示。

表 6－13 相关资料

单位：元

项目＼成本	总成本(3 600 件)	单位成本
直接材料	28 800	8
直接人工	21 600	6
变动性制造费用	10 800	3
固定性制造费用	32 400	9
总成本	93 600	26

其中,固定性制造费用中,有 5 000 元是生产该零件主管人员的工资。

该零件如果外购,单价为 24 元。另外,企业还可将原来用于生产该种零件的设备对外出租,租金收入为 3 600 元。

现在要求确定,为使取得该零件的成本最低,企业究竟是选择自制还是外购甲零件?

从表面上看,自制单位成本 26 元比外购单位成本 24 元高出 2 元,应该外购,但其实并不是如此简单。在本例中,要考虑的相关成本不仅仅是变动成本,在外购时,可避免的固定制造费用中的生产主管人员的工资 5 000 元也是相关成本。另外,设备的租金收入应该是自制该零件的机会成本。有关成本的计算如表 6-14 所示。

表 6-14 成本计算表

单位:元

项目 \ 方案	自制		外购	
	总成本	单位成本	总成本	单位成本
直接材料	28 800	8		
直接人工	21 600	6		
变动性制造费用	10 800	3		
外购时可避免的固定性制造费用	5 000	1.39		
机会成本	3 600	1		
购买成本			86 400	24
相关成本总额	69 800	19.39	86 400	24
差量成本	16 600			4.61

表 6-14 的计算结果表明,自制比外购节约成本 16 600 元,所以,企业应该选择自制该零件。

(二) 需要量不确定情况下的零部件取得决策

按照本量利分析的基本原理,成本可按成本性态划分为固定成本和变动成本。在相关范围内,固定成本总额不随业务量的变化而变化,而变动成本总额则会随着业务量的变化而发生相应的变化。因此,在需要量不确定的情况下,不同的方案会有不同的成本构成,而且成本变化的规律也会有所不同,零部件的自制成本和外购成本都同其需要量相关。要正确选择取得零部件的方式,必须利用成本无差别点分析法来找出不同需要量情况下两种取得方式的成本平衡点,然后根据不同需要量所处的区域,选择最优方案。

[例 6-17] 某企业现需要一种零部件,该零部件可以自制也可以外购。若自制,单位变动性制造成本为 20 元,固定成本预计将增加 2 000 元;若外购,在 300 个以内,单位销售价格为 30 元,超过 300 个,单位销售价格为 25 元。要求分析,为了使零部件的取得成本最低,究竟应该自制还是外购。

本例中,无论是自制还是外购,零部件的取得成本都同需要量相关联。如果自制,自制成本中包含的固定成本会随着需要量的变化而使单位自制成本发生变化;外购成本中,买价也会随着需要量的变化而分段发生变化。根据这些特点,首先就要找出不同需要量情况下两种取得方式的成本平衡点,然后据以作出决策。

设 x_1 为该零部件需要量在 300 个以内时,自制和外购两种方式的成本平衡点;x_2 为该零部件需要量在 300 个以上时,自制和外购两种方式的成本平衡点。则:

$2000+20x_1=30x_1$

$2000+20x_2=25x_2$

解出，$x_1=200$(个)，$x_2=400$(个)

这两个成本平衡点如图 6－2 所示。

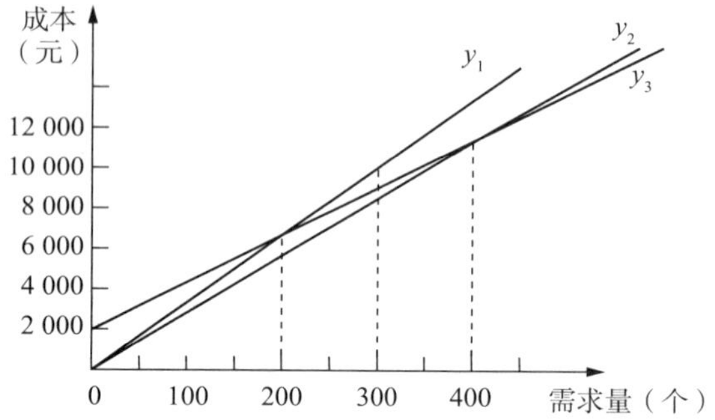

图 6－2

图 6－2 中，y_1 为单价为 30 元时的外购成本线，y_2 为单价为 25 元时的外购成本线，y_3 为自制成本线。显然，当需求量在 200 个以内时，外购成本线低于自制成本线，应采用外购方案；当需求量在 200 个以上 300 个以下时，外购成本线高于自制成本线，应选择自制方案；当需求量在 300 个以上 400 个以下时，外购成本线低于自制成本线，应选择外购方案；当需求量超过 400 个时，其外购成本线高于自制成本线，此时，应选择自制方案。

五、特殊订货的决策

从企业的长期经营角度来看，单位产品的销售价格应该高于生产和销售该产品的全部成本。但在企业尚有一定剩余生产能力的情况下，如果客户要求以低于正常销售价格，甚至低于产品完全成本的特殊价格订货时，企业是否接受该笔订单呢？对此，应区别情况加以对待。

当特殊订货不影响正常销售，闲置生产能力又无其他用途，而且也不需要追加专属成本时，只要特殊订货的单价大于该产品的变动成本时，就可以接受该特殊订货；反之，若特殊订货的单价小于该产品的变动成本时，就不应该接受该笔订货。原因在于，特殊订货是利用闲置生产能力进行生产，通常固定成本不受特殊订货的影响，只有变动成本才受特殊订单的影响，因此，特殊订货方案的相关成本中不应考虑固定成本，特殊订货产生的边际贡献可全部为企业带来营业利润。切忌用包含了固定成本的单位完全成本来分析特殊订货问题，这种分析方法是错误的，会导致决策者作出错误的决策。

当特殊订货不影响正常销售，而且闲置生产能力无其他用途，但接受订货需要追加专属固定成本时，接受该特殊订货的条件是该方案产生的边际贡献大于该产品的专属成本，也就是特殊订货方案的相关损益大于零。

如果闲置的生产能力具有其他用途，则应将在其他用途上产生的收益作为接受特殊订货方案的机会成本。

当特殊订货影响正常销售时，即闲置的生产能力不够生产全部的特殊订货数量，若接受特殊订货将会减少正常销售时，则应将由此而放弃正常销售的边际贡献作为特殊订货的机会成本。

［例 6－18］ 某企业甲产品的生产能力为 10 000 件，目前的正常订货量为 8 000 件，甲产品单价为 10 元，单位产品的成本为 8 元，成本构成如表 6－15 所示。

表 6－15 甲产品成本构成

单位：元

项 目	金额
直接材料	3
直接人工	2
变动性制造费用	1
固定性制造费用	2
单位产品成本	8

现有某客户向该企业追加订货，且客户每件只愿出 7 元。

(1) 订货 2 000 件，剩余生产能力无法转移，且追加订货不需追加专属成本；

(2) 订货 2 000 件，剩余生产能力无法转移，但需要追加一台专用设备，全年需支付专属成本 1 000 元；

(3) 订货 2 500 件，剩余生产能力无法转移，也不需追加专属成本；

(4) 订货 2 500 件，剩余生产能力可以对外出租，可获租金 3 000 元，另外追加订货需要追加专属成本 1 000 元。

请根据以上情况，分析该企业是否应该接受该订单。

(1) 特殊订单的单价为 7 元，单位变动成本为 6 元(3＋1＋2)，接受该订单可以增加边际贡献 2 000×(7－6)＝2 000(元)，应该接受该订单；

(2) 订货 2 000 件，可增加边际贡献 2 000 元，扣除增加的专属成本 1 000 元，可以增加利润 1 000 元，因此应该接受该订单；

(3) 接受该笔订单会影响到企业的正常销售，企业的剩余生产能力可以生产 2 000 件，其余的 500 件会减少正常的订货量，因此，500 件正常销售所带来的边际贡献应该作为接受订单的机会成本。订单 2 500 件会带来边际贡献额＝2 500×(7－6)＝2 500(元)，扣除 500 件的机会成本 500×(10－6)＝2 000(元)，增加利润＝2 500－2 000＝500(元)，因此，应该接受此订单。

(4) 剩余生产能力的年租金应该作为接受该订单的机会成本，接受此订单的增量收益如表 6－16 的计算结果。

表 6－16 增量收益计算表

单位：元

项 目	接受追加订货
增加的相关收入	7×2 500＝17 500
增加的变动成本	6×2 500＝15 000
增加的边际贡献	2 500
减：专属成本	1 000
机会成本(减少的正常销售)	500×(10－6)＝2 000
机会成本(租金收入)	3 000
增量收益	－3 500

由表 6－16 的计算结果得知，接受该方案会使企业少获利 3 500 元，所以，不应接受该特殊订货。

第四节　定价决策

定价决策是企业生产经营活动中的一个极为重要的问题，它关系到企业生产经营活动的全局。价格作为重要的竞争工具，在激烈的市场中往往可以作为企业的制胜法码。

一、产品定价决策的基本方法

（一）以成本为导向的定价决策方法

以成本为导向的定价决策方法又叫按成本定价的方法。依据是价格必须首先弥补成本，然后再考虑利润等其他因素。成本加成法是产品定价使用最多的一种方法，基本思路是先计算成本基数，然后在此基础上加上一定的“成数”，通过“成数”获得预期的利润，以此得到产品的目标价格。定价所依据的成本基数既可以是完全成本，又可以是变动成本。

1. 完全成本加成法

在完全成本加成法下，成本基数为单位产品的制造成本。以这种制造成本进行加成，加成部分必须能弥补销售以及管理费用等非制造成本，并为企业提供满意的利润。也就是说，完全成本加成法加成的内容应该包括非制造成本及合理利润。其计算公式为：

单位销售价格＝单位产品完全成本＋加成额

＝单位产品完全成本×(1＋加成率)

［例 6－19］　某企业正在研究某种新产品的定价问题，该产品的预计年产量为 10 000 件。公司的会计部门收集到有关产品的预计成本资料如表 6－17 所示。

表 6－17　相关数据资料

单位：元

成本项目	单位产品	总成本
直接材料	6	60 000
直接人工	4	40 000
变动性制造费用	3	30 000
固定性制造费用	7	70 000
变动性销售及管理费用	2	20 000
固定性销售及管理费用	1	10 000

假定该企业经过研究决定在制造成本的基础上，加成 50％作为该项产品的目标价格。产品的定价的计算过程如表 6－18 所示。

表 6－18　目标价格的计算

单位:元

成本项目	单位产品
直接材料	6
直接人工	4
制造费用	10
单位制造成本	20
成本加成:制造成本的 50%	10
目标价格	30

由表 6－18 的计算结果得知，按照制造成本加成定价，目标价格为 30 元。

2. 变动成本加成法

企业采用变动成本加成，成本基数为单位产品的变动成本，加成的部分要求弥补全部的固定成本，并为企业提供满意的利润。也就是说，变动成本加成法加成的内容应该包括全部的固定成本及合理利润。其计算公式为：

$$单位销售价格=单位变动成本+单位边际贡献$$
$$=\frac{单位变动成本}{1-边际贡献率}$$

[例 6－20]　仍采用[例 6－19]的资料，现假设该企业经研究决定采用变动成本加成法，在变动成本的基础上加成 100%作为该产品的目标价格。计算过程如表 6－19 所示。

表 6－19　目标价格的计算

单位:元

成本项目	单位产品
直接材料	6
直接人工	4
变动性制造费用	3
变动性销售、管理费用	2
单位变动成本	15
成本加成:变动成本的 100%	15
目标价格	30

由表 6－19 的计算结果得知，目标价格仍为 30 元。

(二) 以市场需求为导向的定价决策方法

以市场需求为导向的定价决策方法是指以消费者对某种产品价格的接受程度为基本依据来确定产品价格的一种定价方法。这种定价方法优先考虑的是消费者对价格的接受程度，要求企业的管理者必须研究怎样的价格才能使企业取得最大的利润和销售收入。以市场需求为导向的定价决策方法主要包括边际分析法、微分极值法等。

1. 边际分析法

边际分析法是指根据边际成本、边际收入和边际利润之间的数量关系及其经济内涵，来对特定价格与销售量组合进行分析，是确定有关产品销售价格的一种决策方法。

边际收入是产品销售量增减一个单位所带来的总收入的增减额；边际成本则是产品生产量增减一个单位所带来的总成本的增减额。当产品的边际收入等于边际成本时，产品获得最大利润，此时的销售量为最佳销售量，此时的销售价格为最佳销售价格。所以，采用边际成本法来确定产品的销售价格，就是产品的边际收入等于边际成本时的价格，也就是能给企业带来最大利润的销售价格。

[例 6-21] 假设某企业甲产品的售价(P)与销售量(x)之间的关系为：$P=62-4x$；固定成本总额为 40 万元，单位变动成本(b)与销售量之间的关系为：$b=14+2x$。求甲产品的最优售价。

根据已知条件可得：

总收入 $TR=Px=(62-4x)x=62x-4x^2$

边际收入 $MR=62-8x$

总成本 $TC=40+(14+2x)x=40+14x+2x^2$

边际成本 $MC=14+4x$

令 $MR=MC$，即 $62-8x=14+4x$

解出 $x=4$(件)

所以，$P=62-4\times4=46$(万元)

最大利润额$=(P-b)x-a=(46-14-2\times4)\times4-40=56$(万元)

2. 微分极值法

微分极值法在定价决策中的应用，主要是根据某产品的销售数量和单位销售价格的有关数据资料，建立销售量和销售价格之间的数量关系，并运用微分极值原理来确定可使企业获得最大利润的销售价格。其决策的基本步骤如下：

(1) 确定销售量与销售价格之间的关系，建立数学模型。

设：P——销售价格；

Q——销售数量；

TR——总收入；

TC——总成本；

TP——总利润；

b——单位变动成本；

a——固定成本总额。

销售量与销售价格之间的关系为：$Q=m+nP$(m、n 为参数)

$$TR=PQ=P(m+nP)=Pm+nP^2$$

$$TC=a+bQ=a+b(m+nP)$$

$$TP=TR-TC=nP^2+(m-bn)P-(a+bm)$$

(2) 对上式求导，得出最优价格。

$$TP'(P)=2np+m-bn=0$$

所以，
$$P=\frac{bn-m}{2n}$$

第五节 存货决策

存货是指企业在正常生产经营中持有以备出售或制造的各种商品物资。在制造业，存货包括原材料、在产品、产成品、燃料、低值易耗品等。商品流通企业主要指库存商品。与其他资产相比，存货具有较强的流动性，通常在一年内被消耗或出售，具有较快的变现能力。企业总会有储存存货的需要，即使存货占用了企业的资金，这就需要企业把握好最佳的存货持有量，以使存货成本降到最低，尽量节约资金。

一、存货的作用及相关概念

（一）存货的作用

大部分企业通常都需要储备一定数量的存货，这些存货在企业的生产经营中可以发挥以下作用：

1. 保证生产经营活动的顺利进行

在当前的市场经济条件下，受经济结构、运输状况、资金供应、信息联络等方面的影响，大部分企业还很难做到在需要某种存货时，该种存货就能随时地运到企业。在实际生产经营中，企业必须根据生产经营计划，安排储存部分所需的存货，当企业一旦需要存货时，被储备的存货会被立即投入使用，这样就可以保证企业的生产经营活动的顺利进行。

2. 降低相关成本

在市场经济条件下，相同的商品在不同的购买条件下会表现出不同的价格。比如，在经济往来中，很多企业会对其销售商品的价格实行商业折扣政策，即当购买方所需的商品数量达到一定数量或限额时，就会享受一定的价格折扣。也就是说，当企业大规模购买存货时，可以降低存货成本，使购货更加经济。此外，市场价格的波动也会使企业有必要在价格较低时购入物资，以减少价格上涨造成的进货损失。

（二）存货控制的内容

存货控制就是按照一定的标准、方法和程序，对企业的原材料存货、在产品存货、产成品存货及库存商品存货的成本和数量方面所进行的控制。存货控制要分析最佳购进数量和最佳购货间隔期两个主要因素，确定最佳的批量和进货间隔期能使企业的存货保持在最优水平，使存货所占用的资金得到最经济、最合理、最有效的使用，使存货控制的相关成本费用最小化。

（三）存货控制的相关成本

1. 取得成本

取得成本包括两部分，即订货成本和采购成本。

（1）订货成本。订货成本是指在一定时期内，企业为订购货物而发生的各项费用，包括采购人员的工资、采购部门的一般经费和订货业务费等。订货成本与其按订货次数之间的依存关系可以分为变动订货成本和固定订货成本两部分。变动订货成本是指随订货次数的增减而成本成正比例变动的成本，但该成本与每次的订货数量不相关，如每次与订货有关的文件处理费、邮电费、验收费等各种支出。固定订货成本是指与订货次数无关的成本，是维持采购部门正常业务活动所必须发生的费用，如采购部门的管理费、采购人员的工资和差旅费等。一般情况下，固定订货成本属于无关成本。

(2) 采购成本。采购成本是指由购入货物的买价和运杂费所构成的成本，其总额一般取决于采购数量和单位成本。由于单位采购成本在一定的采购批量内保持固定不变，因此，从订货批量决策的角度看，采购成本一般属于无关成本。但如果不同的采购批量存在不同的单位采购成本，即大批量的购买可享受商业折扣的优惠，则采购成本就成为订货批量决策分析的相关成本。

2. 储存成本

储存成本是指在一定时期内，企业为储存货物而发生的各项费用。储存成本按其与存储数量之间的依存关系可以分为变动储存成本与固定储存成本两部分。变动储存成本与平均储存量的多少成正比例变动，如支付给储运公司的搬运费、仓储费、保险费，存储过程中发生的自然损耗以及占用资金而发生的利息等。

3. 缺货成本

缺货成本是指因未能保持足够的存货而给企业的生产经营造成的损失。缺货成本通常表现为因存货不足而造成的停工待料损失、因临时性紧急购买所造成的额外购货成本、为补足拖欠订货而加班加点增加生产所发生的额外成本支出、因对顾客延期交付存货而支付的罚金，以及因未能及时交货所造成的企业信誉方面的损失等。由此可见，缺货成本的计量具有较大的不确定性与估计性。一般情况下，缺货成本的大小与存货储存量有关。当存货比较充足时，发生缺货的可能性较小，则缺货成本就较小；当存货储备量较低时，发生缺货的可能性较大，则缺货成本也就随之较大。

二、经济订货批量的基本模型

存货决策的直接目的就是要通过制定合理的进货时间和进货批量，使存货的总成本最低。所谓经济订货批量，是指能使年存货总成本处于最低水平的一次订货的数量。经济订货量确定以后，就可以根据有关的模型来求出最合适的进货时间。

(一) 建立经济订货批量基本模型的假设条件

(1) 存货时，能立即一次性全部到货；

(2) 存货单价不变，不存在现金折扣；

(3) 不允许缺货，即无缺货成本；

(4) 存货的消耗是连续的、均匀的；

(5) 单位变动订货成本不变；

(6) 单位变动储存成本不变。

(二) 经济订货批量基本模型的建立

根据上述假设条件，基本经济批量模型的存货成本计算公式为：

存货总成本＝取得成本＋储存成本＝变动性订购成本＋变动性储存成本

即：
$$TC=\frac{Q}{2}\cdot C+\frac{D}{Q}\cdot K$$

式中，TC——存货总成本；

Q——订货批量；

$\frac{Q}{2}$——平均订货批量；

C——单位存货平均储存成本；

D——存货全年需求量；

K——每次订购成本。

对总成本函数求一阶导数，并令其等于零，计算出 TC 最小的经济批量 Q^* 和此时的最低总成本 TC^*。

经济订货批量 $Q^* = \sqrt{\dfrac{2DK}{C}}$

存货最低总成本 $TC^* = \sqrt{2DKC}$

年最佳订货次数 $N^* = \dfrac{D}{Q^*} = \dfrac{D}{\sqrt{2DK/C}} = \sqrt{CD/2K}$

最佳订货周期 $T^* = \dfrac{360}{N^*}$

上述模型可由图 6－3 来表示。

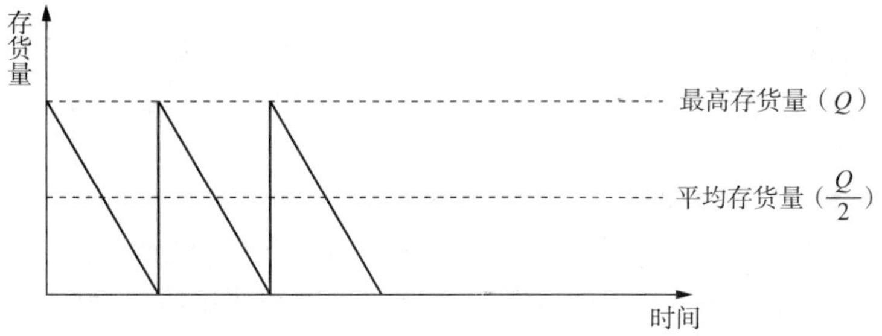

图 6－3　一次购入、均匀使用的经济批量模型

假设存货不存在数量折扣和不允许缺货，此时，存货总成本仅考虑取得成本和储存成本两部分。取得成本中，因采购成本与订货次数不相关，因此只考虑变动性订货成本即可。储存成本中仅有变动部分与订货次数相关，故而，存货总成本仅考虑变动性订购成本和变动性仓储成本。企业最高储存量为 Q，最低储存量为零，因此，平均储存量为 $Q/2$。

有关年订货成本、年存储成本，以及年相关存货成本之间的关系如图 6－4 所示。

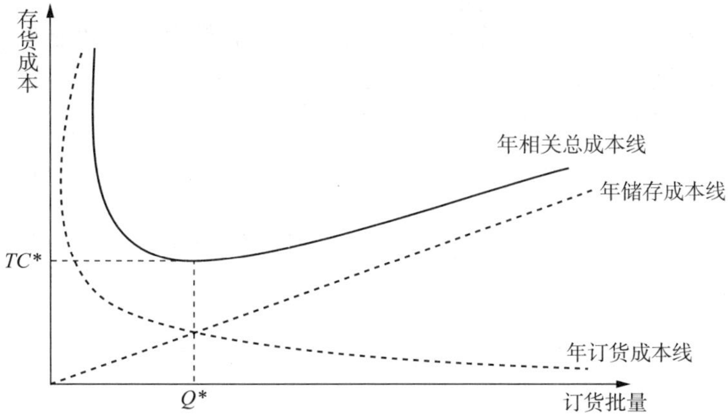

图 6－4　经济订货量模型图

图 6－4 说明，当年储存成本与年订货成本相等时，年相关存货总成本最小，这时的订货批量 Q^* 就是经济订货批量，TC^* 为最低总成本。

［**例 6－22**］ 某企业全年甲材料需要量为 1 200 吨，甲材料平均年单位储存成本为 10 元，每次平均订货成本为 100 元。试用经济批量基本模型确定该企业甲材料的经济批量及相应的总成本。

甲材料经济批量 $Q^*=\sqrt{\dfrac{2DK}{C}}=\sqrt{\dfrac{2\times 1\ 200\times 100}{10}}\approx 155$(吨)

甲材料最低总成本 $TC^*=\sqrt{2DKC}=\sqrt{2\times 1\ 200\times 100\times 10}\approx 1\ 549$(元)

年最佳订货次数 $N^*=\dfrac{D}{Q^*}=\dfrac{1\ 200}{155}\approx 8$(次)

最佳订货周期 $T^*=\dfrac{360}{N^*}=\dfrac{360\times 155}{1\ 200}\approx 47$(天)

三、经济订货批量的基本模型的扩展

在实际工作中，由于很多不确定性因素的存在，很难满足上述经济订货批量基本模型建立的假设条件。为了使有关的模型更接近实际，使决策具有使用价值，需要逐一放宽以上假设，并对基本模型加以改进。

（一）存货陆续到达、均匀使用时的经济订货批量

有时，企业的订货不是一次全部到达，而是分批陆续到达。假定企业在一定送货期平均供货，其他假设和基本经济批量模型相同，此时，存货的入库和使用情况如图 6－5 所示。

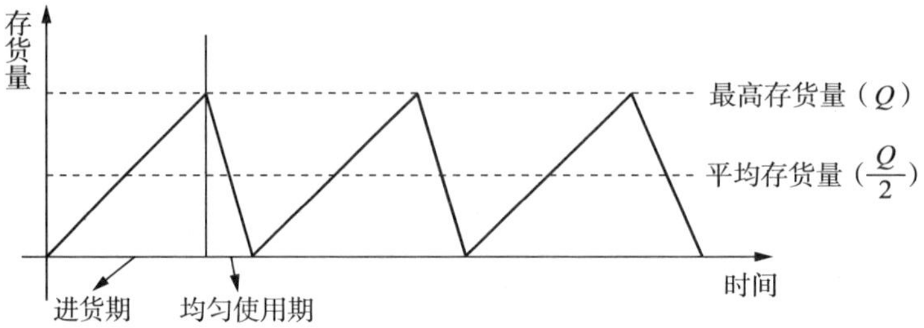

图 6－5 存货陆续到达、均匀使用的经济批量模型

在存货逐渐购入、均匀使用的情形下，企业存货的最高储存量不再是经济批量 Q，因为到达的存货中一部分被随时领用了。假定每次送货量为 n，每日存货领用量为 m，每次订货后日存货入库量高于使用量的部分逐渐累积，直到该次订货全部入库完毕，当天的存储量为最高储存量。最高储存量是每日累积的存货$(n-m)$同每批订货全部入库所需的时间$\left(\dfrac{Q}{n}\right)$的乘积，即$Q\times\left(1-\dfrac{m}{n}\right)$，平均储存量为最高储存量的一半，即平均储存量$=\dfrac{Q}{2}\cdot\left(1-\dfrac{m}{n}\right)$。

存货总成本的计算公式为：

$$TC=\frac{Q}{2}\cdot\left(1-\frac{m}{n}\right)\cdot C+\frac{D}{Q}\cdot K$$

$Q^*=\sqrt{\dfrac{2DK}{C\left(1-\dfrac{m}{n}\right)}}$，此时，存货总成本最低 $TC^*=\sqrt{2DKC\left(1-\dfrac{m}{n}\right)}$

相应地，也可计算出每年订货次数和订货周期。

[例 6-23] 接[例 6-22]，假定上述企业每次订购的原材料逐渐入库，日入库量为 100 吨，日使用量为 80 吨，其他条件相同。则企业订购原材料的经济批量和相应的材料成本为：

$$甲材料经济批量\ Q^{*}=\sqrt{\frac{2DK}{C\left(1-\frac{m}{n}\right)}}=\sqrt{\frac{2\times1\ 200\times100}{10\times\left(1-\frac{80}{100}\right)}}\approx346(吨)$$

$$甲材料最低总成本\ TC^{*}=\sqrt{2DKC\left(1-\frac{m}{n}\right)}=\sqrt{2\times1\ 200\times100\times10\times\left(1-\frac{80}{100}\right)}$$

$$\approx693(元)$$

(二) 考虑数量折扣时的经济订货批量

上述模型中，假设采购存货时不存在数量折扣，因此采购成本与订购批量不相关。然而，数量折扣在现实经济生活中是不可避免的，数量折扣的存在使得采购成本与订货批量相关。一般来说，订货批量越大，相应的数量折扣越多。考虑数量折扣情形下与存货订货批量相关的成本包括订购成本、采购成本和储存成本。存货总成本的计算公式为：

$$TC=\frac{Q}{2}\cdot C+\frac{D}{Q}\cdot K+D\cdot(1-d)\cdot P$$

式中，d——数量折扣率；

P——存货单价。

由于公式中的 d 不是固定值，它随着订货批量的不同而不同。因此，经济批量的计算与前面两种模型不同，无法通过数学方程式求导的方式直接求得经济批量的计算公式。这里介绍一种比较简单的经济批量计算方法：先计算各个订货批量临界点的存货总成本；然后比较各个订货批量临界点的存货总成本，找到总成本最低的订货批量临界点即为数量折扣情形下的经济批量。

[例 6-24] 假定某企业购买甲材料时存在三种订货批量，每种订货批量供应商给予的数量折扣率不同：订货 100 吨时，没有折扣；订购 400 吨时，价格上给予 2%的折扣；订购 600 吨以上时，价格上给予 5%的折扣。设每吨单价 50 元，其他条件同基本经济批量模型。求经济批量及相应的总成本。

(1) 列表计算各种批量下的存货总成本，计算过程和结果如表 6-20 所示：

表 6-20 存货总成本计算表

单位：元

批量	100 吨	400 吨	600 吨
储存成本	500(100/2×10)	2000(400/2×10)	3 000(600/2×10)
订购次数	12(1 200/100)	3(1 200/400)	2(1 200/600)
订购成本	1 200(12×100)	300(3×100)	200(2×100)
采购价格	50	50(1−2%)=49	50(1−5%)=47.5
采购成本	60 000(1 200×50)	58 800(1 200×49)	57 000(1 200×47.5)
总成本	61 700	61 100	60 200

(2) 比较存货总成本，选择总成本最低的采购批量：存货总成本最小为 60 200 元，此时的订货批量为 600 吨，因此，企业最佳的订货批量为 600 吨。

(三)考虑缺货成本时的经济订货批量

若企业允许出现存货短缺,此时,存货总成本中应考虑缺货成本,其他条件与基本模型一致,如图 6-6 所示。

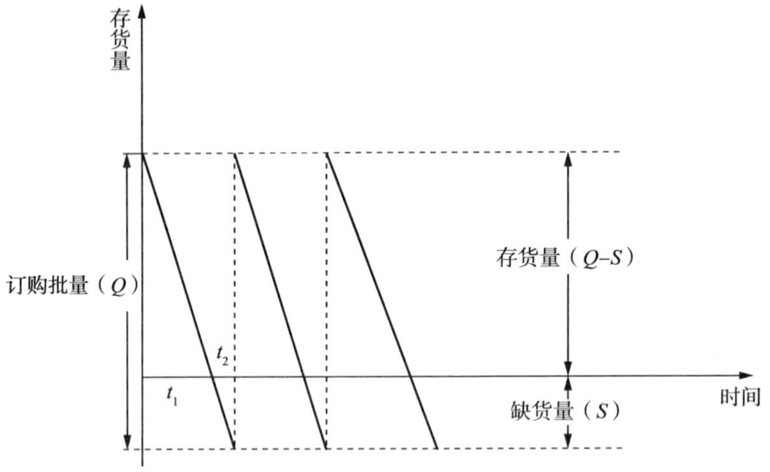

图 6-6　考虑缺货情况下的经济批量模型

考虑缺货成本时,存货总成本的计算公式为:

$$TC=\frac{(Q-S)^2}{2Q}\cdot C+\frac{D}{Q}\cdot K+\frac{S^2}{2Q}\cdot V$$

式中,S——允许的缺货量;

V——单位平均缺货成本。

式中的$\frac{(Q-S)^2}{2Q}$表示日平均存货量。假设企业存货的时间为 t_1,日平均存货量为$\frac{Q-S}{2}$;缺货时间为 t_2,日平均存货量为 0,加权平均计算企业日平均存货量即可得$\frac{(Q-S)^2}{2Q}$。式中的$\frac{S^2}{2Q}$表示日均缺货量。企业不缺货时间为 t_1,日平均缺货量为 0;缺货时间为 t_2,日平均缺货量为$\frac{S}{2}$。加权平均计算企业日平均缺货量,即可得$\frac{S^2}{2Q}$。

同样对 Q 求导,可得计算经济批量和最低存货总成本的公式如下:

$$Q^*=\sqrt{\frac{2DK}{C\left(\frac{V}{C+V}\right)}}\text{,此时,存货最低总成本 } TC^*=\sqrt{2DKC\frac{V}{C+V}}$$

[例 6-25]　假如企业允许缺货,单位年均缺货成本为 9 元,其他条件同,此时的经济批量和存货总成本为:

$$Q^*=\sqrt{\frac{2\times1\ 200\times100}{10\times\left(\frac{9}{10+9}\right)}}=225(\text{吨})$$

$$\text{存货最低总成本 } TC^*=\sqrt{2\times1\ 200\times100\times10\times\frac{9}{10+9}}=1\ 066(\text{元})$$

(四) 安全储存量和订货点决策管理

经济订货模型中假定交货期固定,日耗用量稳定,但在实际经营中,交货期和日耗用量都是变化的。因此,为保证生产经营的顺利进行,需要确定安全储存量和订货点。

安全储存量也称保险储存量,是企业为满足生产或销售的临时需要而储存的存货。安全储存量的计算公式为:

安全储存量=(预计每天最大耗用量－平均每天正常耗用量)×订货提前天数

订货提前期是指企业为保证不缺货而提前订货的时间。

安全储存量和提前期内正常耗用量之和为订货点。所谓订货点,即是企业开始订货时的存货储存量。订货点的计算公式为:

订货点=(平均每天正常耗用量×订货提前天数)+安全储存量

[例 6-26] 某企业材料的经济批量为 600 吨,每间隔 30 天订一次货,订货提前期为 10 天,平均每天正常耗用量为 20 吨,最大耗用量为 25 吨。则:

该材料的安全储存量=(25－20)×10=50(吨)

该材料的订货点=20×10+50=250(吨)

四、存货控制的 ABC 法

企业中的各种存货种类繁多、数量不一,各种存货在企业中的地位也不同。把所有种类的存货都纳入严格控制的范畴,既不可能,也无必要。这就要求在存货管理中做到区分轻重,分清主次。

ABC 分析法是成本日常控制中被广泛采用的一种方法,其基本原理是将各种存货项目按其成本比重的高低分为 A、B、C 三类,对不同类别的存货采取不同的控制方法。其中,对少数影响较大、价值较高的主要存货加以严格控制,而对多数价值较低的存货则适当放宽控制程度。

采用 ABC 分析法对存货进行控制的基本要点有:

第一,将企业的全部存货按一定的标准区分为 A、B、C 三类。其中,A 类存货品种数量较少,但占用资金较多,这类存货的品种数量大约占全部存货品种数量的 10%左右,而其金额大约占全部存货金额的 70%左右,所以,企业应该重点管理这类存货。C 类存货品种较多,价值较小,不是企业存货管理的重点,企业不应在此类存货上多下功夫,可以适当增加订货批量,减少订货次数。这类存货的品种数量大约占全部存货品种数量的 70%左右,而其金额大约占全部存货金额的 10%左右。B 类存货介于 A 类存货与 C 类存货之间,大约占全部存货数量及金额的 20%左右。

第二,对 A、B、C 三类存货,应按照区分主次、抓重要问题的原则实行不同的控制方法。对 A 类存货,应严格控制;对 B 类存货的控制要比 A 类适当宽松一些;对 C 类存货,则采用简化的办法进行控制,一般以不影响生产经营活动为最低要求。

本章小结

在短期生产经营决策过程中,首先要分析决策中相关的信息,并区分各个方案之间的信息差异。典型的短期生产经营决策包括生产决策、定价决策和存货决策。

生产决策通常包括新产品开发的品种决策、零部件是自制还是外购决策、产品是否应进一步深加工的决策、亏损产品是否停产的决策、是否接受特殊订货的决策等。生产决策的主要分析方法有：差量分析法、边际贡献分析法和成本无差别点分析法。

在产品的定价决策中，企业应根据不同的环境和市场的特点，选择相应的定价策略。

存货决策主要关注保持合理的存货量水平，在持有存货的收益和成本之间做出权衡，达到两者的最佳结合。存货相关成本包括取得成本、存储成本和缺货成本。经济订货批量就是指能够使存货的相关成本达到最低的订货批量。在不同的模型下，经济订货批量的确定方法也会有所不同。

存货控制的 ABC 法的基本原理是将各种存货项目按其成本比重和数量比重的高低分为 A、B、C 三类，对不同类别的存货采取不同的控制方法。

复习思考题

1. 决策的相关成本有哪些类型？
2. 经营决策最常用的几种方法有哪些？请举例说明。
3. 决策分析程序一般包括哪些步骤？
4. 不确定型决策的分析方法有几种？
5. 有人说，"为改变企业亏损状态，凡是亏损产品都应停产"，你认为这句话对不对？为什么？
6. 在半成品或联产品是否进一步深加工的决策中，半成品和联产品本身的成本都是无关成本，为什么？
7. 什么是特殊订货决策？怎样进行特殊订货定价决策？
8. 产品定价决策的主要方法有哪些？
9. 什么是经济订货批量？一般经济订货批量模型有哪些前提假设？
10. 确定经济订货批量应考虑哪些存货相关成本？
11. 什么是再订货点？怎样确定再订货点？
12. 存货控制 ABC 分析法的基本要点是什么？

练习题

一、单选题

1. 在有关产品是否进行深加工决策中，深加工前的半成品成本属于(　　)。

A. 估算成本　　B. 重置成本　　C. 机会成本　　D. 沉没成本

2. 若剩余生产能力无法转移，下列哪种情况下亏损产品应该停产。(　　)。

A. 亏损产品单价大于单位变动成本　　B. 亏损产品贡献边际小于零

C. 亏损产品贡献边际大于零　　D. 亏损产品贡献边际大于零但小于固定成本

3. 甲企业只生产一种产品，该产品的单位变动成本为 6 元，固定成本总额为 5 000 元，企业确定的目标利润为 4 000 元，产品售价为 15 元。则要实现目标利润，该产品的销售量最少应达到(　　)件。

A. 556　　B. 444　　C. 600　　D. 1 000

4. 关于成本加成定价法，下列说法错误的是(　　)。

A. 成本加成的基础可以是完全成本法下的产品成本，也可以是变动成本

B. 不同的成本基数，可能得出相同的定价

C. 成本加成定价要求补偿全部成本，并提供合理利润

D. 成本加成定价法制定出的产品价格要随着市场和需要的变化而进行调整，定价决策不能简单地仅仅以成本为基础

5. 下列各项中，属于管理会计定价决策分析范围的是(　　)。

A. 垄断价格　　B. 完全自由竞争价格

C. 企业可控制价格　　D. 企业所有商品的价格

6. 不构成企业实际成本支出的内容包括(　　)。

A. 专属成本　　B. 可分成本　　C. 边际成本　　D. 机会成本

7. 当企业生产能力有剩余时，不同产量的差别成本应主要考虑(　　)。

A. 总成本　　B. 变动成本　　C. 付现成本　　D. 固定成本

8. 某公司有 5 000 件积压的在产品，总制造成本为 50 000 元。如果花 20 000 元再加工后出售，可得销售收入 35 000 元。该产品也可卖给某批发公司，可得销售收入 8 000 元。在分析这两个备选方案的过程中，沉没成本是(　　)元。

A. 8 000　　B. 15 000　　C. 20 000　　D. 50 000

9. 下列成本中，属于相关成本的有(　　)。

A. 专属成本

B. 共同成本

C. 在各个方案中项目相同、金额相等的成本

D. 不可避免成本

10. 已知某公司剩余生产能力为 2 000 时/月，现有 A、B 两种产品，A 产品售价为 75 元/件，单位变动成本为 55 元/件，定额工时为 5 时/件；B 产品售价为 60 元/件，单位变动成本为 35 元/件，定额工时为 4 时/件，生产 A 产品、B 产品应分别追加的专属成本为 2 000 元和 4 000 元，则应选择生产的产品为(　　)。

A. A 产品　　B. B 产品

C. A 产品或 B 产品均可　　D. 生产 A 产品和 B 产品的比例为 4∶5

11. 当剩余生产能力无法转移时，出现以下(　　)情况时，企业不应接受追加订货。

A. 订货价格低于单位完全成本

B. 订货冲击原有生产能力

C. 追加订货的贡献毛益高于减少的正常收益，但余额少于追加的专属成本

D. 以上都不对

12. 在零件自制和外购决策中，无关成本是(　　)。

A. 直接材料

B. 变动制造费用

C. 如果外购则可以避免的固定性制造费用
D. 即使外购也要发生的固定性制造费用
13. 下列成本中,一定属于相关成本的有(　　)。
A. 付现成本　　B. 沉没成本
C. 不可避免成本　　D. 固定成本

二、多选题

1. 下列成本属于相关成本的是(　　)。
A. 机会成本　　B. 沉没成本
C. 不可避免成本　　D. 付现成本
2. 下列各项中,属于储存成本内容的有(　　)。
A. 仓储费　　B. 保险费　　C. 自然损耗　　D. 利息
3. 下列存在差别(增量)成本的决策包括(　　)。
A. 某种产品的生产应否停产的决策　　B. 零部件外购或自制的决策
C. 特定价格订货应否接受的选择　　D. 半成品应否进一步加工的决策
4. 在是否接受低价追加订货的决策中,如果发生了追加订货冲击正常任务的现象,就意味着(　　)。
A. 剩余生产能力不足以满足组织追加订货生产的需要
B. 追加订货量大于正常订货量
C. 追加订货量大于绝对剩余生产能力
D. 因追加订货有特殊要求必须追加专属成本
5. 在半成品进一步加工决策中,差量成本的构成项目有(　　)。
A. 原有生产能力的维持成本　　B. 新增专属固定成本
C. 原有生产能力对外出租收入　　D. 继续加工的变动成本
6. 差量分析的基本运用形式有(　　)。
A. 差量成本　　B. 单纯差量收入
C. 差量利润　　D. 差量固定成本
7. 剩余生产能力无法转移时,只要满足下列条件就可以不停产(　　)。
A. 该产品单价大于其变动成本
B. 该亏损产品的收入补偿完变动成本后有剩余
C. 该产品的单位贡献毛益大于 0
D. 该产品的单位变动成本小于其单价
8. 决策按时间长短可分为(　　)。
A. 长期决策　　B. 短期决策
C. 高层决策　　D. 中层决策
9. 在下列项目中,属于无关成本的有(　　)。
A. 差别成本　　B. 不可避免成本
C. 沉没成本　　D. 机会成本
10. 在决定是否接受某项特殊订货时,增加的直接材料费用是一项(　　)。

A. 可避免成本　　B. 期间成本
C. 变动成本　　D. 相关成本

三、判断题

1. 在管理会计中,边际成本是指当业务量以一个最小经济单位变动时所引起的成本差量。

2. 如果追加订货的单价小于该产品的单位变动生产成本,就应当接受追加订货。

3. 在既定的生产能力可以生产甲产品也可以生产乙产品的情况下,最终生产哪一种产品应以单位资源边际贡献高者为优。

4. 应否开发新产品、亏损产品是否停产、零部件是自制还是外购等内容,属于管理会计参与经济决策的具体体现。

5. 沉没成本是指过去发生的,无法收回的成本。它与当前的决策无关。

6. 变动成本与差别成本的意义相同。

7. 某种新产品应否投产,主要取决于企业的生产能力利用程度。

8. 接受追加订货的决策分析,可以其形成的边际贡献补偿其专属成本后是否还有溢余而定。

9. 在实际工作中,产品定价决策通常采用完全成本定价法和变动成本定价法。

10. 决策的关键环节是选定最优方案,选优的标准主要是指在一定条件下,经济效益最佳的方案。

11. 风险型决策,是指与决策相关的因素的未来状况不能完全肯定,只能预计大概情况,无论选择哪一种方案,都带有一定的风险。

12. 在企业的经营决策中,管理人员都必须以总成本最低为依据对备选方案进行选择。

13. 亏损产品能否继续生产,应取决于其是否还能提供边际贡献。

四、计算题

1. 某汽车齿轮厂在生产汽车齿轮时,可以选择普通机床或万能机床或数控机床进行加工,有关资料如表 1:

表 1　　单位:元

成本项目	普通机床	万能机床	数控机床
单位变动成本	24	12	6
专项固定成本	900	1 800	3 600

要求:利用成本无差别点分析法进行加工方案决策。

2. 某企业生产甲零件,该零件市场价 50 元,企业利用剩余生产能力制造该零件,单位制造成本为:直接材料 20 元,直接人工 16 元,变动制造费用 6 元,固定制造费用 4 元。要求:

(1) 甲零件每年需要量为 3 000 件,剩余生产能力无法转移,该零件应否外购?

(2) 甲零件每年需要量为 3 000 件,剩余生产能力如不用于生产甲零件,可以生产其他产品,每年的贡献毛益总额 3 000 元,该零件应否外购?

(3) 甲零件在每年需要量不确定的情况下,企业自行生产需增加专属固定成本 8 000 元,该零件何时应外购?

3. 某企业常年生产需用的某部件,以前一直从市场上采购。采购量在 5 000 件以下时,单价为 8 元;达到或超过 5 000 件时,单价为 7 元。如果追加投入 12 000 元专属成本,就可以自行制造该部件,预计单位变动成本为 5 元。要求:用成本无差别点法为企业做出自制或外购 A 零件的决策,并说明理由。

4. 某企业生产甲、乙、丙三种产品,有关资料如下:

单位:千元

	甲产品	乙产品	丙产品	合计
销售收入	4 400	2 000	3 000	9 400
产品销售成本				
直接材料	800	350	400	1 550
直接人工和变动性制造费用	1 600	800	500	2 900
固定性制造费用	700	550	200	1 450
毛利	1 300	300	1 900	3 500
销售和行政管理费用				
变动部分	880	400	300	1 580
固定部分	320	100	250	670
净利	100	−200	1 350	1 250

试问:

(1) 乙产品亏损 200 000 元,若停产后企业的生产能力别无它用,应否停止乙产品的生产?

(2) 若乙产品停产后,腾出来的生产能力可转产甲、丙两种产品,这两种产品的销售额均可增加 25%,应否停止乙产品生产?

5. 某企业只生产一种产品,全年最大生产能力为 1 200 件。年初已按 100 元/件的价格接受正常任务 1 000 件,该产品的单位完全生产成本为 80 元/件(其中,单位固定生产成本为 25 元)。现有一客户要求以 70 元/件的价格追加订货 300 件,因有特殊工艺要求,企业需追加 900 元专属成本。剩余能力可用于对外出租,可获租金收入 5 000 元。按照合同约定,如果正常订货不能如期交货,将按违约货值的 1%缴纳罚金。

要求:为企业做出是否接受低价追加订货的决策。

6. 假设某公司生产甲产品,其现行产量为 4 250 件,生产能力尚有一定剩余。该产品有关的耗费列示如下:直接材料 55 250 元,直接人工 42 500 元,变动性制造费用 25 500 元,固定性制造费用 42 500 元。该产品的单位售价为 33 元。现有客户前来订货,要求订购 2 500 件乙产品,每件出价 26 元,客户对这批产品有特殊的要求。如果接受订货,该公司必须减少甲产品的产量 1 400 件,同时还要另行购置一批价值为 1 000 元的专用工具。有关该订单产品的单位变动成本为:直接材料 8 元,直接人工 6 元,变动性制造费用 4 元。要求:根据上述资料作出是否应接受这批订货的决策。

7. 某企业可生产半成品 5 000 件,如果直接出售,单价为 20 元,其单位成本资料如下:单位材料为 8 元,单位工资为 4 元,单位变动性制造费用为 3 元,单位固定性制造费用为 2 元,合计为 17 元。现该企业还可以利用剩余生产能力对半成品继续加工后再出售,这样单价可以提高到27元，但生产一件产成品，每件需追加工资3元、变动性制造费用1元、分配固定性制造费用1.5元。要求就以下各不相关情况，分别进行决策：

(1) 若该企业的剩余生产能力足以将半成品全部加工为产成品；如果半成品直接出售，剩余生产能力可以承揽零星加工业务，预计获得边际贡献1 000元。

(2) 若该企业要将半成品全部加工为产成品，需租入一台设备，年租金为25 000元。

(3) 若半成品与产成品的投入产出比为2∶1。

8. 江南化工厂同时生产甲乙丙丁四种联产品，其中，甲、丙两种产品可在分离后立即出售，也可经加工后再行出售。有关资料如下：

项　目		甲产品	丙产品
产量(公斤)		10 000	4 000
单价(元)	分离后	2	6
	加工后	5	10
联合成本(元)		14 000	20 000
可分成本(元)	单位变动成本	2	5
	专属固定成本	5 000	0

要求：根据以上资料做出甲、丙两种产品是否进一步深加工的决策分析。

9. 假设某企业全年需用甲零件5 500个，每个零件的买价为20元，每次的订货成本为40元，每个零件的年储存成本为4元。零件供应商规定，凡每次订货量达到500个，可获得2%的价格优惠。现要求确定，要使存货总成本最低，该企业是否应该接受数量折扣？

参考答案

一、单选题

1. D　2. B　3. D　4. C　5. C　6. D　7. B　8. D　9. A　10. B　11. C　12. D　13. A

二、多选题

1. AD　2. ABCD　3. ABCD　4. AC　5. BCD　6. AC
7. ABCD　8. AB　9. BC　10. ACD

三、判断题

1. √　2. ×　3. √　4. √　5. √　6. ×　7. ×
8. √　9. √　10. √　11. √　12. ×　13. √

四、计算题

1. (1) 普通机床和万能机床的成本无差别点为x_0，则有：

$$900+24x_0=1\ 800+12x_0$$

解出：$x_0=75$(件)

(2) 普通机床和数控机床的成本无差别点为 x_1，则

$900+24x_1=3\ 600+6x_1$

解出：$x_1=150$(件)

(3) 万能机床和数控机床的成本无差别点为 x_2，则：

$3\ 600+6x_2=18\ 00+12x_2$

解出：$x_2=300$(件)

所以，得出如下结论：

(1) 当齿轮生产件数小于 75 件时，应采用普通机床；

(2) 当齿轮生产件数大于 75 件而小于 150 件时，应采用万用机床；

(3) 当齿轮生产件数大于等于 150 件而小于 300 件时，应采用万能机床；

(4) 当齿轮生产件数大于 300 件时，应采用数控机床。

2.(1) 自制总成本＝3 000×(20＋16＋6)＝126 000(元)

外购总成本＝3 000×50＝150 000(元)

结论：因为自制总成本小于外购总成本，企业不应外购，应自己生产甲零件，可节约 24 000(元)

(2) 自制总成本＝3 000×(20＋16＋6)＋3 000＝129 000(元)

外购总成本＝3000×50＝150 000(元)

结论；因为外购总成本大于自制成本，企业应自制甲零件，可节约 21 000 元。

(3) $(20+16+6)x+8\ 000=50x$

$x=8\ 000/(50-20-16-6)=1\ 000$(件)

结论：当甲零件每年需要量大于 1 000 件时，企业应选择自制方式 。

3.(1) $X<5\ 000$ 件

自制成本 $Y_1=12\ 000+5X$

外购成本 $Y_2=8X$

$Y_1=Y_2$，即：$12\ 000+5X=8X$

$X=4\ 000$ 件

所以，当 $X<4\ 000$ 件，应外购；

当 4 000 件$\leqslant X<5\ 000$ 件，应自制。

(2) $X\geqslant 5\ 000$ 件

自制成本 $Y_1=12\ 000+5X$

外购成本 $Y_2=7X$

$Y_1=Y_2$，即：$12\ 000+5X=7X$

$X=6\ 000$ 件

所以，当 5 000 件$\leqslant X<6\ 000$ 件，应外购；当 $X\geqslant 6\ 000$ 件，应自制。

4.(1) 乙产品创造贡献毛益＝2 000－(350＋800＋400)＝450 千元

所以，不应停止乙产品的生产。

(2) (4 400－800－1 600－880)×25%＋(3 000－400－500－300)×25%＝730 千元＞450 千元

所以，应停止乙产品的生产。

5.

损益分析表

单位:元

方案 项目	接受低价追加订货	拒绝
相关收入	70×300=21 000	100×100=10 000
相关成本	22 500	5 500
其中:变动成本	(80−25)×300=16 500	(80−25)×100=5 500
机会成本	5 000	0
专属成本Ⅰ	900	0
专属成本Ⅱ	100×(300−200)×1%=100	0
相关损益	−1 500	4 500

若接受低价追加订货,将少获利 6 000 元,所以,不应接受低价追加订货。

6. 甲产品单位成本:

直接材料　55 250÷4 250=13

直接人工　42 500÷42 50=10

变动制造费用　25 500÷4 250= 6

29(元/件)

接受:

相关收入　(4 250−1 400)×33+2 500×26=159 050

相关成本

变动成本　(4 250−1 400)×29+2 500×(8+6+4)=127 650

专属成本　1 000

相关损益　30 400

不接受:

相关收入　4 250×33=140 250

相关成本

变动成本　4 250×29=123 250

专属成本　0

相关损益　17 000

因此选接受。

7.(1)

方案 项目	继续加工	直接出售
相关收入	(27−20)×5 000=35 000	0
相关成本	21 000	0
其中:		
加工成本	(3+1)×5 000=20 000	0
机会成本	1 000	0
相关损益	14 000	0

应继续加工,这样可多获利 14 000 元。

(2)

项目 \ 方案	继续加工	直接出售
相关收入	(27－20)×5 000＝35 000	0
相关成本	45 000	0
其中：		
加工成本	(3＋1)×5 000＝20 000	0
专属成本	25 000	0
相关损益	－10 000	0

应直接出售，这样可多获利 10 000 元。

(3)

项目 \ 方案	继续加工	直接出售
相关收入	27×2 500＝67 500	20×5 000＝100 000
相关成本	10 000	0
其中：		
加工成本	(3＋1)×2 500＝10 000	0
相关损益	57 500	100 000

应直接出售，这样可多获利 42 500 元。

8. (1) 甲产品

项目 \ 方案	进一步加工	直接出售
相关收入	10 000×5＝50 000	10 000×2＝20 000
相关成本	25 000	0
变动成本	10 000×2＝20 000	
专属成本	5 000	
相关损益	25 000	20 000

进一步加工甲产品多获利 5 000 元，应选择进一步加工甲产品。

(2) 丙产品

项目 \ 方案	进一步加工	直接出售
相关收入	4 000×10＝40 000	4 000×6＝24 000
相关成本	20 000	0
变动成本	4 000×5＝20 000	
专属成本	0	
相关损益	20 000	24 000

进一步加工丙产品少获利 4 000 元，应选择直接出售丙产品。

9. (1) 计算没有数量折扣时的经济订货批量及此时的存货总成本。

$$经济订货批量\ Q^{*}=\sqrt{\frac{2DP}{C}}=\sqrt{\frac{2\times5\ 500\times40}{4}}\approx332(个)$$

此时，零件的总成本应由买价、订购成本和储存成本构成，

其中：零件买价＝5 500×20＝110 000(元)

订货成本＝5 500/332×40≈662.65(元)

储存成本＝332/2×4＝664(元)

存货总成本＝110 000＋662.65＋664＝111 326.65(元)

(2) 计算接受数量折扣时的年存货总成本。

零件买价＝5 500×20×(1－2%)＝107 800(元)

订购成本＝5 500/500×40＝440(元)

储存成本＝500/2×4＝1 000(元)

存货总成本＝107 800＋440＋1 000＝109 240(元)

由上述计算结果表明，企业应接受该数量折扣会使企业节约成本 2 086.65(111 326.65－109 240)元。所以，企业应接受该方案。

第七章 长期投资决策

长期投资具有资金占用量大、投资回收期长、投资风险高的特点。进行长期投资决策，首先要识别具有潜在投资价值的商业机会，这是最重要的一步。因此，企业管理层必须在企业内部营造出一种气氛，这种气氛有助于引导成功的长期投资观念的产生和机会的开发。接下来是对已确认的投资建议必须进行财务评价。对项目财务评价需要的投入变量有：项目寿命期的估计，项目预期产生的现金流，以及用来计算项目预期现金流量序列的现值所需要的恰当的贴现率。在这些财务变量值估计出来之后，需要用投资标准来决定项目是接受还是拒绝。我们用的方法有净现值法、获利指数法、内部回报率法、投资回收期法等。

第一节 现金流量的估计

一、现金流量的含义

现金流量又称现金流动，指投资项目在其计算期内因资本循环而可能或应该发生的各项现金流入与现金流出的统称。它以收付实现制为基础，以反映广义现金(货币资本)运行为内容，是计算投资决策评价指标的主要根据和关键信息之一。以现金流量作为长期投资的重要信息有如下优点：

1. 现金流量可以取代利润作为评价项目净收益的指标

利润是按权责发生制确认分期损益，而现金流量是根据收付实现制确认分期损益，两者既有区别，又有联系。就某一期间来说，项目的营业现金净流量与净利润往往不一致，但在整个投资有效年限内，项目的营业现金净流量总计数与净利润总计数是相等的。因此，现金流量可以取代利润，作为评价投资项目净收益的指标。

2. 在投资决策分析中，现金流量状况比盈亏状况更重要

利润的计算，并不考虑资金实际收付的时间，它反映的是某一会计期间“应计”的现金流量，而不是实际的现金流量。投资项目的利润与现金流量在支出和收入的时间差异主要表现在：①购置固定资产时付出大量现金，并不计入营业成本；②不需要付出现金的固定资产折旧和其他摊提费用却要计入成本费用；③只要销售行为已经确认，就计算为当期的销售收入，而不论是否在当期收到现金；④不考虑投资初始垫支的流动资金和投资终结收回的流动资金。由于存在上述差异，往往出现有利润的年份不一定能有多余的现金可用来进行其他项目的再投资。

上述第三个公式在实际工作中最常用。因为企业的所得税是根据利润来计算的，在决定整个项目是否投资时，往往采用差额分析法来确定现金流量，并不知道整个企业的利润以及与此相关的所得税，这就限制了上述第一个公式和第二个公式的使用。而第三个公式并不需要知道企业的利润是多少，使用起来较为方便。

四、投资方案现金流量的估计

估计投资方案所需要的资本支出以及该方案每年能产生的现金净流量，会涉及很多的变量，并且需要企业的许多部门参与。如：销售部门负责预测售价和销量，涉及产品价格弹性、广告效果、竞争者动向等；产品开发和技术部门负责估计投资方案的资本支出，涉及研制费用、设备购置、厂房建筑等；生产和成本部门负责估计制造成本，涉及原材料采购价格、生产工艺安排、产品成本等；财务部门的任务是为销售、生产等部门的预测建立共同的基本假设条件，如物价水平、贴现率、可供资源的限制条件等；协调参与预测的各部门人员，使之能相互衔接与配合，防止预测者因个人偏好或部门利益而高估或低估收入和成本。在确定投资方案的现金流量时，应遵循的最基本的原则是：只有增量现金流量，才是与项目相关的现金流量。所谓增量现金流量，是指接受或拒绝某个投资方案后，企业总的现金流量因此发生的变动。只有那些由于采纳某个项目引起的现金支出增加额，才是该项目的现金流出；只有那些由于采用某个项目引起的现金流入增加额，才是该项目的现金流入。

为了正确计算投资方案的增量现金流量，需要正确判断哪些支出会引起总现金流量的变动，哪些支出不会引起总现金流量的变动。在进行这些判断时，要注意区别以下概念和因素。

(一) 区分相关成本与无关成本

相关成本，是指与特定决策有关的、在分析评价时必须加以考虑的成本。例如，差量成本、重置成本、机会成本、可避免成本等都属于相关成本。与此相反，与特定决策无关的、在分析评价时不必加以考虑的成本是无关成本。例如，沉没成本、不可避免成本等往往属于无关成本。

例如，你正在考虑一个是开车还是乘坐公共交通上班的决定。假设你现在是开车上班，轨道交通月票是 140 美元，你想知道是否定期乘坐轨道交通上下班会比开车便宜些。每个月与你的车有关的现金支出有：

(1) 保险 120 美元；

(2) 在你公寓附近的停车场租金 150 美元；

(3) 在你办公室外的泊车费 90 美元；

(4) 与上下班有关的汽油费和汽车服务费 110 美元。

如果你搭轨道交通上下班，你全部的月现金花费将包括轨道交通票成本、保险费及停车场租金，你将会支付(假定你不会卖掉车)：

$$
\begin{aligned}
\text{CF(乘轨道交通)} &= -\text{保险费}-\text{停车场租金}-\text{轨道交通票成本} \\
&= -120-150-140=-410\text{(美元)}
\end{aligned}
$$

如果你自己开车上下班，你全部的月现金花费将包括办公室外泊车费、汽油与汽车服务费及保险费和停车场租金。因此有：

$$
\begin{aligned}
\text{CF(开车)} &= -\text{保险费}-\text{停车场租金}-\text{办公室外泊车费}-\text{汽油与汽车服务费} \\
&= -120-150-90-110=-470\text{(美元)}
\end{aligned}
$$

如果你乘轨道交通，你全部的月现金流出为 410 美元；如果你自己开车，这个数是 470

美元。

相关成本是那些将提高你每月总的或全部费用的现金花费；无关成本是那些对它们无影响的现金花费。这里，前两项成本（保险费和停车场租金）与你的决策无关，因为无论你乘轨道交通还是自己开车，它们都会发生。换句话说，它们是不可避免成本。第三项和第四项成本（办公室外泊车费和汽油与汽车服务费）是相关成本，因为如果你决定乘轨道交通的话，它们就可以节省下来，它们是可避免成本，它们的数额是每月 200 美元（90 美元加上 110 美元）。因为轨道交通月票成本是 140 美元，所以，轨道交通是更便宜的交通方式。

因此，我们要正确区分相关成本和无关成本，如果将无关成本纳入决策方案的总成本，则一个有利的方案可能因此变得不利，一个较好的方案可能变为较差的方案，从而造成决策失误。

（二）不要忽视机会成本

机会成本，是指由于某个项目使用某项资产而失去了其他方式使用该资产所丧失的潜在收入。它不是我们通常意义上的“成本”，它不是一种支出或费用，而是失去的收益。这种收益不是实际发生的，而是潜在的。机会成本总是针对具体方案的，离开被放弃的方案就无从计量确定。

［案例］ 瑞星企业在过去的 5 年里一直成功地生产和出售电子设备，目前正考虑将其现有的生产线尽可能地拓展。企业总经理最近建议企业应进入相对高边际利润、高质量的制图桌灯市场，并聘请了一家咨询企业对这类产品的潜在市场做初步研究。报告表明，瑞星企业在项目第 1 年能卖掉 45 000 盏灯，第 2 年能卖掉 40 000 盏，第 3 年能卖掉 30 000 盏，第 4 年能卖掉 20 000 盏，第 5 年能卖掉 10 000 盏，自此之后项目结束。第 1 年每盏灯可卖 4 0 美元，此后每年售价上浮不超过 3%，增长比率与项目 5 年寿命期内预期的当时通货膨胀率相等。1 个月后，企业向咨询企业支付了 30 000 美元的研究咨询费。

瑞星企业销售经理关心的是，新产品可能会降低瑞星企业目前正生产的标准桌灯的销售额。他担心潜在的顾客会从购买标准桌灯转向购买新式制图桌灯，并且估计瑞星企业潜在的损失是使企业的税后经营现金流量每年减少 80 000 美元。

如果瑞星企业决定生产制图桌灯，它将启用一幢企业已经拥有但目前尚未使用的大楼。最近，瑞星企业收到一封企业附近一家百货商场的副总裁写来的信，他想知道瑞星企业是否愿意将该大楼租给商场作为一块仓储地。瑞星企业的会计部门指出，如果依照目前的市场利率，大楼可以出租 5 年，每年可获租金 10 000 美元。

工程技术部门已经确定生产这种灯所需要的设备成本为 200 万美元，包括运费和安装费。出于纳税的目的，设备在今后 5 年采用直线折旧法，也就是说，每年折旧 40 万美元（200 万美元除以 5）。如果在项目第 5 年末将设备转卖，估计它的价值为 10 万美元。

在咨询了一些供应商之后，采购部门指出，生产这种制图桌灯所需的原材料在项目第 1 年将为每盏灯 10 美元，并极有可能以每年 3% 的预期通货膨胀率增长。为了避免供应发生中断，瑞星企业需要可使用 7 天的原材料库存。供应商给企业的平均付款期为收到原材料后 4 周（28 天），企业对客户的平均收款期为发出产品后 8 周（56 天）。生产部门估计项目必要的在产品及产成品库存价值等于 16 天的销售额。

除此之外，在项目的第 1 年，瑞星企业每盏灯的直接人工为 5 美元，能源费为 1 美元。这些费用在项目的寿命期内，预计每年按 3% 的通货膨胀率增长。在企业的销售费用、一般费用和行政管理费用方面，不会再有任何重要的额外成本，因为企业现存的人员和组织结构预计能支持新产品的销售。为弥补瑞星企业的间接费用，会计部门要求新项目承担的费用标准等于项目销售收入的1%；也要求承担一笔额外的费用来弥补用于支持项目所使用资产的资金成本，这笔资金费用等于所使用资产账面(会计)价值的12%。当设备最终账面价值为零的情况下，税法允许在5年的期限内，采用直线折旧法将价值200万美元的设备全部折旧完。最终账面价值高于零的部分被认为是资本收益，瑞星企业的企业所得税率和资本收益税率都是25%。

分析：在上面瑞星企业案例中，那座将要放置设备的未占用的大楼若不是用来生产新产品，它就能以每年10 000美元的价格出租出去。换句话说，采纳制图桌灯项目的决策意味着瑞星企业在以后的5年中将失去每年10 000美元的租金收入，这笔潜在的现金“损失”是采纳项目的直接后果。根据相关/不相关原则，应该考虑每年10 000美元的现金流减少。如果企业不采纳项目，与项目相联系的资源就可以用来产生现金，这种资源的成本称为机会成本。这些成本不涉及现金在企业流入和流出的任何运动。但是，不能因为它们没有作为一项交易记入企业账簿而可以忽略。企业如果不采纳项目，可以赢得的现金收入应等于采纳项目而发生的现金损失。

(三) 要考虑投资方案对其他部门的影响

我们关心的另一个问题是，制图桌灯项目实施而引起的标准桌灯潜在的销售额损失。因此，新型制图桌灯预期产生的现金流就必须减去由于标准桌灯销售额侵蚀而产生的预计现金流损失。这看起来像另外一种机会成本的例子，与如果采纳项目导致租金收入的潜在损失相似。然而，销售额侵蚀要比租金收入的损失复杂得多，因为销售额侵蚀可以是由瑞星企业引起的，也可以是由竞争企业引起的。只有失去的销售额是直接由瑞星企业生产的这种新型灯导致的，才能作为相关成本考虑。如果即使瑞星企业没有生产这种新品种的灯，它现存的标准灯的销售额是否也存在损失的情况呢？如果竞争对手决定生产与瑞星企业标准桌灯直接竞争的新型制图桌灯，这种状况就会发生。如果销售损失预计无论如何都会发生，那么在生产新产品的决策中就不能作为相关成本考虑。它是不相关成本，因为它是“瑞星企业没有项目”方案的一部分。

(四) 对净营运资金的影响

在一般情况下，当企业开办一个新业务并使销售额扩大后，对于存货和应收账款等流动资产的需求也会增加，企业必须筹措新的资金，以满足这种额外需求；另一方面，企业扩充的结果，应付账款与一些应付费用等流动负债也会同时增加，从而降低企业流动资金的实际需求。所谓净营运资金，是指增加的流动资产与增加的流动负债之间的差额。当投资方案的寿命周期快要结束时，企业将与项目有关的存货出售，应收账款变为现金，应付账款和应付费用也随之偿付，净营运资金恢复到原有的水平。通常在投资分析时，假定开始投资时筹措的净营运资金，在项目结束时收回。

[例7-2] 某项目预计固定资产投资1 000万元，流动资金投资200万元，项目当年建成投产，预计项目寿命期为5年。项目寿命期内各年产品的销售收入为600万元，年付现成本120万元，年销售税金20万元。固定资产采用直线法折旧，折旧年限为5年，净残值率为5%，所得税税率为25%。计算项目各年的净现金流量。

计算过程如下：

$$年折旧额=\frac{固定资产原始成本-预计净残值}{折旧年限}=\frac{1\ 000-1\ 000\times5\%}{5}=190(万元)$$

年总成本费用=付现成本+折旧= 120+190= 310(万元)

年利润=销售收入-总成本费用-销售税金=600-310-20=270(万元)

年所得税=270×25%=67.5(万元)

税后净利=270-67.5=202.5(万元)

现金流量计算表如表 7-2 所示。

表 7-2　现金流量计算表　　单位:万元

序号	项目＼年份	0	1	2	3	4	5
1	现金流入		600	600	600	600	850
1.1	销售收入		600	600	600	600	600
1.2	固定资产余值回收						50
1.3	流动资金回收						200
2	现金流出	-1 200	-207.5	-207.5	-207.5	-207.5	-207.5
2.1	固定资产投资	-1 000					
2.2	流动资金	-200					
2.3	付现成本		-120	-120	-120	-120	-120
2.4	销售税金		-20	-20	-20	-20	-20
2.5	所得税		-67.5	-67.5	-67.5	-67.5	-67.5
3	净现金流量	-1 200	392.5	392.5	392.5	392.5	642.5

其中,$t=0$ 代表第一年年初,$t=1$ 代表第一年年末,$t=2$ 代表第二年年末,依次类推。

在现金流量的计算中,为简化核算,一般都假定投资在年初进行,营业现金流量在年末发生。

[例 7-3]　有关固定资产更新项目的现金流量。

更新决策不同于一般的投资决策。一般说来,设备更新并不改变企业的生产能力,不增加企业的现金流入,更新设备的现金流量主要是现金流出。即使有少量的残值变价收入,也属于支出抵减,而非实质上的现金流入增加。

某企业拟更新原设备,新旧设备的详细资料如表 7-3 所示。

表 7-3　　单位:元

项　目	旧设备	新设备
原价	80 000	100 000
税法规定残值(10%)	8 000	10 000
规定使用年数	6	4
已使用年数	3	0
尚可使用年数	3	4
每年操作成本	8 000	5 000
最终报废残值	9 000	6 000
现行市价	20 000	100 000
每年折旧	12 000	22 500

已知所得税率为25%，请计算两个方案的现金流量。

更新设备现金流量计算表如表7-4所示。

表7-4 单位:元

时间(年次)	项　目	现金流量
	继续使用旧设备	
0	旧设备变现价值	(20 000)
0	旧设备变现损失减税	(20 000−44 000)×0.25=(6 000)
1—3	每年付现操作成本	8 000×(1−0.25)=(6 000)
1—3	折旧抵税	12 000×0.25=3 000
3	残值变现收入	9 000
3	残值变现净收入纳税	(9 000−8 000)×0.25=(250)
	更换新设备	
0	设备投资	(100 000)
1—4	每年付现操作成本	5 000×(1−0.25)=(3 750)
1—4	折旧抵税	22 500×0.25=5 625
4	残值收入	6 000
4	残值变现净收入抵税	(10 000−6 000)×0.25=1 000

第二节　长期投资决策的基本方法

长期投资决策的基本方法是以现金流量为基础，分为贴现法和非贴现法两类。贴现法，是指考虑了时间价值因素的方法，主要包括净现值法、现值指数法和内含报酬率法等；非贴现法，是指没有考虑时间价值因素的方法，主要包括投资回收期法、会计收益法等。

一、贴现的分析评价方法

(一) 净现值法(Net Present Value，简称 NPV)

净现值法，是根据净现值的大小来评价投资方案优劣的一种方法。所谓净现值，是指将一个项目各期的净现金流量按设定贴现率(或行业基准贴现率)折为现值的代数和。计算公式如下：

$$NPV = \sum_{t=0}^{n} \frac{NCF_t}{(1+i)^t}$$

式中　t—— 第t年，$t=0$表示刚开始投资的时间；

NCF_t—— 第t年的净现金流量；

i—— 贴现率(资本成本率或期望的报酬率)；

n—— 开始投资到项目寿命结束时的年数。

净现值法的决策原则是，计算出的净现值如果为正，则项目应该接受；如果为负，就应该舍弃。决策者如果要在一些互斥方案中进行取舍，应该选取净现值最高者。

净现值法应用的关键是如何确定贴现率。一般可以根据资本成本，也可以根据企业要求的最低资本报酬率来定。

[例 7-4] 资料如[例 7-2]，若贴现率为 10%，用净现值法对该项目进行可行性评价。

$$\begin{aligned}净现值\ NPV &= -1\,200+392.5\times(P/A,10\%,4)+642.5\times(P/F,10\%,5)\\ &= -1\,200+392.5\times3.170+642.5\times0.621\\ &= 443.217\,5(万元)\end{aligned}$$

净现值大于零，说明该项目可行。

上例是有关单期投资情况的分析，很容易地延伸到存在许多中间现金流的多期投资上。预期现金流序列持续的时间越长，计算期就越长，但净现值法仍然有效。企业的投资项目总能转化为预期的周期性现金流序列，所以，净现值法可以直接用于对资本支出的分析。我们称需要初始现金支出为 NCF_0 的投资项目在 t 年底的预计现金流为 NCF_t，假设这项投资将产生延续年限为 n 年的现金流，这项投资的现金流概况就如图 7-1 所示。

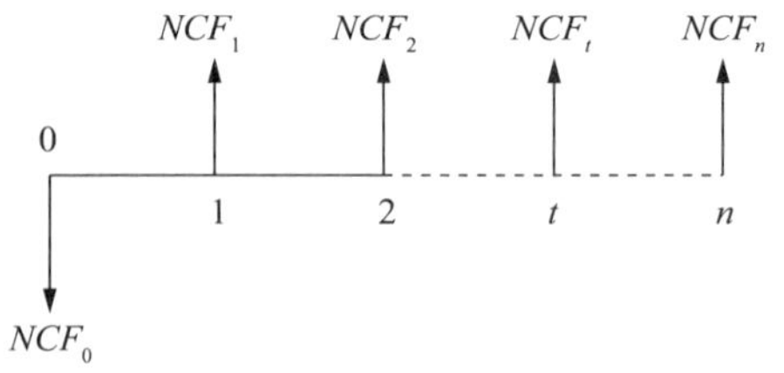

图 7-1 多期投资的时间框表

如上所述，这项投资的净现值为它预计现金流序列的现值与投资初始现金支出之间的差额。在时间为 t，资本成本为 k 时，产生的现金流的现值，即 $NPV(NCF_t)$ 为：

$$\begin{aligned}NPV(NCF_t) &= -NCF_0+\frac{NCF_1}{(1+k)^1}+\frac{NCF_2}{(1+k)^2}+\cdots+\frac{NCF_t}{(1+k)^t}\\ &= -NCF_0+\sum_{t=1}^{t}\frac{NCF_t}{(1+k)^t}\end{aligned}$$

一般情况下，多期投资的时间框表如图 7-1。我们可以用一个延续 n 年的现金流序列和资本成本 k 来表示一项投资的净现值，如下所示：

$$\begin{aligned}NPV(k,n) &= -NCF_0+\frac{NCF_1}{(1+k)^1}+\frac{NCF_2}{(1+k)^2}+\cdots+\frac{NCF_t}{(1+k)^t}+\cdots+\frac{NCF_N}{(1+k)^N}\\ &= -NCF_0+\sum_{t=1}^{n}\frac{NCF_t}{(1+k)^t}\end{aligned}$$

净现值法的优点：

(1) 考虑了货币的时间价值，能够反映投资方案的净收益额。

(2) 考虑了风险因素，因为其贴现率是由企业根据一定风险确定的期望报酬率或资本成本率制定的。

净现值法的缺点：

(1) 净现值法虽然说明了未来的盈亏数，但却不能揭示各个投资方案本身可能达到的实际报酬率。这样，容易出现决策趋向于投资大、收益大的方案，从而忽视收益小、但效益更高的项目。

(2) 企业的贴现率不容易制定。

(二) 获利指数法(Profitability Index,简称 PI)

获利指数又称现值指数。获利指数法,即获利指数作为评价方案的指标。投资的获利指数定义为投资预期现金流序列的现值与投资初始现金支出的比率。可用以下公式表示:

$$获利指数\ PI=\frac{投产以后各年净现金流量的现值合计}{原始投资现值合计}$$

[例 7-5] 资料如[例 7-2],若贴现率为 10%,用获利指数法对该项目进行可行性评价。

$$\begin{aligned}获利指数&=[392.5\times(P/A,10\%,4)+642.5\times(P/F,10\%,5)]\div 1\ 200\\&=[392.5\times 3.170+642.5\times 0.621]\div 1\ 200\\&=1.37\end{aligned}$$

采用获利指数进行项目判断的标准是:如果获利指数大于 1,说明项目的收益率达到了期望收益率或资本成本率,项目可以接受;如果获利指数小于 1,说明项目的收益水平低于期望收益率或资本成本率,项目不能接受。当存在多个项目且相容时,获利指数大于 1 的项目都是可接受的项目;而当各个项目间是互斥时,应该选择获利指数最大的项目,即获利指数最大的项目是最优的项目。

从上述的计算来看,在采用获利指数法来计算时,获利指数大于 1,因此,该项目可以接受。

获利指数法的优点:

获利指数法考虑了货币的时间价值,能真实反映投资项目的盈亏程度。当投资的资本总额有限,企业就不能只是根据最高的净现值来选择项目,而必须首先找出能从每一元的初始现金支出中获得最高未来现金流现值的投资组合,这就可以通过使用获利指数法来达到。

获利指数法的缺点:

(1) 获利指数法不能反映盈利额,获利指数高的项目其净现值不一定就高。因此,在并不限制投资总额时,如果只考虑获利指数,选择了获利指数高、但净现值低的项目,而导致错误的决策。

(2) 获利指数法也不容易理解。

(三) 内含报酬率法(Internal Rate of Return,简称 IRR)

内含报酬率法是根据内含报酬率的大小来评价投资方案优劣的一种方法。所谓内含报酬率是指项目投资实际可望达到的报酬率。它是指使投资项目净现值为零的贴现率。计算公式如下:

$$NPV=\sum_{t=0}^{n}\frac{NCF_t}{(1+i)^t}=0\ 时,i\ 即为\ IRR。$$

计算内含报酬率的一般方法是"逐次测试法"。首先估计一个贴现率,用它来计算方案的净现值,如果净现值为正数,说明方案本身的报酬率超过估计的贴现率,应提高贴现率后进一步测试;如果净现值为负数,说明方案本身的报酬率低于估计的贴现率,应降低贴现率后进一步测试。经过多次测试,可以求出一个净现值大于零、一个净现值小于零的两个相邻的贴现率,再用"内插法"计算出净现值等于零的贴现率,即为方案的内含报酬率。

[例 7-6] 资料如[例 7-2],用内含报酬率法对该项目进行可行性评价。

根据题意：

$$NPV=-1\ 200+392.5\times(P/A,i,4)+642.5\times(P/F,i,5) \quad (1)$$

当 $i=?$，$NPV=0$

根据[例 7-4]的资料，方案的净现值为正数，说明它的投资报酬率大于 10%，因此，应提高贴现率进一步测试。

若取 $i=20\%$，由(1)式计算得：$NPV=74.285\ 5$

取 $i=22\%$，由(1)式计算得：$NPV=16.463$

取 $i=24\%$，由(1)式计算得：$NPV=-37.155\ 5$

因此，使 $NPV=0$ 的 i 必在 22%～24%之间，如表 7-5 所示：

表 7-5 单位：万元

i	NPV
22%	16.463
x	0
24%	−37.155 5

用内插法有：

$$\frac{x-22\%}{24\%-22\%}=\frac{0-16.463}{-37.155\ 5-16.463}$$

解之，得 $x=22.614\%$

上面的数据我们可以用一条曲线来反映投资项目的净现值随贴现率变化的情况，此曲线称为项目的 NPV 曲线(NPV profile)，如图 7-2 所示，横坐标为贴现率，纵坐标为投资项目的净现值。

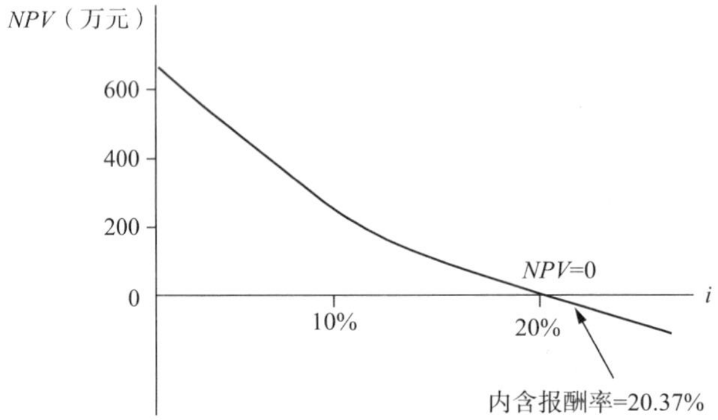

图 7-2 投资项目的净现值曲线

图 7-2 曲线反映了投资项目的净现值随贴现率的变化关系。当贴现率增加时，投资项目的净现值降低，因为投资预期的现金流量在不断增加的更高比率下折现。净现值曲线与横坐标相交点处，投资项目的净现值等于零。在这一点，用于计算投资项目净现值的贴现率肯定等于投资项目的内含报酬率(因为内含报酬率是净现值等于零时的贴现率)，这一贴现率是 22.614%。

采用内含报酬率进行项目判断的标准是：

(1) IRR＞必要报酬率，方案可行；IRR＜必要报酬率，方案不可行；

(2) 如果存在多个独立投资机会，则 IRR 大的优先。

根据[例 7－6]的计算，可清楚地看到：当贴现率(资本成本)低于 22.614%时，*NPV* 为正；贴现率高于 22.614%时，项目的 *NPV* 为负。换句话说，当 *NPV* 为正时，内含报酬率高于资本成本；当 *NPV* 为负时，内含报酬率低于资本成本。净现值法和内含报酬率法得出的结论是相同的。

但内含报酬率法可能不可靠，在下列两种情况下，它有时可能提供错误的投资决策：①企业在选择两个互斥的投资时(即两个投资不可能同时接受；若接受其中一个，必须放弃另一个)；②投资现金流特性的变化不止一次(即未来的现金流序列至少包括一次从正的现金流向负的现金流的变化)。

尽管内含报酬率法有它的缺陷，但管理者仍普遍喜欢使用。一个原因是计算项目的内含报酬率只要求简单地输入项目预期产生的现金流量，没有必要估计项目的资本成本，而计算项目的净现值既要估计预期的现金流量序列，又要估计资本成本。但是，应用内含报酬率法要求两个因素都考虑。为了决定是否投资，管理者必须对项目的内含报酬率和资本成本进行比较，这样，尽管计算内含报酬率时没有必要知道项目的资本成本，但当决定是否采纳项目时，仍需要知道资本成本。

内含报酬率法的优点是：当项目的资本成本不确定时(内含报酬率的计算不需要知道资本成本)，估算项目的内含报酬率要比估算净现值容易，接着，在确定了一个合适的要求报酬率后，决定是接受或拒绝该项目。使用内含报酬率比使用净现值更容易反映项目的潜在获利能力。

用内含报酬率法要求的同样信息可以估计项目的净现值，因此都应该计算。当两种方法得出同样的建议时，用项目的内含报酬率代替净现值；当分析结果显示两种方法存在矛盾时，应该相信净现值法的结论。

二、非贴现的分析评价方法

(一) 投资回收期法(payback period)

投资回收期法是根据投资回收期的大小来评价投资方案优劣的一种方法。所谓投资回收期，是指项目预期的现金流量总额等于项目初始现金流出所需要的时间(通常以几年来表示)。换句话说，投资回收期是企业收回初始投资所需要的时间，它有“包括建设期的投资回收期(PP)”和“不包括建设期的投资回收期(PP′)”两种形式。

确定投资回收期指标可采用以下两种方法：

(1) 如果某一项目的投资均集中发生在建设期内，投产后各年经营净现金流量相等，可按以下简化公式直接计算不包括建设期的投资回收期：

$$不包括建设期的回收期(PP')=原始总投资\div投产后若干年相等的净现金流量$$

$$包括建设期的回收期=不包括建设期的回收期+建设期$$

(2) 通过列表计算“累计净现金流量”的方式，来确定包括建设期的投资回收期，进而再推算出不包括建设期的投资回收期的方法。因为不论在什么情况下，都可以通过这种方法来确定静态投资回收期，因此，此法又称为一般方法。

该法的原理是：按照回收期的定义，包括建设期的投资回收期 PP 满足以下关系式，即：

$$\sum_{t=0}^{PP} NCF_t = 0$$

这表明在现金流量表的“累计净现金流量”一栏中，包括建设期的投资回收期 PP 恰好是累计净现金流量为零的年限。如果无法在“累计净现金流量”栏中找到零，必须按下式计算包括建设期的投资回收期 PP：

$$包括建设期的投资回收期(PP)=\begin{matrix}最后一项为负值的累计\\净现金流量对应的年数\end{matrix}+\frac{该年末尚未回收的投资}{下年净现金流量}$$

[例 7-7] 资料如[例 7-2]，用投资回收期法对该项目进行可行性评价。

根据[例 7—2]资料，整理得到表 7-6。

表 7-6

项目 \ t	0	1	2	3	4
NCF_t	−1 200	392.5	392.5	392.5	392.5
$\sum_{t=0}^{t}$	−1 200	−807.5	−415	−22.5	370

投资回收期(PP)=3+22.5÷392.5=3.057 年。

企业一般会确定一个回收期标准，如果某方案的回收期与标准比，较短，该方案就可行，否则不可行。如果几个方案都达到回收期标准，并且只能选择一个方案时，应该选择回收期最短的方案。

[例 7-7]中，如果标准回收期为 2.5 年，则该项目不符合标准。

投资回收期法的优点：

(1) 计算简便，易于理解；

(2) 能显示出各方案的相对风险；

(3) 能衡量出各投入资本的回收速度，即变现能力，对资金短缺的企业很实用。

投资回收期法的缺点：

(1) 忽略了现金流发生的时间，没有考虑货币的时间价值；

(2) 忽略了回收期后的现金流量，注重短期行为，忽视投资的长期收益。

(二) 投资报酬率法(记作 ROI)

投资报酬率法，是根据投资报酬率的大小来评价投资方案优劣的一种方法。所谓投资报酬率，是指达产期正常年度净利润或年均净利润占投资总额的百分比。其计算公式为：

$$投资报酬率(ROI)=年净利润或年均净利润÷初始投资额×100\% \qquad (2)$$

上述计算公式的分子也可采用年均现金流量指标，即：

$$投资报酬率(ROI)=年均现金流量÷初始投资额×100\% \qquad (3)$$

[例 7-8] 资料如[例 7-2]，用投资报酬率法对该项目进行可行性评价。

根据[例 7-2]资料，按(2)式计算：

投资报酬率=202.5÷1 200×100%=16.875%

按(3)式计算:

$$投资报酬率=[(392.5+392.5+392.5+392.5+642.5)\div 5]\div 1\,200\times 100\%$$
$$=36.875\%$$

在进行投资决策时,应将投资方案的投资报酬率与企业预先确定的期望报酬率相比较,只有高于期望报酬率的方案才能采纳。而在有多个方案的互斥方案选择时,应选择投资报酬率最高的方案。

投资报酬率法的优点是计算简单;缺点是没有考虑货币时间价值因素,不能正确反映建设期长短及投资方式不同和回收额的有无等条件对项目的影响,分子、分母计算口径的可比性较差,同时,该法不能显示方案的相对风险。

第三节 投资决策实例分析

在投资决策分析中,可以采用的方法包括净现值法、净现值率法、差额内含报酬率法、年等量净回收额法等具体方法,主要方法的原理在上节已有详述,在此仅作简单回顾。净现值法,是通过比较所有投资方案的净现值指标的大小来选择最优方案,它适用于原始投资相同且项目计算期相等的多方案比较决策,在此法下,净现值最大的方案为优;净现值率法,是通过比较所有投资方案的净现值率指标的大小来选择最优方案,它适用于原始投资相同的多个互斥方案的比较决策,在此法下,净现值率最大的方案为优;至于差额内含报酬率法,是在计算两个原始投资额不同方案的差量净现金流量的基础上,计算出差额内含报酬率,并将其与设定贴现率进行比较,进而判断方案孰优孰劣,它适用于原始投资不相同的多方案比较决策;而年等量净回收额法,是通过比较所有投资方案的年等量净回收额指标的大小来选择最优方案,它适用于原始投资不相同、特别是项目计算期不同的多方案比较决策,在此法下,年等量净回收额最大的方案为优。

一、不同规模的项目比较

假设不同规模的项目是互斥的,企业只能选择其中之一,它分为使用年限相等和使用年限不等两种情况。

(一) 使用年限相等的不同规模的项目比较

[例 7-9] 瑞德企业准备购入设备扩充生产能力。现有 A、B 两个方案可供选择。A 方案需要投资 600 万元,使用寿命 5 年,采用直线法折旧,5 年后设备无残值。5 年中每年销售收入为 300 万元,每年的付现成本为 100 万元。B 方案需固定资产投资 720 万元,需要垫支流动资金 60 万元。固定资产采用直线法计提折旧,使用寿命也是 5 年,5 年后有残值收入 120 万元。5 年中每年收入 340 万元,付现成本第一年为 120 万元,以后随着设备日益陈旧,逐年将增加修理费用 3 万元。假设所得税率为 25%,资本成本率为 10%。

要求:试判断应选择哪个方案?

分析:这个题目的关键是要分析出各个方案的现金流量。由于各个方案都有现金流入量和现金流出量,所以可以采用项目评价的各种方法。在此,我们用净现值法进行分析比较。

先用现金流量计算表分析出各个方案的现金流入量和现金流出量,两个方案现金流量计算如表 7－7 所示：

表 7－7　　单位：万元

A 方案						
项目 \ t	0	1	2	3	4	5
现金流出	－600					
营业收入		300	300	300	300	300
付现成本		100	100	100	100	100
折旧		120	120	120	120	120
营业利润		80	80	80	80	80
所得税		20	20	20	20	20
净利润		60	60	60	60	60
营业现金流入		180	180	180	180	180
净现值	180×3.791－600＝82.38					
B 方案						
项目 \ t	0	1	2	3	4	5
现金流出	－(720＋60)					
现金流入						
营业收入		340	340	340	340	340
付现成本		120	123	126	129	132
折旧		120	120	120	120	120
营业利润		100	97	94	91	88
所得税		25	24.25	23.5	22.75	22
净利润		75	72.75	70.5	68.25	66
营业现金流入		195	192.75	190.5	188.25	186
系数(10%)	1	0.909	0.826	0.751	0.683	0.621
营业现金流入现值	－780	177.255	159.211 5	143.065 5	128.574 8	115.506
残值收入现值	120×0.621＝74.52					
回收流动资金现值	60×0.621＝37.26					
净现值	55.39					

由以上计算可以看出，A 方案的净现值为 82.38 万元，B 方案的净现值为 55.39 万元，因此，A 方案为优。

(二) 使用年限不相等的不同规模的项目比较

我们现在来考虑企业必须在使用年限不同(即不同寿命期)的投资中作出选择。

[例 7－10]　假设瑞德企业必须决定购买机器甲还是机器乙。机器甲成本为 800 万元，有效寿命是两年，每年的维护成本是 40 万元，假定运营两年后设备无残值。机器乙成本 1 200

万元，有效寿命是四年，每年的维护成本是 30 万元，四年之后也无残值。机器乙比机器甲贵 50%，但有效寿命是机器甲的 2 倍，每年的维护成本也较低。预计两台机器能产生等量的年现金流入。请分析企业管理层应该购买哪台机器？

分析：如果这两台机器能产生等量的未来现金流入量，那么，全部成本现值较低的一个就应优先选择。问题在于这两台机器有不同的寿命期，机器甲可使用两年，而机器乙可维持四年，除非两台机器运营的时间相同，否则它们之间的比较就是毫无意义的。这样，我们假定第二年末，企业将重购一台新的机器甲，可使用两年。通过这种方法，我们就能够将两台总共可延续四年的机器甲与一台机器乙进行对比。假定这种类型的成本分析适用的资本成本为 10%，与两台机器甲和一台机器乙有关的现金流出序列及它们在资本成本为 10% 情况下的现值在表 7－8 中给出。在跨越相同使用年限下，两台机器甲连续使用的总成本的现值(1 587.95 万元)高于单独一台机器乙全部成本的现值(1 295.09 万元)，企业应该购买机器乙，尽管它更贵。单独购买一台机器甲所用成本总和的现值为 869.4 万元(800＋36.36＋40×0.826)，如果企业将这个成本与机器乙的成本(1 295.09 万元)相比较，就会发现机器甲更便宜，从而会做出错误的购买决策。有关计算见表 7－8。

表 7－8

单位：万元

t	两台机器甲连续使用				一台机器乙	
	现金流出				现金流出	
	机器 1	机器 2	总计	现值(资本成本 10%)		现值(资本成本 10%)
0	－800		－800	－800	－1 200	－1 200
1	－40		－40	－36.36	－30	－27.27
2	－40	－800	－840	－694.22	－30	－24.79
3		－40	－40	－30.05	－30	－22.54
4		－40	－40	－27.32	－30	－20.49
成本的现值				－1 587.95	成本的现值	－1 295.09

但是，如果机器乙有效寿命为 5 年，机器甲只有 3 年的寿命期，我们要按照上面的思路进行分析的话，就需要将 5 台机器甲连续使用与 3 台机器乙连续使用，使其都具有 15 年使用年限的情况下进行对比。幸运的是，有一条捷径可以使我们避免这些繁琐的计算。我们将每台机器的现金流出序列总和转换为与其具有相同现值的等量年现金流序列(称为固定年等量现金流，也称年平均成本)，然后，我们只要简单地比较年平均成本的大小，企业应该选择年平均成本最低的机器。具体计算与后面的[例 7－12]雷同。

上面讨论的基点是，可供选择的机器能产生等量的未来现金流入量，那么，我们比较的基础是成本。若可供选择的机器能产生的未来现金流入量不等，那么我们除了要考虑成本，还要考虑未来现金流入量。

[例 7－11] 瑞德企业计划增添设备一台，有 A、B 两个方案可供选择，其中：A 方案为以 20 万元购买旧机器一台，账面净值也为 20 万元，预计可使用 2 年，期末无残值，且该机器每年可生产产品 10 万件；B 方案为购买新机器一台，价款 100 万元，预计可使用 5 年，期末无残值，且该新机器每年的产量为 20 万件，若单位产品售价皆为 5 元，单位变动成本为 3 元，并采用直线法计提折旧，假设所得税率为 25%，资本成本率为 10%，请分析企业管理层应如何决策。

我们考虑采用净现值法进行分析，计算如下：

(1) A 方案

1～2 年年折旧额＝20÷2＝10(万元)

1～2 年年现金净流量 ＝(5×10－3×10－10)×(1－25%)＋10＝17.5(万元)

净现值＝17.5×(*P*/*A*,10%,2)－20＝17.5×1.736－20＝10.38(万元)

(2) B 方案

1～5 年年折旧额＝100÷5＝20(万元)

1～5 年年现金净流量＝(5×20－3×20－20)×(1－25%)＋20＝35(万元)

净现值＝35×(*P*/*A*,10%,5)－100 ＝35×3.791－100＝32.685(万元)

上面的计算结果，A 方案净现值 10.38 万元与 B 方案净现值 32.685 万元是否可比，答案是否定的。问题在于这两台机器有不同的寿命期，机器 A 可使用 2 年而机器 B 可维持 5 年。为解决这个问题，我们可以沿用[例 7－10]中提到的“捷径”，即将每台机器的现金流序列总和转换为与其具有相同现值的等量年现金流序列，在此，我们将“等量年现金流”称为“年净回收额”。公式列示如下：

$$\text{年净回收额}=\frac{\text{净现值}}{\text{年金现值系数}}$$

(1) A 方案

$$\text{年净回收额}=\frac{10.38}{(P/A,10\%,2)}=\frac{10.38}{1.736}=5.98(\text{万元})$$

(2) B 方案

$$\text{年净回收额}=\frac{32.685}{(P/A,10\%,5)}=\frac{32.685}{3.791}=8.62(\text{万元})$$

方案 A 产生的现金流序列总额的 2 年期等量年净回收额为 5.98 万元，方案 B 产生的现金流序列总额的 5 年期等量年净回收额为 8.62 万元，所以，应该选择方案 B。方案 B 可以由年净回收额为 8.62 万元的一无穷系列的机器代替，而方案 A 也可以由年净回收额为 5.98 万元的一无穷系列的机器代替。

二、固定资产更新决策

固定资产更新，是指对技术上或经济上不宜继续使用的旧资产用新的资产更换，或用先进的技术对原有设备进行局部改造。

固定资产更新决策主要研究两个问题：

(1) 决定是否更新，即继续使用旧设备还是更换新设备。

(2) 如果更新，则应该选择什么样的资产来更新。

实际上这是一个问题的两个方面。如果市场上没有比现有设备更适用的设备，那么就继续使用旧设备。由于旧设备总可以通过修理继续使用，所以，更新决策是继续使用旧设备与购置新设备的选择。

总的来说，固定资产更新决策分析可以分为使用年限相等和使用年限不等两种情况。

(一) 使用年限相等的更新决策

所谓使用年限相等，是指更换的新设备与旧设备可继续使用的年限相等。因此，我们可以采用上面[例 7－9]的方法——用净现值法，选净现值大的方案为优；或者，我们也可以采用差量分析法，在计算不同方案的差量净现金流量的基础上，计算出差额净现值来判断方案孰优孰劣；或在差量净现金流量的基础上，计算差额内含报酬率，并将差额内含报酬率与设定贴现率进行比较，进而判断方案孰优孰劣。

(二) 使用年限不等的更新决策

大部分固定资产更新决策都涉及使用年限不相等。使用年限不等，就不能直接用净现值法、净现值率法、差额内含报酬率法等。在这种情况下，我们可以考虑用等量年现金流序列法(［例7-10］中提到)，若更新不影响未来现金流入，那么可用年平均成本法，比较年平均成本，取年平均成本小的方案为优；若更新影响未来现金流入，那么可用年净回收额法(如［例7-11］)，比较年净回收额，取年净回收额大的方案为优。

［例7-12］ 某企业拟用新设备取代原旧设备，新旧设备的详细资料如表7-9所示：

表7-9

单位：元

项　目	旧设备	新设备
原价	80 000	100 000
税法规定残值(10%)	8 000	10 000
规定使用年数	6	4
已使用年数	3	0
尚可使用年数	3	4
每年操作成本	8 000	5 000
最终报废残值	9 000	6 000
现行市价	20 000	100 000
每年折旧	12 000	22 500

已知所得税率为25%，请分析该企业是否进行设备更新(假设企业最低报酬率为10%)。

分析：有关计算如表7-10所示：

表7-10

单位：元

项目	现金流量	时间(年次)	系数(10%)	现值
继续使用旧设备				
旧设备变现价值	(20 000)	0	1.000	(20 000)
旧设备变现损失减税	(20 000－44 000)×0.25＝(6 000)	0	1.000	(6 000)
每年操作成本	8 000×(1－0.25)＝(6 000)	1—3	2.487	(14 922)
折旧抵税	12 000×0.25＝3 000	1—3	2.487	7 461
残值变现收入	9 000	3	0.751	6 759
残值变现净收入纳税	(9 000－8 000)×0.25＝(250)	3	0.751	(187.75)
合计				(26 889.75)
更换新设备				
设备投资	(100 000)	0	1.000	(100 000)
每年付现操作成本	5 000×(1－0.25)＝(3 750)	1—4	3.170	(11 887.5)
折旧抵税	22 500×0.25＝5 625	1—4	3.170	17 831.25
残值收入	6 000	4	0.683	4 098
残值变现净收入抵税	(10 000－6 000)×0.25＝1 000	4	0.683	683
合计				(89 275.25)

由表 7－10 中计算可知，继续使用旧设备，现金流出总现值为 26 889.75 元，而更换新设备，现金流出总现值为 89 275.25 元，但两设备可使用年限不同，因此，不能直接比较，应转化为年平均成本进行比较。

旧设备年平均成本＝26 889.75÷2.487＝10 812.12(元)

新设备年平均成本＝89 275.25÷3.17＝28 162.54(元)

二者比较，旧设备年平均成本较低，故应继续使用旧设备。

第四节　投资的风险处置

前面的分析，我们都假设项目的现金流量是可以确知的，但实际上投资项目总是有风险的，项目未来现金流量总会具有某种程度的不确定性。如何处置项目的风险是一个很复杂的问题，必须非常小心。

对项目的风险有两种处置方法：一种是调整现金流量法，另一种是风险调整贴现率法。前者是缩小净现值模型的分子，使净现值减少；后者是扩大净现值模型的分母，也可以使净现值减少。

一、调整现金流量法

调整现金流量法，是把不确定的现金流量调整到确定的现金流量，然后用无风险的报酬率作为贴现率计算净现值。

$$\text{风险调整后净现值} = \sum_{t=0}^{n} \frac{a_t \times \text{现金流量期望值}}{(1+\text{无风险报酬率})^t}$$

其中：a_t 是 t 年现金流量的肯定当量系数，它在 0～1 之间。

肯定当量系数，是指不肯定的一元现金流量期望值相当于使投资者满意的肯定的金额的系数。它可以把各年不肯定的现金流量换算为肯定的现金流量。

我们知道，肯定的一元比不肯定的一元更受欢迎。不肯定的一元，只相当于不足一元的金额。两者的差额，与现金流的不确定性程度的高低有关。肯定当量系数是指预计现金流入量中使投资者满意的无风险的份额。利用肯定当量系数，可以把不肯定的现金流量折算成肯定的现金流量，或者说去掉了现金流中有风险的部分，使之成为“安全”的现金流。去掉的部分包含了各种风险，既有特殊风险也有系统风险，既有经营风险也有财务风险，剩下的是无风险的现金流量。由于现金流中已经消除了全部风险，相应的贴现率应当是无风险的报酬率。无风险报酬率可以根据国库券的利率确定。

[例 7－13]　当前的无风险报酬率为 3%。企业有两个投资机会，有关资料如表 7－11 所示。

调整前，A 项目的净现值较小；调整后，B 项目的净现值较小。不进行调整，就可能导致错误的判断。

表 7－11

A 项目						
年	现金流入量	肯定当量系数	肯定现金流入量	现值系数(3%)	未调整现值	调整后现值
0	－100 000	1	－100 000	1	－100 000	－100 000
1	78 000	0.9	70 200	0.952 4	74 287	66 858
2	78 000	0.8	62 400	0.907	70 746	56 597
3	78 000	0.7	54 600	0.863 8	67 376	47 163
4	78 000	0.6	46 800	0.822 7	64 171	38 502
5	78 000	0.5	39 000	0.783 5	61 113	30 557
净现值					237 693	139 678
B 项目						
年	现金流入量	肯定当量系数	肯定现金流入量	现值系数(3%)	未调整现值	调整后现值
0	－180 000	1	－180 000	1	－180 000	－180 000
1	99 000	0.9	89 100	0.952 4	94 288	84 859
2	99 000	0.8	79 200	0.907	89 793	71 834
3	99 000	0.7	69 300	0.863 8	85 516	59 861
4	99 000	0.6	59 400	0.822 7	81 447	48 868
5	99 000	0.5	49 500	0.783 5	77 567	38 783
净现值					248 611	124 206

二、风险调整贴现率法

风险调整贴现率法是更为实际、更为常用的风险处置方法。这种方法的基本思路是对高风险的项目，应当采用较高的贴现率计算净现值。

$$\text{调整后净现值} = \sum_{t=0}^{n} \frac{\text{预期现金流量}}{(1+\text{风险调整贴现率})^t}$$

风险调整贴现率是风险项目应当满足投资人要求的报酬率。项目的风险越大，要求的报酬率越高。这种方法的理论根据是资本资产定价模型。

$$\text{投资者要求的收益率} = \text{无风险报酬率} + \beta \times (\text{市场平均报酬率} - \text{无风险报酬率})$$

资本资产定价模型是在有效的证券市场中建立的，实物资本市场不可能像证券市场那样有效，但是基本逻辑关系是一样的。因此，上面的公式可以改为：

$$\text{项目要求的收益率} = \text{无风险报酬率} + \text{项目的}\beta \times (\text{市场平均报酬率} - \text{无风险报酬率})$$

[例 7－14] 当前的无风险报酬率为 3%，市场平均报酬率为 11%，A 项目的 β 值为 1.5，B 项目的 β 值为 0.75。

A 项目的风险调整贴现率＝3%＋1.5×(11%－3%)＝15%

B 项目的风险调整贴现率＝3%＋0.75×(11%－3%)＝9%

其他的有关数据如表 7－12 所示。

表 7－12

A 项目					
年	现金流量	现值系数(3%)	未调整现值	现值系数(15%)	调整后现值
0	－60 000	1.000 0	－60 000	1.000 0	－60 000
1	19 500	0.970 9	18 933	0.869 6	16 464
2	19 500	0.942 6	18 381	0.756 1	13 898
3	19 500	0.915 1	17 844	0.657 5	11 733
4	19 500	0.888 5	17 326	0.571 8	9 907
5	19 500	0.862 6	16 821	0.497 2	8 363
净现值			29 304		364
B 项目					
年	现金流入量	现值系数(3%)	未调整现值	现值系数(9%)	调整后现值
0	－70 500	1.000 0	－70 500	1	－70 500
1	21 000	0.970 9	20 389	0.917 4	18 705
2	21 000	0.942 6	19 795	0.841 7	16 661
3	21 000	0.915 1	19 217	0.772 2	14 839
4	21 000	0.888 5	18 659	0.708 4	13 218
5	21 000	0.862 6	18 115	0.649 9	11 773
净现值			25 674		4 696

如果不进行贴现率调整，两个项目差不多，A 项目比较好；调整以后，两个项目有明显差别，B 项目要好得多。

调整现金流量法在理论上受到好评。该方法对时间价值和风险价值分别进行调整，先调整风险，然后把肯定现金流量用无风险报酬率进行折现。对不同年份的现金流量，可以根据风险的差别，使用不同的肯定当量系数进行调整。

风险调整贴现率法在理论上受到好评，因其用单一的贴现率同时完成风险调整和时间调整。这种做法意味着风险随着时间的推移而加大，可能与事实不符，夸大了远期现金流量的风险。

从实务上看，经常应用的是风险调整贴现率法，主要原因是风险调整贴现率比肯定当量系数容易估计。此外，大部分财务决策都使用报酬率来决策，调整贴现率更符合人们的习惯。

解决了风险调整方法之后，剩下的任务只是确定项目的风险调整贴现率。不过，这是一个相当复杂的问题。

第五节　投资管理中的期权特征

投资决策是企业为了对若干可行性方案进行研究论证，或者对单一方案的可行性进行分析，运用一系列的科学理论、方法和手段，从若干个可行方案中选取最佳方案或确定某一方案是否可行的判断分析过程。传统的投资决策方法在本章第二节中已作详述，其主要是净现值法，该法以净现值的大小或正负为标准来选取最优方案或确定一个方案的可行性，其最大的缺陷在于忽视了企业投资管理过程中的柔性，即企业可根据投资环境的发展变化而做出相应的决策——当环境朝着有利于企业的方向发展时，企业可以决定开始投资或追加投资；当环境朝着不利于企业的方向发展时，企业也有放弃投资或紧缩原来投资规模的权利。

某企业可能因为拥有的专利技术、土地或某种特殊资源的使用权或所有权、市场地位等而获得了一些其他企业所无法获得的投资机会，这时，企业实际上拥有了一种看涨期权，该企业不必在该投资机会出现时就立即做出是否投资的决定，而是可以在该投资机会存在的有效期内（如专利技术的有效期）作适当的等待，等到投资环境的各种不确定性逐渐消失后，再做出投资与否的决定。在这个看涨期权中，企业作为这个看涨期权的买方，它所支付的期权费就是为拥有的专利技术、土地或某种特殊资源的使用权或所有权、市场地位而付出的代价，期权的约定价格就是这个投资项目所需要的初始投资额，期权的有效期就是这个投资机会存在的有效期。在这种情况下，当市场环境有利于该投资项目时，企业执行这个看涨期权——投资该项目后，它便获得了以后获取更大投资收益的权利；当市场环境不利于该投资项目时，企业可以不执行这个看涨期权——不投资该项目，那么，企业损失的只是获取上述特殊资源所付出的代价。

在另外一些情况下，某些投资项目需要进行部分先期投资，或者企业为了谨慎起见，先进行小规模的投资，待获取有关该项目的更多信息后，再做出是否进一步投资的决策。在先期投资完成之后，企业同样会拥有对该项目的看涨期权：先期投资的投资额相当于该期权的期权费，而进一步的投资额则相当于该期权的执行价格，自先期投资完成至进一步投资决策做出之日，即为该期权的有效期。

由此可见，在企业投资管理的项目中，大部分都具有期权的特征，那么，企业在进行相关项目的投资决策分析时，就不能仅仅以项目的净现值作为决策的依据，还要考虑这个项目是否具有期权的性质。在隐含有期权的项目决策中，要保证决策的正确性，就不应仅仅要求净现值大于零，而是应进一步要求项目的净现值要大于其所隐含的期权的价值，如果忽略了这一点，那么企业很可能做出错误的决策，导致企业丧失了有利的投资时机和因此而可能占有的市场份额。

本章小结

在长期投资决策中，现金流量是评价投资方案是否可行时必须事先计算的一个基础性数据，也是计算项目投资决策指标的主要依据。所谓现金流量，是指一个投资项目引起的企业现金支出和现金收入增加的数量，分为现金流出量、现金流入量和现金净流量三个概念。

考虑所得税对现金流量的影响时，要与折旧因素相联系，才能正确计算税后现金流量。在理解的基础上掌握三种计算税后现金流量的方法。

正确判断增量的现金流量要区分项目的相关成本与无关成本，不应忽视机会成本，还要考虑投资项目对企业其他部门以及对企业净营运资金的影响。

长期投资决策要运用各种投资决策指标进行比较，从中选取最优方案。作为评价项目投资方案的指标可分为贴现指标和非贴现指标两大类别。贴现指标主要有净现值、获利指数和内含报酬率，非贴现指标主要有投资回收期和投资报酬率。

长期投资决策可分为新建项目和更新改造项目两大类。新建项目的决策方法一般可采用净现值法或内含报酬率法等；若使用年限不相等的不同规模的项目比较，可采用年净回收额法进行决策。固定资产更新决策要考虑新旧设备的有效使用年限，若使用年限相等，可采用差量分析法进行决策；若使用年限不等，一般可采用年均成本法进行决策。

复习思考题

1. 什么是长期投资决策？长期投资决策有何特点？

2. 什么是现金流量？为什么长期投资决策要使用现金流量指标？

3. 什么是项目计算期？项目计算期具体包括哪些阶段？项目计算期不同阶段上的净现金流量各有什么特征？

4. 折旧和所得税对现金流量有何影响？税后营业现金流量有哪些计算公式？

5. 试对净现值、获利指数、内含报酬率三个指标进行比较评价。

6. 试对投资回收期和投资报酬率指标进行评价。

7. 使用年限相等的不同规模的项目比较一般采用什么方法？

8. 使用年限不相等的不同规模的项目比较一般可采用什么方法？

9. 为什么固定资产更新决策要考虑新旧设备的使用年限问题？

10. 使用年限不等的更新决策一般可采用什么方法？

练习题

一、单选题

1. 在长期投资决策中，固定资产原值等于(　　)。

A. 固定资产投资

B. 固定资产投资与流动资金投资之和

C. 固定资产投资＋资本化利息＋流动资金投资

D. 固定资产投资与资本化利息之和

2. 投资项目的建设起点与终结点之间的时间间隔称为(　　)。

A. 项目计算期　　B. 生产经营期　　C. 建设期　　D. 试产期

3. 在项目投资决策的现金流量分析中使用的“经营成本”是指(　　)。

A. 变动成本　　B. 付现成本　　C. 全部成本　　D. 固定成本

4. 某固定资产投资项目经营期某年的总成本费用为 100 万元，当年与该项目有关的固定资产折旧为 30 万元，上缴所得税 20 万元，则该年的经营成本等于(　　)。

A. 40 万元　　B. 50 万元　　C. 60 万元　　D. 70 万元

5. 已知某投资项目的某年营业收入为 140 万元，该年经营成本为 70 万元，该年折旧为 30 万元，所得税率为 25%。据此计算的该年经营净现金流量为(　　)。

A. 100 万元　　B. 70 万元　　C. 60 万元　　D. 24 万元

6. 当某方案的净现值大于零时,其内含报酬率(　　)。

A. 可能小于零　　B. 一定等于零

C. 一定大于设定贴现率　　D. 可能等于设定贴现率

7. 如果其他因素不变,一旦提高贴现率,则下列指标中其数值将会变小的是(　　)。

A. 净现值　　B. 投资利润率　　C. 内含报酬率　　D. 投资回收期

8. 包括建设期的投资回收期恰好是(　　)。

A. 净现值为零时的年限　　B. 净现金流量为零时的年限

C. 累计净现值为零时的年限　　D. 累计净现金流量为零时的年限

9. 下列长期投资决策评价指标中,其数值越小越好的指标是(　　)。

A. 净现值　　B. 投资回收期　　C. 内含报酬率　　D. 投资利润率

10. 在只有一个投资项目可供选择的条件下,如果该项目不具有财务可行性,则必然会存在的一种情况是(　　)。

A. 净现值 NPV>0　　B. 获利指数 PI>1

C. 净现值 NPV<0　　D. 内含报酬率 IRR>设定贴现率 i_c

11. 假设某投资项目在其寿命期内现金流量如下,则投资回收期为(　　)。

年份	0	1	2	3	4
现金净流量	−20	3	7	8	10

A. 3 年　　B. 3.1 年　　C. 3.2 年　　D. 4 年

12. 现有某投资项目,贴现率为 10%时净现值为 4 520 元,贴现率为 12%时净现值为 −680 元,则该项目的内含报酬率为(　　)。

A. 9.26%　　B. 10.35%　　C. 11.72%　　D. 12.35%

二、多选题

1. 下列项目中,属于长期投资特点的有(　　)。

A. 投资额大　　B. 影响持续时间长　　C. 资金回收慢　　D. 风险大

2. 下列项目中,属于建设期可能发生的投资包括(　　)。

A. 固定资产投资　　B. 无形资产投资　　C. 流动资金投资　　D. 开办费投资

3. 在建设起点至终结点之间的全部时间间隔中,包括(　　)。

A. 建设期　　B. 投产期　　C. 达产期　　D. 经营期

4. 按长期投资项目的类型分类,可将工业企业投资项目分为(　　)。

A. 单纯固定资产投资项目　　B. 完整工业投资项目

C. 更新改造投资项目　　D. 控股合并投资项目

5. 完整的工业投资项目有可能同时涉及的内容有(　　)。

A. 固定资产投资　　B. 无形资产投资　　C. 流动资金投资　　D. 开办费投资

6. 下列各项中,可能构成完整工业投资项目终结点净现金流量组成内容的有(　　)。

A. 第 n 年归还的借款本金　　B. 第 n 年的净利润

C. 第 n 年回收的流动资金　　D. 第 n 年固定资产的净残值

7. 下列指标中,可以直接依据项目净现金流量信息计算出来的有(　　)。

A. 投资利润率　　B. 投资回收期　　C. 净现值　　D. 获利指数

8. 下列长期投资决策评价指标中，需要以已知的行业基准贴现率作为计算依据的包括(　　)。

A. 净现值　　B. 获利指数　　C. 内含报酬率　　D. 投资利润率

9. 在单一的独立投资项目中，当一项投资方案的净现值小于零时，表明该方案(　　)。

A. 获利指数小于 1　　B. 不具备财务可行性

C. 净现值小于零　　D. 内含报酬率小于行业基准贴现率

10. 利用评价指标对进行单一的独立投资项目财务可行性评价时，能够得出完全相同结论的指标有(　　)。

A. 净现值　　B. 投资回收期　　C. 获利指数　　D. 内含报酬率

三、判断题

1. 管理会计研究的长期投资决策通常会对企业本身未来的生产经营能力和创利能力产生直接的影响。

2. 流动资金的首次投资必须发生在建设期末。

3. 只有在经营期才存在净现金流量。

4. 在全投资假设条件下，无论是计入财务费用的经营期利息费用，还是计入固定资产原值的建设期资本化利息，都不属于现金流出量的内容。

5. 无论在什么情况下，都可以采用列表法直接求得不包括建设期的投资回收期。

6. 如果某投资方案净现值指标大于零，则该方案的投资回收期一定小于基准回收期。

四、计算题

1. 假设某公司计划开发一种新产品，该产品的寿命期为 5 年，开发新产品的成本及预计收入为：需投资固定资产 240 000 元，5 年后可收回固定资产残值 30 000 元，用直线法提折旧。需垫支流动资金 200 000 元，投产后，预计每年的销售收入可达 240 000 元，每年需支付直接材料、直接人工等变动成本 128 000 元，每年的设备维修费为 10 000，适用的所得税税率为 25%。要求：请用净现值法对该项新产品是否开发作出分析评价。(公司要求的投资报酬率为 10%)

2. 华远公司拟购入一设备以扩充生产能力。现有甲、乙两个方案可供选择，甲方案需投资 20 000 万元，建设期为 1 年，建设期资本化利息 1 000 万元。投产日起需垫支流动资金 3 000 万元，设备使用寿命 4 年，采用直线法计提折旧，假设设备期末无残值，设备投产后每年销售收入 15 000 万元，每年付现成本 3 000 万元，乙方案需投资 20 000 万元，采用直线法计提折旧，使用寿命 5 年，5 年后设备无残值。5 年中每年的销售收入 11 000 万元，付现经营成本第一年 4 000 万元，以后逐年增加修理费 200 万元，假设所得税税率 25%，投资人要求的必要收益率为 10%。

(1) 计算两个方案的净现金流量；

(2) 计算两个方案的投资回收期、投资报酬率；

(3) 计算两个方案的净现值、获利指数。

3. 某公司有一投资项目，原始投资 250 万元，其中设备投资 220 万元，开办费 6 万元，垫支流动资金 24 万元。该项目建设期为 1 年，建设期资本化利息 10 万元。设备投资和开办费于建设起点投入，流动资金于设备投产日垫支。该项目寿命期为5年，按直线法折旧，预计残值为10万元，开办费于投产后分3年摊销。预计项目投产后第1年可获息税前利润80万元，以后每年递增6.67万元。该公司适用的所得税税率为25%，该公司要求的最低报酬率为10%。

相关复利现值系数表如下：

期数 利率	1	2	3	4	5	6
10%	0.909 1	0.826 4	0.751 3	0.683 0	0.620 9	0.564 5
24%	0.806 5	0.650 4	0.524 5	0.423 0	0.341 1	0.275 1
26%	0.793 6	0.629 9	0.499 9	0.396 8	0.314 9	0.249 9

要求：(1) 计算该项目各年现金净流量，并填写下表。

年限 项目	1	2	3	4	5	6
设备投资						
开办费投资						
垫支流动资金						
息前税后利润						
年折旧						
开办费摊销						
残值收入						
收回流动资金						
现金净流量						

(2) 计算该项目回收期，投资报酬率。

(3) 计算该项目净现值和内含报酬率。

参考答案

一、单选题

1.D 2.A 3.B 4.D 5.C 6.C 7.A 8.D 9.B 10.C 11.C 12.C

二、多选题

1.ABCD 2.ABCD 3.ABCD 4.ABC 5.ABCD 6.BCD 7.BCD 8.AB 9.ABCD 10.ACD

三、判断题

1.√ 2.√ 3.× 4.√ 5.× 6.×

四、计算题

1. 年折旧=(240 000−30 000)/5=42 000(元)

第1至第4年每年的经营现金净流量=(240 000−128 000−10 000)×(1−25%)+42 000×25%=87 000(元)

第5年的现金净流量=87 000+30 000+200 000=317 000(元)

净现值=−240 000−200 000+87 000×(P/A,10%,4)+317 000×(P/S,10%,5)

=−240 000−200 000+87 000×3.170+317 000×0.621

=−240 000−200 000+275 790+196 857=32 647(元)

由于该项目的净现值大于零,故可行。

2.(1) 甲方案的设备原值=20 000+1 000=21 000(万元)

甲方案每年折旧=21 000/4=5 250(万元)

乙方案每年折旧=20 000/5=4 000(万元)

甲方案每年息税前利润=15 000−3 000−5 250=6 750(万元)

甲方案每年净现金流量:

NCF_0=−20 000(万元)

NCF_1=−3 000(万元)

NCF_{2-4}=6 750×(1−25%)+5 250=10 312.5(万元)

NCF_5=10 312.5+3 000=13 312.5(万元)

乙方案每年净现金流量:

NCF_0=−20 000(万元)

NCF_1=3 000×(1−25%)+4 000=6 250(万元)

NCF_2=2 800×(1−25%)+4 000=6 100(万元)

NCF_3=2 600×(1−25%)+4 000=5 950(万元)

NCF_4=2 400×(1−25%)+4 000=5 800(万元)

NCF_5=2 200×(1−25%)+4 000=5 650(万元)

(2) 甲方案:

投资回收期=3+2 375/10 312.5=3.23(年)

投资报酬率=6 750×(1−25%)/(21 000+3 000)=21.09%

乙方案:

投资回收期=3+1 700/5 800=3.29(年)

年均净利润=(3 000+2 800+2 600+2 400+2 200)×(1−25%)/5

=1 950(万元)

投资报酬率=1 950/20 000=9.75%

(3) 甲方案净现值=−20 000−3 000×(P/F,10%,1)+10 312.5×(P/A,10%,3)×(P/F,10%,1)+13 312.5×(P/F,10%,5)

=8 854.29(万元)

甲方案获利指数=8 854.29/(20 000+3 000×0.909 1)=38.96%

乙方案净现值=2 656.535(万元)

时间	各年净现金流量	现值系数	现值
0	－20 000	1	－20 000
1	6 250	0.909 1	5 681.875
2	6 100	0.825 4	5 034.940
3	5 950	0.751 3	4 470.235
4	5 800	0.683 0	3 961.400
5	5 650	0.620 9	3 508.085
现金流量现值合计	—	—	2 656.535

乙方案获利指数＝2 656.535/20 000＝13.28％

3.(1) 各年现金净流量

项目 \ 年限	0	1	2	3	4	5	6
设备投资	－220						
开办费投资	－6						
垫支流动资金		－24					
息前税后利润			60	65	70	75	80
年折旧			44	44	44	44	44
开办费摊销			2	2	2		
残值收入							10
收回流动资金							24
现金净流量	－226	－24	106	111	116	119	158

(2) 该项目回收期＝3＋(226＋24－106－111)/116＝3.28(年)

投资报酬率＝[(80＋86.67＋93.34＋100.01＋106.68)(1－25％)/5]/260＝26.93％

(3) 该项目净现值＝－266－24×(P/F,10％,1)＋106×(P/F,10％,2)
＋111×(P/F,10％,3)＋116×(P/F,10％,4)
＋119×(P/F,10％,5)＋158×(P/F,10％,6)
＝165.48(元)

该项目净现值大于0,为可行方案。

假设利率为24％,

净现值＝－266－24×(P/F,24％,1)＋106×(P/F,24％,2)＋111×(P/F,24％,3)
＋116×(P/F,24％,4)＋119×(P/F,24％,5)＋158×(P/F,24％,6)
＝14.93(元)

假设利率为26％,

净现值＝－266－24×(P/F,26％,1)＋106×(P/F,26％,2)＋111×(P/F,26％,3)
＋116×(P/F,26％,4)＋119×(P/F,26％,5)＋158×(P/F,26％,6)
＝－0.20(元)

(IRR－24％)/(26％－24％)＝(0－14.93)/(－0.20－14.93)

内含报酬率 IRR＝25.97％

第八章 全面预算

第一节 战略与预算

一、企业战略与预算之间的关系

从字面上讲，预算就是预先做打算。安达信公司“全球最佳实物数据库”认为，“预算是一种系统的方法，用来分配企业的财务、实物及人力等资源，以实现企业既定的战略目标。企业可以通过预算来监控战略目标的实施进度，从而找出预算差异形成的原因，有助于企业控制开支，并预测企业的现金流量与利润。”《企业财务通则》第十一条规定：“企业应当建立财务预算管理制度，以现金流为核心，按照实现企业价值最大化等财务目标的要求，对资金筹集、资产营运、成本控制、收益分配、重组清算等财务活动实施全面的预算管理。”从上述定义可以看出，预算就是以货币作为计量手段，根据企业战略对未来一定期间的生产经营活动所作出的具体规划。

企业战略目标是对企业战略经营活动预期取得的主要成果的期望值。战略是企业的灵魂，是企业的精神所在，在整个现代企业管理中居于中心地位，起着主导性、决定性的作用，其他管理体系都应服从、支持企业战略的需要。其中，预算体系与企业战略计划之间的关系是密不可分的，企业在制定了战略目标后，就需要将详细的战略计划转换成为内容详尽的经营计划，也就是这里所说的预算。预算将战略计划的可能效果反馈给管理者，管理者据此信息对所做的战略计划进行修正。所以，预算是由企业的战略计划逐渐发展而来的，是企业战略实施的具体体现。

预算的主要目的除了规划外，还有另一个相对重要的方面是控制。预算体系的一项最主要的任务是规划和制定企业的经营目标，并将其与实际产生出来的结果进行比较。通常而言，实际结果与预算之间是有差异的。因此，有必要分析这种差异产生的原因，并采取相应的措施，这一比较就体现出预算的控制功能。

二、预算的意义及作用

预算是经验决策和长期决策目标的一种数量表现，即通过相关的数据，将企业全部经营活动的各项目标具体、系统地反映出来。

预算能提供沟通企业内部各层次的重要信息。通过编制预算，有助于使各部门都有自己明确的工作任务，协调各部门之间的工作，从而使对员工工作业绩的评价有了可观的标准，主要表现在以下几个方面。

1. 明确工作任务

预算是决策目标的具体化，通过编制预算，企业内部各部门可以明确各自具体的工作任务和要达到的最终目标，明确在自身工作岗位上所必须达到的水平，努力工作，从而使工作能在总目标和具体目标行动计划的指导下有条不紊地进行。

2. 协调和沟通各部门之间的工作

在现代化的经营条件下，若要实现企业的经营目标，不能只考虑部门自身局部的利益，单靠某个或某几个部门的努力是远远不够的，它需要企业内部各个部门组成一个有机的整体，从整体出发，密切配合、相互协调、均衡发展，从而达到正确处理企业内部各部门之间的相互关系、减少内部矛盾的目的。

3. 对企业日常经济活动进行有效控制

在预算的执行过程中，各部门通过对比、分析，可以及时了解实际脱离预算的差异，以便总结经验，采取有效的措施，及时纠正偏差，从而使各项经济活动经常处于预算指标的控制之下，保证企业总目标的实现。

4. 衡量工作业绩

企业经营目标的实现，需要对各部门所承担的工作任务定期地进行检查和考核，通过实际完成预计情况的考核，可以对各部门的工作业绩进行评价，发现薄弱环节，采取必要的措施予以纠正。

5. 激励

在预算的编制过程中，有企业各部门人员的参与，可以发挥每个人的积极性，以确保预算能够顺利的执行。

三、预算编制的原则

企业在编制预算时，一般须遵循以下原则：

1. 以明确的经营目标为前提

企业通过科学的经济预测，做出决策，制定目标利润，然后再确定成本目标，以此控制企业各方面的费用开支。

2. 以销售预算为中心

企业首先确定各种产品的销售量，编制销售预算，由此确定生产量、采购量等，这样可以使企业的供、产、销有机地结合起来，达到协调平衡。

3. 以科学的方法为手段

编制预算时，既要全面、系统地反映企业各部门的预算目标，保证目标的实现；又要考虑可能发生的各种情况，采用弹性预算等各种科学的编制方法，发挥预算的控制作用，从而保证企业总目标的实现。

4. 预算要全面、完整

凡是影响企业目标实现的业务、事项，均应以货币或其他计量形式具体地加以反映，尽量做到周详地考虑问题，确保目标的实现。预算各指标之间的勾稽关系要做到明确、清晰，以保证整个预算的综合平衡。

5. 预算既要符合企业实际，又要留有余地

预算的编制，要从企业现有的人力、物力和财力出发，充分考虑客观环境和经济资源的最

大可能，估计可能达到的经营目标，任何背离企业经营目标、超越现实物质条件的预算都难以实现。为了应对实际工作中各种不确定因素的发生，在编制预算时，有必要留有余地，使各项预算指标具有一定的伸缩性，以应付情况的千变万化，给未来的生产经营活动保留必要的灵活性。

四、预算编制的程序

编制经营预算与财务预算的期间，通常以一年为期，使预算期间与会计年度相一致，便于预算执行结果的分析、评价和考核。企业在编制每年预算的过程中，一般由预算委员会提出预算管理方面的建议。委员会对内部各责任部门间发生的困难、预算纠纷进行协调和解决，对预算执行过程中的内容报告进行审核。

预算的编制和管理需要得到各方面的配合，特别是企业最高层管理者的支持。由于预算与企业的未来战略计划有关，只有当高层管理者对其高度重视，各层管理人员包括企业员工才有动力积极参与预算，保证预算目标的实现。

企业预算的编制，涉及经营管理的各个部门，只有执行人参与预算的编制，才能使预算成为他们自愿努力完成的目标。因此，预算的编制采用自上而下的方法，不断反复和修正，最后由有关部门综合平衡，并以书面的形式向下传达，作为真正的预算落实到各个有关部门以付诸实施。

第二节　全面预算管理体系

全面预算，是指企业经营者为了实现未来一定时期的经营目标，以货币为计量单位，对企业所拥有的各种资源，事先进行科学合理的规划、测算和分配，以约束指导企业的经营活动，保证经营目标顺利完成的一系列具体规划。简单来说，全面预算是企业未来一定时期经济活动全部计划的数量说明。

全面预算是由一系列预算按其经济内容及相互关系有序排列组成的有机整体。各种预算之间相互联系、关系复杂，它的内容通常由三个部分构成：即经营预算（业务预算）、财务预算、专门决策预算。

1. 经营预算

经营预算是指与企业日常业务直接相关、具有实质性的基本活动的预算，其主要内容包括销售预算、生产预算、直接材料消耗，及采购预算、直接人工预算、制造费用预算、产品成本预算、产成品存货预算、销售与管理费用预算等。

2. 财务预算

财务预算是与企业的现金收支、经营成果和财务状况有关的各项预算，主要包括现金预算、预计资产负债表预算、预计利润表预算和财务状况变动的现金流量表预算等。

3. 专门决策预算

专门决策预算主要涉及长期投资，故又称为资本支出预算，是企业为那些在预算期内不经常发生的、一次性经济活动所编制的预算。

企业全面预算是一个完整的体系，各预算前后衔接，相互对应，形成了一个有机的整体，它们之间的相互关系可以用图 8－1 表示。

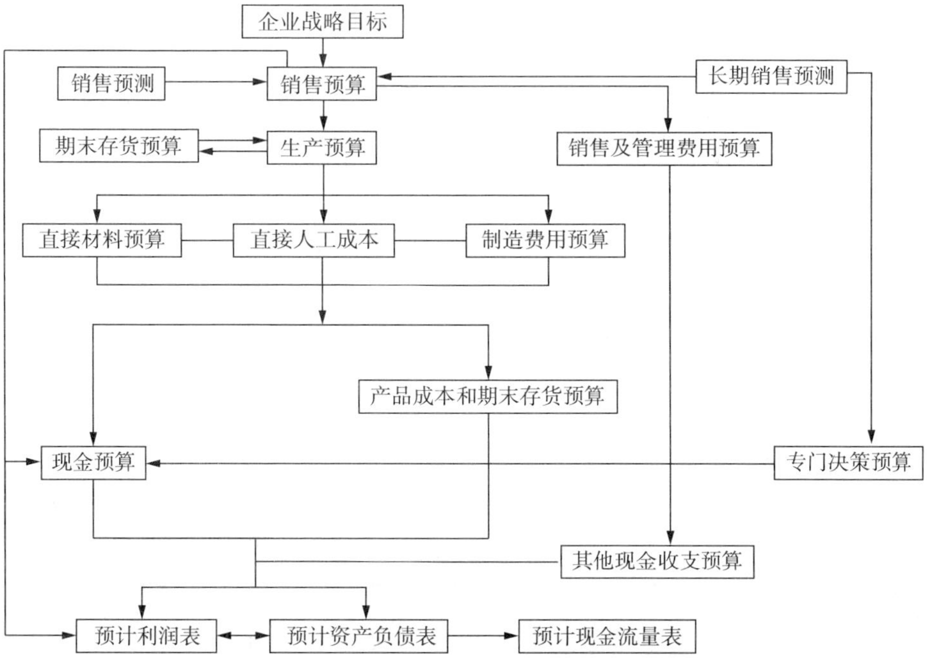

图 8－1　全面预算体系

从图 8－1 可知，企业的全面预算是以企业的战略目标为出发点，以市场需求的预测和研究为基础，以销售预算为主导，进而包括生产、成本和现金收支等各个方面，并特别注重生产经营活动对企业财务状况和经营成果的影响，整个预算体系是以预计的财务报表作为终结。如果仅从三大类的预算来看，经营预算和专门决策预算是财务预算的基础，财务预算是依赖于经营预算和专门决策预算编制的，是整个预算体系的主体。其中，销售预算又是经营预算编制的起点。

一、经营预算

1. 销售预算

销售预算是规定预算期内各季度销售目标和实施计划的一种预算，它是编制全面预算的起点与关键，也是日常业务预算的基础。因为产品产量、材料、人工和制造费用的支出，以及摊销及管理费用和存货水平，都是由产品销售量决定的。销售预算是以经营目标（即目标利润）为基础，根据市场需求、单价及成本消耗等因素制定的。

销售预算的内容主要是销售数量、销售单价和销售收入等。其中，销售数量是根据市场预测或销售合同，并结合企业生产能力确定的；销售单价是由市场供求关系决定的；销售收入是销售数量和销售单价的乘积，在销售预算中计算得出。

在实际编制销售预算的工作中，产品销售往往不是现金销售，即产生了很大数额的应收账款。所以，在销售预算中，通常还应编制应收账款收入的预算，以反映各期销售额的应收数和实收数，从而为现金预算提供依据。

［例 8－1］ 假定万兴公司 2013 年度 A 产品的销售预算如表 8－1 所示，其中，各季度的

销售在本季收到现金 60%，还有 40%在下一季度收到。

表 8-1 万兴公司 2013 年度销售预算

2013 年度　　单位：元

	一季度	二季度	三季度	四季度	全　年
预计销售量(件)	3 600	5 000	6 400	8 000	23 000
预计销售单价	60	60	60	60	60
预计销售收入	216 000	300 000	384 000	480 000	1380 000
应收账款(前期发生)	89 000				120 000
一季度	129 600	86 400			216 000
二季度		180 000	120 000		300 000
三季度			230 400	153 600	384 000
四季度				288 000	
应收账款					192 000
合计(现金)	218 600	266 400	350 400	441 600	1308 000

2. 生产预算

生产预算是安排预算期生产规模的计划，它是在销售预算的基础上编制的。由于企业的生产和销售不能做到“同步同量”，必须设置一定的存货，以保证能在发生意外需求时按时发货，并可均匀生产，节省赶工的额外开支。因此，预算期间除必须备有充足的产品以供销售外，还应考虑预算期初存货和期末预计存货等项因素。产品的生产量与销售量之间的关系，可按下式计算：

预计生产量＝预计销售量＋预计期末存货－期初存货

生产预算在实际编制时是比较复杂的，它受到存货水平和销售预算的影响，销售量受到市场条件因素的影响，存货水平受到下期销售预算的影响。倘若预算期的预计销售量增加，则必须在上期保持相应的期末存货量；若预算期的预计销售量减少，则上期应保持较低的期末存货量，这样才能满足销售的需要。所以，生产量的预算要考虑存货的要求。

[例 8-2]　承[例 8-1]，假定各季度的期末存货按下一季度销售量的 10%计算，预计下年第一季度销售量为 6 000 件，公司的生产预算如表 8-2 所示。

表 8-2 万兴公司生产预算

2013 年度　　单位：件

摘　要	一季度	二季度	三季度	四季度	全　年
预计销售量	3 600	5 000	6 400	8 000	23 000
加：预计期末存货	500	640	800	600	600
合　计	4 100	5 640	7 200	8 600	23 600
减：期初存货	360	500	640	800	360
预计生产量	3 740	5 140	6 560	7 800	23 240

3. 直接材料预算

直接材料预算是以生产预算为基础的。直接材料预算是在考虑了生产规模和期初、期末存货规模的基础上，确定一定时期直接材料采购量的预算。通过编制计划年度直接材料预算，可以确定计划年度材料的需用量以及相应的材料采购量。同生产预算一样，为了保证生产活动的持续进行，购进的材料一方面需要满足当期的生产需求量，另一方面也应该有一个适当的库存量。由此，直接材料采购量的计算公式如下：

预计材料采购量＝预计材料耗用量＋预计期末材料库存量－期初材料库存量

在编制材料采购预算的同时，还必须编制应付货款的支出预算，以反映各季度应付购货款的应付数和实付数，为现金预算提供依据。

［例 8－3］　假定万兴公司单位产品的材料消耗额为 2 千克，计划单价为 10 元/千克。各季度期末材料库存量按下一季度材料耗用量的 20％计算，年末预计库存量为 2 000 千克。每季度的购货款当季付 50％，其余在下一季度付讫。该公司直接材料预算如表 8－3 所示。

表 8－3　2013 年度万兴公司直接材料预算

单位：千克、元

摘　要		一季度	二季度	三季度	四季度	全　年
预计生产量(件)		3 740	5 140	6 560	7 800	23 240
单位产品消耗定额(千克)		2	2	2	2	2
预计材料耗用量		7 480	10 280	13 120	15 600	46 480
加：期末库存量		2 056	2 624	3 120	2 000	2 000
合　计		9 536	12 904	16 240	17 600	48 480
减：期初库存量		1 500	2 056	2 624	3 120	1 500
预计材料采购量		8 036	10 848	13 616	14 480	46 980
单　价		10	10	10	10	10
预计材料采购成本		80 360	108 480	136 160	144 800	469 800
预计现金支出	应付账款余额	30 000				30 000
	一季度采购金额	40 180	40 180			89 360
	二季度采购金额		54 240	54 240		99 480
	三季度采购金额			68 080	68 080	136 160
	四季度采购金额				72 400	
	应付账款期末余额					72 400
	合　计	70 180	94 420	122 320	140 480	427 400

4. 直接人工预算

直接人工预算编制的基础是生产预算中的每季生产量、单位产量的工时定额以及单位小时的工资率。其计算公式如下：

预计直接人工成本＝预计生产量×单位产品工时定额×单位小时工资率

[例8-4] 万兴公司预算期内单位产品工时定额为3小时,单位小时的工资率为5元,直接人工预算如表8-4所示。

表8-4 2013年度万兴公司直接人工预算

单位:元

摘　要	一季度	二季度	三季度	四季度	全　年
预计生产量(件)	3 740	5 140	6 560	7 800	23 240
单位产品工时定额	3	3	3	3	3
预计产品工时定额	11 220	15 420	19 680	23 400	69 720
单位小时工资率	5	5	5	5	5
预计直接人工成本	56 100	77 100	98 400	117 000	348 600

由于人工薪酬一般都需要用现金支付,所以,不需要另外预计现金支出,直接人工预算可以直接参加现金预算的汇总。

5. 制造费用预算

制造费用,是指生产成本中除直接材料、直接人工以外的其他一切费用,它比前两个预算复杂。因为在编制费用的过程中,间接材料、间接人工和公用事业费(如水电费)等基本上随产量的变动而呈正比例变动,但另一些费用,如折旧费、管理人员薪金、保险费等则在一定时期内基本稳定不变。所以在编制制造费用预算时,必须将制造费用中的费用项目按成本习性划分为变动成本和固定成本两大类。

在编制预算时,变动成本根据预计生产总工时和预计变动制造费用分配率计算;固定成本预算按照零基预算的方法确定。另外,在预算表中还要计算以现金支付的费用数,为现金预算提供资料。

[例8-5] 万兴公司预计变动制造费用分配率为2,制造费用预算如表8-5所示。

表8-5 2013年度万兴公司制造费用预算

单位:元

摘　要		一季度	二季度	三季度	四季度	全　年
变动费用	预计产品工时总数	11 220	15 420	19 680	23 400	69 720
	费用分配率	2	2	2	2	2
	小计	22 440	30 840	39 360	46 800	139 440
固定费用		20 000	20 000	20 000	20 000	80 000
合　计		42 440	50 840	59 360	66 800	219 440
减:折旧费		8 000	8 000	8 000	8 000	32 000
预计现金支出数		34 440	42 840	51 360	58 800	187 440

6. 单位产品成本和期末存货预算

产品成本预算,是指为规划一定预算期内每种产品的单位产品成本、销售成本等项内容而编制的一种经济预算。期末存货预算是指为规划一定预算期内的在产品、产成品和原材料的预计成本水平而编制的一种经济预算。

产品生产成本由直接材料、直接人工、制造费用组成。若采用变动成本计算法，产品生产成本和存货成本应该只包括变动生产费用。

[例8-6]　万兴公司采用变动成本计算法计算利润，则单位生产成本和期末存货预算如表8-6所示。

表8-6　2013年度万兴公司单位产品成本和期末存货预算

成本项目	单位耗额	分配率	单位成本
直接材料	2公斤	10元/公斤	20元
直接人工	3小时	5元/小时	15元
变动制造费用	3小时	2元/小时	6元
单位产品生产成本	—	—	41元
期末存货预算	期末存货数量×单位产品生产成本=2 000×41=82 000(元)		

7. 销售及管理费用预算

销售及管理费用预算，亦称营业费用预算，是指制造业务以外的产品推销以及行政管理费用预算。主要包括销售人员薪金和佣金、运输费用、广告费、差旅费、办公费、保险费、财产税等。

按变动成本编制预算时，应将销售及管理费用按其与业务量的关系，划分为变动费用和固定费用两大类。为了便于编制现金预算，同样的，在编制销售和管理费用的同时，也要编制现金支出预算表。但由于销售及管理费用中也有一些沉没成本和通常不需于当期支付现金的费用，因而，在销售及管理费用的现金支出预算中，也应对部分给予扣除。

[例8-7]　万兴公司单位变动销售及管理费用为3，销售及管理费用预算(均以现金支出)，如表8-7所示。

表8-7　2013年度万兴公司销售及管理费用预算

单位:元

摘　要	一季度	二季度	三季度	四季度	全　年
预计销售量(件)	3 600	5 000	6 400	8 000	23 000
单位变动费用	3	3	3	3	3
变动费用	10 800	15 000	19 200	24 000	69 000
固定费用	10 000	10 000	10 000	10 000	40 000
合　计	20 800	25 000	29 200	34 000	109 000

二、专门决策预算

1. 资本支出预算

资本支出预算是专门决策预算的一种，它是为购置固定资产、无形资产以及企业技术改造等长期投资决策编制的预算。由于这类预算涉及长期建设项目的资金投放和筹措，并经常跨年度，因此，一般情况下不纳入经营预算，但应计入与此有关的财务预算。

[例8-8]　依[例8-1]，万兴公司在预算期的一季度以自有资金购置设备一台，价值40 000元，预计可使用10年，期末残值为原价的10%。购入后，预计每年可为公司创造10 000元的净现金流量。则该公司的资本支出预算如表8-8所示。

表 8-8 2013 年度万兴公司资本支出预算

项目	购置时间	价值	估计使用年限	期末残值	资金来源	每年回收额	回收期
购入设备一台	一季度	40 000 元	10 年	4 000 元	自有	10 000 元	4 年

2. 一次性专门业务预算

企业为保证经营业务、资本性支出对资金的需求，应经常保持一定的现金数量，以支付各项费用和偿还到期债务。但如果企业现金持有数过多，大大超过正常支付所需的金额，就会造成资金的闲置，降低资金的营运效率。因此，财务部门在资金筹措、归还贷款、发放股利和缴纳税金等问题上要进行专门决策。

[例 8-9] 假定万兴公司财务部门根据预算期间的现金收支情况，预计第一季度初向银行借款 30 000 元，第三季度末归还本金 20 000 元及其利息，第四季度归还本金 10 000 元及其利息(利率 12%)。则该公司预算年度的专门决策预算如表 8-9 所示。

表 8-9 2013 年度万兴公司资金筹措及归还预算

专门业务名称	一季度	二季度	三季度	四季度	全 年
筹措资金					
资金来源	银行				
金额/元	30 000				30 000
年利率/%	12				
归还借款					
资金去向			银行	银行	
本金/元			20 000	10 000	30 000
利息/元			1 800	1 200	3 000

专门决策预算编制完成以后，所有部分预算就完成了，接下来就可以编制整体预算，也就是编制财务预算。

三、财务预算

1. 其他现金收支预算

其他现金收支预算，是指企业日常财务管理活动中发生的各项收支预算，主要包括企业筹集资金预算、多余资金进行短期投资的预算以及发放股利、支付所得税的预算。

[例 8-10] 依[例 8-1]，万兴公司有关其他现金收支预算如表 8-10 所示。

表 8-10 2013 年度万兴公司其他现金收支预算

摘 要	一季度	二季度	三季度	四季度	全 年
预付所得税	10 000	15 000	20 000	25 000	70 000
支付股利	2 000	2 500	3 000	6 000	13 500

2. 现金预算

现金流是一个企业的生命线，因此，现金预算成为企业最重要的预算。现金预算是反映企业在预算期内现金收支详细情况的预算，它能够反映某一时期发生现金流入或现金流出的时间与金额。管理者要根据现金预算确定企业未来的现金需求量，制定筹资计划，使现金流入和流出的金额满足经营需要、时间分布合理，从而能在需要时借入现金，现金盈余时偿还借款。

现金预算的编制基础是经营预算和专门预算。现金预算一般包括四个部分：

(1) 现金收入。这是指预算初期的现金余额和预算期内可能发生的现金收入，如现金销售收入、应收账款收回等。

(2) 现金支出。这是指预算期内可能发生的所有现金支出，如支付采购材料价款、直接人工、制造费用、销售及管理费用、偿还应付账款、购买设备、预付税金和支付股利等。

(3) 现金的调度。将现金收支相抵，若收入大于支出，则有剩余，可用来归还借款或进行短期投资；若收入小于支出，则出现短缺，应设法向银行借款或采用其他方法筹集资金。

(4) 现金期末余额。将预算期内现金收入总额减去现金支出总额，再减去偿还借款总额或加上资金筹措总额，即可求得现金期末余额。

[例 8－11] 依[例 8－1]，万兴公司预算期内每季度现金的最低库存金额为 30 000 元，假定银行借款利率为 10%，企业期初借入款项，季末归还借款。其现金预算如表 8－11 所示。

表 8－11 2013 年度万兴公司现金预算

单位：元

摘　要	一季度	二季度	三季度	四季度	全　年
期初余额	35 000	136 000	100 000	50 000	290 000
现金收入：					
销售收入及应收账款收回(销售预算表)	218 600	266 400	350 400	441 600	1308 000
可动用现金合计	253 600	402 400	450 400	491 600	1598 000
现金支出：					
直接材料(直接材料预算表)	70 180	94 420	122 320	140 480	427 400
直接人工(直接人工预算表)	56 100	77 100	98 400	117 000	348 600
制造费用(制造费用预算表)	34 440	42 840	51 360	58 800	187 440
销售及管理费用(销售及管理费用预算表)	20 800	25 000	29 200	34 000	109 000
购置设备(资本支出预算表)	40 000				40 000
预付所得税（其他现金收支预算表）	10 000	15 000	20 000	25 000	70 000
预计支付股利（其他现金收支预算表）	2 000	2 500	3 000	6 000	13 500
现金支出合计	233 520	256 860	324 280	381 280	1 195 940
收支相抵现金结余（或不足）	20 080	145 540	126 120	110 320	402 060
银行借款	10 000				10 000
偿还借款		(10 000)			(10 000)
支付利息(年利率 10%)		(500)		—	(500)
期末余额	30 080	135 040	126 120	110 320	110 320

企业的现金支出除了采购直接材料，支付直接人工、制造费用、销售费用和管理费用外，还包括其他方面支付的现金，例如，上缴所得税、支付股利、支付租入固定资产的租金、短期投资和长期投资的现金支出等等。这些现金支出的项目均应该逐项分析预计发生的数额。

3. 预计利润表

预计利润表反映了企业在预算期内全部经营活动的最终结果。

[例 8-12] 根据上述各表的资料,编制万兴公司的预计利润表,如表 8-12 所示。

表 8-12 2013 年度万兴公司预计利润表

单位:元

销售收入(23 000×60)	1 380 000
变动成本:	
制造成本(23 000×41)	943 000
销售及管理费用	69 000
边际贡献	368 000
固定成本	
制造成本	80 000
销售及管理费用	40 000
营业利润	248 000
利息支出	500
税前利润	247 500
所得税	70 000
税后净利润	177 500

在编制预期利润表时,所得税是在利润规划时估计的,并已列入现金预算。

通过编制预期利润表可以了解企业未来的利润水平。如果预期的利润与最初制定的目标利润有较大的不一致,就需要调整各责任单位业务预算,设法达到目标利润;如果确实心有余而力不足,应经企业领导批准后修改目标利润。

4. 预计资产负债表

预计资产负债表是指用于综合反映企业预算期末财务状况的一种财务预算。编制时,以期初资产负债表为基础,根据销售、生产、资本等预算的有关数据加以调整编制的。

编制资产负债表是为了判断企业未来的财务状况是否稳定,是否有足够的资金应付日常的经营和偿还到期债务。

[例 8-13] 依前例,万兴公司的预计资产负债表如表 8-13 所示。

表 8-13 2013 年度万兴公司资产负债表

单位:元

资产			负债及所有者权益		
	年初数	年末数		年初数	年末数
流动资产:			流动负债:		
现金	35 000	110 320	应付购货款	99 580	72 400
应收账款	136 900	192 000	合计	99 580	72 400
库存材料	18 000	20 000	股东权益:		
库存产成品	85 600	82 000	股本	40 420	40 420
合计	275 500	404 320	留存利润	230 500	394 500
固定资产:			合计	270 920	434 920
厂房及建筑物	160 000	160 000			
机器设备	20 000	60 000			
累计折旧	(85 000)	(117 000)			
合计	95 000	103 000			
资产总计	370 500	507 320	权益总计	370 500	507 320

表中各项目说明：

(1) 年初数根据上年12月31日资产负债表中的数字。

(2) 现金年末数见现金预算表。

(3) 应收账款年末数见销售预算表。

(4) 库存材料年末数见直接材料预算表。

(5) 库存产成品年末数见单位生产成本和期末存货预算表。

(6) 厂房及建筑物年末数见年初数，预计未变化。

(7) 机器设备年初数20 000元，加上预计购置设备40 000元，共计60 000元。

(8) 累计折旧年初数85 000元，加上预计数32 000元，共计117 000元。

(9) 应付购货款年末数见直接材料预算表。

(10) 留存收益年末数计算如下：

年初累计盈余		230 500
加：预计净利润(预计利润表)	177 500	
小计		408 000
减：支付股利(其他现金收支预算表)	13 500	
年末累计盈余		394 500

第三节　全面预算的编制

科学的预算编制方法是保证企业总目标实现的有效手段，常用的预算编制方法包括弹性预算、零基预算、概率预算、作业基础预算以及滚动预算。

一、固定预算和弹性预算

固定预算又称静态预算，是根据预算期内正常的、可实现的某一业务量水平编制的预算，在预算期末，将预算的实际执行结果与按预算期内计划规定的某一业务量水平所确定的预算数进行对比分析，并据此进行业绩的评价和考核。固定预算的缺陷之一就是当实际的业务量水平与预算的业务量水平有差异时，缺乏可比性，对业绩的评价会不合理。

弹性预算是固定预算的对称，亦称为变动预算。它是根据预算期可预见的不同业务量水平，分别确定其相应的预算额，以反映在不同业务量水平下所应开支的费用水平或收入水平。由于这种预算随业务量水平的变动做机动调整，本身具有弹性，故称为弹性预算。

1. 弹性预算的特点

(1) 弹性预算是按预算期内某一相关范围内可预见的多种业务量水平确定不同的预算额，从而扩大了预算的使用范围，便于预算指标的调整。

(2) 弹性预算是按成本性态分类列示的，便于在预算期终了时，将实际指标与实际业务量相应的预算额进行对比，使预算执行情况的评价与考核建立在更加客观和可比的基础上，以更好地发挥预算的控制作用。

弹性预算的主要优点，就是可以克服固定预算水平单一的缺点，从而使预算的执行建立在更为客观可比、便于控制和评价的基础之上，增强预算的适应能力。对全面预算中与业务量变化密切相关的预算内容以弹性预算法编制，再和其他固定预算配合在一起，将会使预算的作用大大增强。

2. 弹性预算的编制程序

（1）选择适合弹性预算的业务量。预计在未来期间内业务量水平将在这一相关范围内的变动情况。弹性预算的业务量范围，应视企业或部门的业务量变化情况而定。一般来说，可选择企业正常生产能力的70%～120%。

（2）选择业务量的计量单位。编制弹性预算，要选用一个最能代表本部门生产经营活动水平的业务量计量单位。如以手工操作为主的车间，就应选择人工工时；制造单一产品或零件部门，可选用实物数量等。

（3）确定成本项目的成本性态。这是做好弹性预算的重要环节，由于弹性预算业务量的多水平化，这就能导致各项费用随业务量的变化而变化。依据成本性态原理，业务量变动后，随业务量变动而变动的只有变动成本部分，而固定成本始终不变，这样，在编制弹性预算时，就必须先按成本性态，把成本划分为固定成本和变动成本两大类，对费用中的混合成本项目，再进一步分解。这样才能确定成本项目。

（4）确定预算期内各业务量水平的预算额。

3. 弹性成本预算的编制

编制弹性成本预算的关键是把所有的成本划分为变动成本和固定成本两大部分。变动成本（如直接材料成本、直接人工成本、变动制造费用等）按单位产品预定的标准控制，固定成本则要按总额控制。弹性成本预算的基本公式如下：

$$弹性成本预算=\sum(单位变动成本预算\times 预计业务量)+固定成本预算$$

对于产品成本中的直接材料、直接人工的弹性预算，只需以预算期内多种可能完成的生产量为基础，分别乘以单位产品的预算数即可完成预算。在实际工作中，通常只需要编制单位产品变动成本标准就可以进行控制。

[例8-14] 已知：甲公司在预算期2013年度固定性制造费用为268 000元，其中：办公费100 000元，折旧费158 000元，租赁费为10 000元。预计生产A产品2 000件，单位成本构成如下：

直接材料		800元
直接人工		1 000元
变动性制造费用		600元
其中：	间接材料	300元
	间接人工	100元
	动力费	200元

要求：编制弹性成本预算。

编制的弹性成本预算如表8-14所示。

4. 弹性利润预算的编制

利润的弹性预算是预算期内各种业务量水平下利润的预算。它以预算期内预计的各种可能实现的销售收入为出发点，扣除变动成本、固定成本预算数，确定相应的利润或亏损。

表 8 - 14　甲公司弹性成本预算

项　目	单位成本（元/件）	预计生产量（件）		
		1 500	2 000	2 500
变动成本：				
直接材料	800	1 200 000	1 600 000	2 000 000
直接人工	1 000	1 500 000	2 000 000	2 500 000
变动性制造费用	600	900 000	1 200 000	1 500 000
间接材料	300	450 000	600 000	750 000
间接人工	100	150 000	200 000	250 000
动力费	200	300 000	400 000	500 000
合计	2 400	3 600 000	4 800 000	6 000 000
固定性制造费用				
办公费		100 000	100 000	100 000
折旧费		158 000	158 000	158 000
租赁费		10 000	10 000	10 000
合计		268 000	268 000	268 000
产品成本总计		3 868 000	5 068 000	6 268 000

［例 8 - 15］　振华公司乙产品预计销售单价为 25 元，单位变动成本为 15 元，固定制造费用为 4 000 元，固定销售费用为 800 元，可能实现的销售量分别为 1 000 件、1 500 件、2 000 件。该产品可实现利润的弹性预算如表 8 - 15 所示。

表 8 - 15　振华公司利润的弹性预算　　单位：元

销售量（件）	1 000	1 500	2 000
销售收入	25 000	37 500	50 000
变动成本	15 000	22 500	30 000
边际贡献	10 000	15 000	20 000
固定制造费用	4 000	4 000	4 000
固定销售费用	800	800	800
税前利润	5 200	10 200	15 200

二、增量预算与零基预算

编制成本预算的方法按其出发点的特征不同，可分为增量预算和零基预算两大类。

1. 增量预算

增量预算是指以基本成本费用水平为基础，综合预算期业务量水平及有关影响成本因素的未来变动情况，通过调整有关原有费用项目而编制预算的一种方法。

传统的预算编制方法基本上采用的是增量预算方法，即以基期的实际预算为基础，对预算期的数值进行增减调整。这种方法比较简单，但同时也存在着缺点：

(1) 按增量预算方法编制的预算，是建立在对原来预算项目的调整的基础上，可能使原来不合理的费用开支继续下去，使不必要的开支合理化，造成浪费。

(2) 不利于企业未来的发展，不利于调动各部门人员的积极性。

这种方法编制出来的预算只是对原有预算的简单调整，只对原来已经存在的项目编制预算，对那些可能对企业未来发展有利，而在原有的预算中没有的费用项目不予考虑，不利于调动各部门人员的积极性，不利于企业的长期发展。

2. 零基预算

零基预算，全称是“以零为基础的计划和预算编制法”，即在编制费用支出预算时，不考虑历史的费用支出水平，一切以零为始点，从根本上研究各项费用支出的必要性及数额。

(1) 零基预算的特点

零基预算在编制预算时是从零开始的；零基预算对所有的费用开支比较讲究其必要性和成本效益；零基预算从业务角度来考虑问题，对任意一项费用都要进行分析，按主次来确定其费用水平；零基预算不是根据预算增加与否来拓展新业务，而是根据业务的重要与否来决定并相应增加预算数。零基预算作为一种预算模式，能提高费用使用效益，它确定每项费用数额的大小要依据成本—效益分析，这就要求合理分配资金，充分发挥每项费用的使用效益。

(2) 零基预算的编制

第一步，企业内部各部门根据预算期的总目标和本部门的具体目标，对每一项费用开支提出详细计划，说明其目的以及需要开支的费用数额。

第二步，对每一项费用进行必要性和成本效益分析，即以其成本或费用与业务量进行比较，亦可与收益进行比较，以便对各项费用预算进行事先控制。一般应考虑以下几个方面：

- 该项业务是否有必要，能否避免；
- 如果该项业务确属不可避免，是否可由其他部门附带完成，而不必专设一个部门；
- 如果必须由专设部门完成，则要想方设法节约开支，提高效率。

然后，将每项费用按重要性排列成序，确定费用大小。

第三步，按照第二步确定下来的顺序，结合企业预算期内可动用的资金，分配资金，编制预算。

[例 8-16] 某公司采用零基预算编制 6 月份的费用预算。

(1) 该公司组成的预算委员会预计 6 月份需要发生的费用如下(单位：万元)：

办公费	120
差旅费	250
房租	280
销售佣金	105
销售人员工资	68
广告费	180
合计	1 003

(2) 对上述费用进行成本—效益分析。

(3) 对上述费用按重要性排列成序。

第一类：办公费、差旅费、房租、销售人员工资等属于约束性固定成本，无法节省的，在预算期内必须全额保证。

第二类：销售佣金属变动销售费用，随着销售业务量的变化而变化。在预算期内，销售佣金估计为 105 万元。

第三类：广告费属于酌量性固定成本，可以根据公司的财务状况作适当调整。

(4) 假定该公司在预算期内可动用资金为 900 万元，根据上面的分析，具体预算如表 8－16 所示。

表 8－16　预算表　　单位：万元

项　目	资金分配情况	备注
办公费	120	保证
差旅费	250	保证
房租	280	保证
销售人员工资	68	保证
销售佣金	105	保证
广告费	77	压缩

在表 8－16 中，由于可动用的资金数为 900 万元，而预计的费用为 1 003 万元，广告费属于酌量性固定成本，因此，此项目需压缩到 77 万元。

零基预算是对传统预算编制方法的挑战，其优点是一切从零开始，但在实际编制时，工作量比较大，因而，可 2～3 年编制一次。

三、概率预算

概率预算是以现代概率论原理为基础，对预算中变量的多种可能结果进行分析、调整而编制的预算。

具体地说，概率预算要求根据有关预计值变动的可能性(即概率)，来计算并确定预算对象在某种状态下的期望值，然后根据期望值确定预算对象的概率预算数。这个预算数值应是比较接近实际的、最有可能达到的预期结果。

在编制预算的过程中，涉及的变量很多，如产销量、价格、成本等，在生产和销售正常的情况下，这些变量的预计可能是一个定值。但在市场供需变动较大的情况下，这些变量的定值就很难确定了。这就需要根据客观的条件，对有关变量做近似的估计，估计它可能变动的范围，分析它在该范围内出现的可能性，即概率，然后根据概率计算期望值，编制预算。概率预算是弹性预算的修正和发展，它可用来编制销售预算、成本预算、利润预算等。由于概率预算在编制过程中考虑了各种因素变动的可能性，因而更接近实际情况，更有助于企业管理者灵活应对各种经营情况。

概率预算编制的一般程序如下：

第一步，对变量可能出现的结果估计一个概率 P_i，取值范围是 $0 \leqslant P_i \leqslant 1$，$\sum P_i = 1$。

第二步，根据各个变量(X_i)及其估计概率(P_i)，计算其期望值 E。

$$E = \sum X_i \times P_i$$

第三步，根据各变量的期望值编制预算。

概率预算编制一般分为两种情况：

(1) 如果销售量的变动与成本无直接关系，则只要用各自的概率分别计算销售收入、变动成本、固定成本等期望值，最后可直接计算利润的期望值。

[例 8-17] 安顺公司丙产品的单价为 30 元，预计销售 15 000 件，变动成本为 10 元，固定成本为 25 000 元，预计利润为 275 000 元。现考虑各变量的变化概率：单价不变，销售 13 000件的概率为 0.4，销售 15 000 件的概率为 0.5，销售 17 000 件的概率为 0.1；单位变动成本为 9.5 元的概率为 0.3，9 元的概率为 0.4，8.5 元的概率为 0.3；固定成本不变，各变量的数学期望值计算如下：

销售量期望值＝13 000×0.4＋15 000×0.5＋17 000×0.1＝14 400(件)

单位变动成本期望值＝9.5×0.3＋9×0.4＋8.5×0.3＝9(元)

利润期望值＝(30－9)×14 400－25 000＝277 400(元)

(2) 如果销售量的变动与成本的变动关系密切，则采用联合概率法，考虑所有因素变动的各种可能组合，分别计算不同组合的有关指标，然后用每一组合的联合概率加权平均计算有关指标。

[例 8-18] 若安顺公司丙产品的销售量、单位变动成本为不确定因素，有关资料如表 8-18 所示。

表 8-18　安顺公司有关资料　　单位:件、元

销售量		销售单价	固定成本	单位变动成本	
数量	概率			金额	概率
13 000	0.4	30	25 000	9.5 9.0 8.5	0.3 0.4 0.3
15 000	0.5	30	30 000	9.5 9.0 8.5	0.3 0.4 0.3
17 000	0.1	30	35 000	9.5 9.0 8.5	0.3 0.4 0.3

根据上述资料，计算利润的期望值，如表 8-19 所示。

表 8-19　安顺公司利润期望值

销售量(件)	概率	单价(元)	单位变动成本(元)	概率	固定成本	利润(元)	联合利率	利润期望值(元)
13 000	0.4	30	9.5 9.0 8.5	0.3 0.4 0.3	25 000	241 500 248 000 254 500	0.12 0.16 0.12	28 980 39 680 30 540
15 000	0.5	30	9.5 9.0 8.5	0.3 0.4 0.3	30 000	277 500 285 000 292 500	0.15 0.20 0.15	41 625 57 000 43 875
17 000	0.1	30	9.5 9.0 8.5	0.3 0.4 0.3	35 000	313 500 322 000 330 500	0.03 0.04 0.03	9 405 12 880 9 915
合计							1.00	273 900

四、定期预算与滚动预算

(一) 定期预算

企业的经营预算和财务预算通常是定期(如一年)编制的,其优点是与会计年度相配合,便于预算执行结果的考核与评价。

这种定期预算也存在着一些缺陷:①定期预算多是在执行年度开始前的两三个月进行,在编制时,难以预测预算期的某些活动,特别是对预算期的后半阶段,往往只能提供较为笼统的预算,从而给预算的执行带来种种困难。②预算中所规划的各种经营活动在预算期内往往发生变化,而定期预算却不能及时调整,从而使原有的预算显得不相适应。③在预算执行过程中,由于受预算期的限制,使管理人员的决策视野局限于剩余的预算期间活动,从而不利于企业的长期稳定发展。

(二) 滚动预算

为了克服定期预算的盲目性、不变性和间断性,企业可采用滚动预算的方法。

滚动预算又称永续预算,其基本特点是预算期是连续不断的,始终保持一定期限(如一年)。凡预算执行超过一个月后,即根据前一个月的经营成果,并结合执行中发生的新情况,对剩余的十一个月加以修订,并自动后续一个月,重新编制新一年的预算。这样逐期向后滚动,连续不断地以预算的形式规划未来的经营活动。

滚动预算的理论依据是:①生产经营活动是持续不断进行的,作为其控制依据的预算也应与此相符,保持其连续性;②生产经营活动是复杂多变的,往往需要经历由粗到细、由模糊到具体的过程。采用滚动预算就可以做到长计划、短安排,使执行月份的预算始终保持先进性,进而最大限度地克服预算的盲目性。

与定期预算方法相比,滚动预算具有以下几方面的优点:其一,能保持预算的完整性、连续性,从动态上把握企业未来的发展趋势。其二,能够使企业各级管理人员始终保持对未来预算期的经营活动作出周详的考虑和全盘规划,保证企业的各项工作有条不紊地进行。其三,这种预算也便于有关部门对企业的经营状况进行全面了解。最后,由于各种预算是不断根据外界因素进行调整和修订的,所以能适应实际情况,有利于发挥预算的指导作用和控制作用。

滚动预算按其预算编制和滚动的时间单位不同,分为逐月滚动和逐季滚动两种类型。逐月滚动,是指以月份为预算的编制和滚动单位,每月调整一次预算。逐月滚动编制的预算比较精确,但工作量大。逐季滚动,是指以季度为预算的编制和滚动单位,每个季度调整一次预算。逐季滚动编制的预算比逐月滚动编制的预算工作量小,但预算精确度较差。

滚动预算的编制,可采用长计划、短安排的方式进行,在编制预算时,可先按年度分季,并将其中的第一季度按月划分,编制各月的详细预算。其他三个季度的预算可以粗一些,只列各季总数。到第一季度结束前,再将第二季度的预算按月细分,第二、第四季度及下年第一季度只列各季度总数,依此类推,使预算不断地滚动下去。这种预算编制方法可以促使管理人员对预算资料做经常性的分析研究,以便及时修订,下一期预算依此类推。具体流程见图 8-2。

五、作业基础预算

在越来越强调精细化管理的今天,作业基础预算(ABB)已经越来越普遍地被西方先进企业所认可和接受。作业基础预算,即企业在理解作业和成本动因的基础上,对未来期间的作业

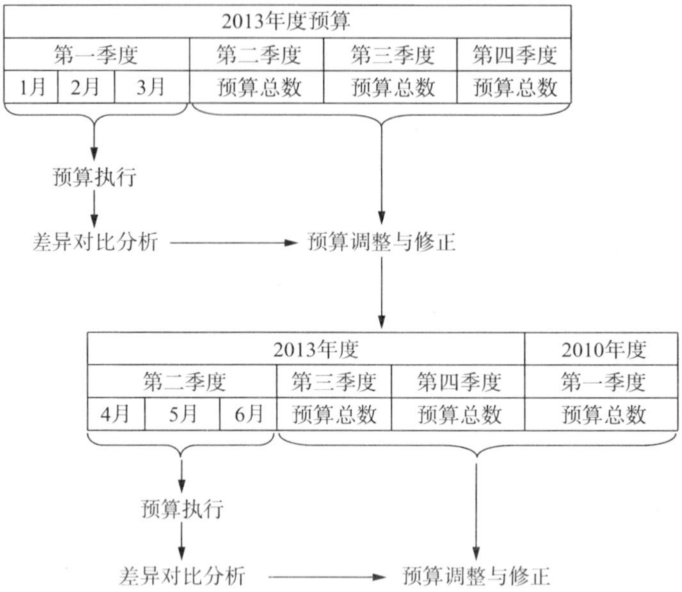

图 8－2　滚动预算操作流程

量和资源需求量进行预期与规划的方法，它是作业基础成本法（ABC）在企业预算管理中的拓展和应用。

企业在编制作业基础预算时，可以在整个价值链上选取某一个或几个部分进行。首先，确定有关作业的成本动因，并制定其需求量；其次，制定单位成本动因的价格标准（分配率标准）；最后，编制出每一作业的预算。

［例 8－19］　甲公司编制的制造费用的作业预算，如表 8－20 所示。

表 8－20　甲公司作业预算表　　单位：万元

作业	成本动因	需求量	每单位成本动因费用	预算总额
检验	检验小时	50	20	1 000
维修	机器小时	30	18	540
动力	千瓦小时	350	2	700
合计				2 240

作业基础预算比传统的预算更符合实际情况，并且责任更加明确，因此，可以更好地发挥预算的控制作用和对业绩的客观评价。但作业基础预算工作量比较大，预算投入的成本相应也会增加。

六、参与制预算

许多企业的预算是由较高层次管理者帮助编制，然后下达给下级人员执行。这样的预算对下级人员而言，是上级压给他们的任务，他们没有资格对预算提出任何异议，只有被动地接受。而参与预算过程，意味着有关部门及员工在预算编制中全面充分地表达自己的意见，使人们感觉到“这是我们的预算”，而不是“你强加于我们的预算”，他们在实现预算目标时，会表现出更高的积极性和自觉性。同时,参与的过程必然使企业内部沟通和讨论的机会增加,从而可以发现并集中企业内最明智的想法而改善经营。预算参与的理论依据是现代管理理论,即企业经理和员工不仅仅是经济人,而且追求“自我实现”,促使改进绩效。

参与制预算也有自身的缺点,主要是经理人员可能利用讨论的机会,将自己负责的那部分预算编制得过于宽松,高估成本,低报收入,即形成所谓的预算松弛。预算松弛是指在编制预算时,未来预算执行者压低预算标准,使预算有较多的余地。例如:企业行政部门的负责人估计下一年度的行政管理费用为20万元,但却编出了25万元的预算,从而产生了5万元的预算松弛。出现这种情况的主要原因有:

(1) 人们认为如果压低预算标准,将会使执行结果产生一个有利差异,经营业绩显得更好一些。

(2) 企业制定的奖惩制度也在一定程度上促使某些人从个人利益出发,制定出含有水分的预算。

(3) 预算松弛可以减少人们执行预算的压力。

这种预算松弛现象降低了企业整体运行的效率。另外,因为传统预算在不同部门间造成了不合理的资金拨付,当一些部门通过采取不正当手段获得了过量资金,从而剥夺了其他部门的资金时,雇员的工作积极性会受到极大的伤害。

企业可以采取防止预算松弛的对策有:

(1) 减少预算的负面效应,尽力避免把预算作为一个负面评价的工具。

(2) 增强预算的综合性,短期计划和长期计划相结合。

(3) 建立恰当的激励机制,给予管理人员适当的激励,使他们不仅要实现预算计划,而且要提供精确的计划。

第四节　全面预算的执行和控制

一、预算的执行

全面预算的编制工作是一项工作量大、涉及面广、时间性强、操作复杂的工作。为了保证预算工作有条不紊地进行,一般要在企业内部专设一个预算委员会,负责预算的编制并监督实施。

预算执行单位在具体执行预算时,如发现存在预算偏差,必须进行具体分析,对形成预算偏差的原因逐个检查,分清是属于客观原因如预算条件的变化,还是主观上不能严格执行原有的预算。如属后者,则由预算执行单位自行消化,不得进行预算调整;属于前者,则应向预算委员会申请进行预算调整。

同时,在预算执行过程中,企业内各执行单位也常常会发生利益冲突。当预算单位之间发生利益冲突而导致经营业务无法正常运行时,首先应由各预算单位领导之间自身进行协调,协调无效时,报预算委员会主任仲裁。预算委员会做出仲裁后,由预算工作组下达“预算仲裁决议书”给相关预算单位。仲裁决议一经形成,各预算单位必须无条件执行。

二、预算的控制

全面预算规划了企业的目标。为了保证目标的实现，在全面预算执行过程中的控制要做到两点：一是正确计量实际的结果；二是将实际的结果与预算进行对比，并采取措施，使实际与预算尽力保持一致。

企业为了贯彻其预算，控制预算的执行，通常先将企业内部的各部门划分为不同的责任单位，然后为每一中心制定预算，即责任预算，最后对各责任中心的责任预算的执行情况进行考核，作出评价。

其中，建立良好的反馈程序是现代管理风格的重要特征。反馈是预算控制循环的一部分，在预算执行过程中，各级预算单位应定期召开预算例会，比较实际业绩和预算业绩，计算差异，分析原因，并将其结果报告相关的经理人员，经理人员可以根据反馈的信息采取纠正措施或要求修改不切实际的原始预算。良好的反馈信息与预算控制的对象如成本、收入等密切相关，对预算的有效控制具有重要的作用。

全面预算执行过程中的控制属于反馈性控制，是收入产生及成本发生过程中的控制，也称为日常控制，它通过对企业一定时期内生产、销售产品所发生的实际收入和实际成本与预算数之间差异原因的分析，帮助企业管理人员进一步揭示实际执行结果与预算不同的深层次原因，为改进管理、明确责任、提高经济效益指明了方向。

通过对实际数与预算数差异的比较分析，可以对企业各部门执行预算的业绩作出评价。根据业绩评价的结果，可以使单位领导层充分了解企业在日常经营活动中所存在的问题与不足，从而积极地采取相应的措施，改善经营管理，使企业内各项资源都得到充分的利用，最终提高企业的整体效益。

本章小结

本章介绍了全面预算的含义，以及全面预算体系的内容：经营预算、财务预算和专门决策预算。

经营预算又分为销售预算、生产预算、直接材料预算、直接人工预算、制造费用预算、管理费用预算、销售费用预算等，其中，销售预算是编制全面预算的关键和起点。

财务预算又分为现金预算、预计资产负债表、预计利润表等。

本章还介绍了全面预算的编制程序及编制方法，全面预算的具体编制方法分为固定预算和弹性预算、增量预算和零基预算、定期预算和滚动预算、概率预算、作业基础预算和参与制预算。

最后介绍了预算的执行及控制。

复习思考题

1. 什么是全面预算？编制全面预算的目的是什么？
2. 说明预算的体系结构。
3. 编制预算的原则是什么？

4. 什么是弹性预算？弹性预算的优点是什么？
5. 什么是零基预算？它有哪些优点？
6. 现金预算应根据哪些预算编制？它的目的是什么？
7. 请说明“反馈”在预算控制中的作用？

练习题

一、单选题

1. 编制全面预算的基础是（　　）。
A. 生产预算　B. 销售预算　C. 销售与管理费用预算　D. 现金预算
2. 生产预算的主要内容有生产量、期初和期末存货及（　　）。
A. 资金量　B. 工时量　C. 购货量　D. 销货量
3. 直接人工预算额＝（　　）×单位产品直接人工时×小时工资率。
A. 预计生产量　B. 预计工时量　C. 预计材料消耗量　D. 预计销售量
4. 预计期初存货 50 件，期末存货 40 件，本期销售 250 件，则本期生产量为（　　）件。
A. 250　B. 240　C. 260　D. 230
5. 在预算执行过程中自动延伸，使预算期永远保持在一年，这种预算称为（　　）。
A. 弹性预算　B. 零基预算　C. 滚动预算　D. 概率预算
6. 下列项目中，可以总括反映企业在预算期间盈利能力的预算是（　　）。
A. 专门决策预算　B. 现金预算　C. 预计利润表　D. 预计资产负债表
7. 下列项目中，能够克服固定预算方法缺点的是（　　）。
A. 固定预算　B. 弹性预算　C. 滚动预算　D. 零基预算
8. 编制零基预算的出发点是（　　）。
A. 基期的费用水平　B. 历史上费用的最好水平
C. 国内外同行业费用水平　D. 零

二、多选题

1. 编制全面预算的作用是（　　）。
A. 明确奋斗目标　B. 协调各职能部门工作
C. 控制日常经济活动　D. 评价企业各方面工作成果的基本尺度
E. 巩固部门成绩
2. 销售预算的主要内容有（　　）。
A. 销售收入　B. 销售费用　C. 销售数量　D. 销售单价　E. 销售时间
3. 编制预算的具体方法有（　　）。
A. 固定预算　B. 弹性预算　C. 零基预算　D. 概率预算　E. 滚动预算
4. 财务预算包括（　　）。
A. 现金预算表　B. 资本支出表　C. 预计利润表
D. 预计资产负债表　E. 资本收入预算

5. 直接材料预算中的现金支出包括(　　)。

A. 上期采购的材料于本期支付的现金　　B. 本期采购的材料由本期支付的现金

C. 上期采购的材料金额中上期末支付的现金　　D. 本期采购材料的总金额

E. 以上四项都对

6. 在下列各项中,属于全面预算体系构成内容的有(　　)。

A. 经营预算　　B. 财务预算　　C. 专门决策预算　　D. 零基预算　　E. 滚动预算

三、判断题

1. 生产预算中的预计生产量一定大于预计销售量。
2. 企业生产经营预算通常是在生产预测的基础上进行预算的。
3. 生产预算是编制直接材料预算、直接人工预算和变动制造费用预算的基础。
4. 销售预算、生产预算等其他预算的编制,要以现金预算的编制为基础。
5. 零基预算是根据企业上期的实际经营情况,考虑本期可能发生的变化编制出的预算。
6. 财务预算是指反映企业预算期现金支出的预算。

四、计算题

1. 某工厂期初存货 250 件,本期预计销售 500 件。

要求:(1) 如果预计期末存货 300 件,本期应生产多少件?

(2) 如果预计期末存货 260 件,本期应生产多少件?

2. 假设 A 公司只生产一种产品,销售单价为 200 元,预算年度内四个季度的销售量经测算分别为 250 件、300 件、400 件和 350 件。根据以往经验,销货款在当季可收到 60%,下一季度收到其余的 40%。预计预算年度第一季度可收回上年第四季度的应收账款 20 000 元。

要求:计算本年各季度的现金收入。

3. 某工厂某产品的销售单价为 10 元,销售量和变动成本的预期值和相应的概率及其他有关数据如下:

产品销售量和变动成本的预期值、相应的概率及其他有关数据

销售量(件)	变动成本(元)	固定成本(元)	利润(元)	联合概率	组合顺序
500(P=0.3)	4.6(P=0.2)	2 300	400	0.06	1
	4.5(P=0.6)	2 300	400	0.18	2
	4.4(P=0.2)	2 300	400	0.06	3
510(P=0.5)	4.6(P=0.2)	2 300	400	0.10	4
	4.5(P=0.6)	2 300	400	0.30	5
	4.4(P=0.2)	2 300	400	0.10	6
520(P=0.2)	4.6(P=0.2)	2 300	400	0.04	7
	4.5(P=0.6)	2 300	400	0.12	8
	4.4(P=0.2)	2 300	400	0.04	9

要求:根据上述资料,运用损益表的形式编制概率预算,并计算各项预测值(预算数)。

参考答案

一、单选题

1. B 2. D 3. A 4. B 5. C 6. C 7. B 8. D

二、多选题

1. ABCD 2. ACD 3. ABCDE 4. ACD 5. AB 6. ABC

三、判断题

1. × 2. × 3. √ 4. × 5. × 6. ×

四、计算题

1. (1) 550; (2) 510

2. 本年各季度的现金收入如下:

单位:元

季 度	第一季度	第二季度	第三季度	第四季度	全 年
销售单价	200	200	200	200	200
销售量	250	300	400	350	1 300
销售收入	50 000	60 000	80 000	70 000	260 000
收到当季销货款	30 000	36 000	48 000	42 000	156 000
收到上季应收款	20 000	20 000	24 000	32 000	96 000
现金收入	50 000	56 000	72 000	74 000	252 000

3. 概率预算如下:

某企业利润概率预算

组合顺序	1	2	3	4	5	6	7	8	9	预测值
销售额 (1)	5 000	5 000	5 000	5 100	5 100	5 100	5 200	5 200	5 200	5 090
变动成本(2)	2 300	2 250	2 200	2 346	2 295	2 244	2 392	2 340	2 288	2 290
贡献毛益(3)=(1)-(2)	2 700	2 750	2 800	2 754	2 805	2 856	2 808	2 860	2 912	2 800
固定成本 (4)	2 300	2 300	2 300	2 300	2 300	2 300	2 300	2 300	2 300	2 300
利润(5)=(3)-(4)	400	450	500	454	505	556	508	560	612	500
联合概率 (6)	0.06	0.18	0.06	0.1	0.3	0.1	0.04	0.12	0.04	—
利润预测值(7)=(5)×(6)	24	81	30	45.4	151.5	55.6	20.32	67.2	24.48	500

上表只将利润预测值计算过程列示,其他各项预测值的计算过程都与它相同,此处就不一一列示了。

第九章 成本控制

第一节 成本控制概述

一、成本控制的含义

企业通过全面编制预算，对其未来一定期间的全部经营活动做出了具体的规划。为了保证这些规划能够实现，就必须对企业发生的经营活动进行预算控制。预算控制设计供应、生产、销售、成本、费用、现金收支和财务等各个方面，而成本是衡量一个企业经济效益和竞争力的一项综合性的指标。企业要提高经济效益和市场竞争力，其主要的途径就是不断地降低成本。因此，成本控制是企业进行全面控制的关键，也是成本管理的核心。

所谓成本控制，是指采用一定的控制标准和手段，对每项成本形成的具体活动加以监督和调节，使各项资源耗费控制在预算的范围内，发现偏差，及时找出原因并采取有效措施以实现企业的目标成本，提高经济效益的一项管理活动。

为了保证成本目标与成本预算的实现，需要依靠企业各层次的成本控制系统和全体员工的共同努力。同时，在成本控制过程中，不能单纯根据实际偏离目标或预算的数额以及相关原因的分析，消极地加以约束和限制。更重要的是，要调动一切积极因素，发挥各方面的潜力，不断降低成本，争取更好的经济效果。

从控制范围来说，成本控制有广义和狭义之说。广义的成本控制，强调对企业生产经营的各个方面、各个环节及各个阶段的所有成本的控制，在空间上渗透到企业的方方面面，在时间上贯穿于企业生产经营的全过程。它不仅要控制产品生产阶段的成本，还要控制产品设计试制阶段的成本和销售及售后服务阶段的成本；不仅要控制产品成本，而且还要控制产品成本以外的成本，如质量成本；不仅要加强日常的成本控制，而且还要做好事前成本控制。狭义的成本控制，主要是指针对生产阶段产品成本的控制，即运用一定的方法，对产品生产过程中构成产品成本的一切耗费进行科学、严格的计算、限制和监督，将各项实际耗费限制在预先确定的预算、计划或标准的范围内，并通过分析造成实际脱离计划或标准的原因，积极采取对策，以实现全面降低成本目标的一种会计管理行为或工作。狭义的成本控制的重点是对日常生产阶段产品成本的控制。

二、成本控制的分类

成本控制可以从不同的角度进行分类，常见的分类方法有以下几种：

1. 按控制时期分类

按控制时期不同，可分为事前成本控制、事中成本控制和事后成本控制。

事前成本控制，指在新产品投产前，对新产品的设计成本，试制成本，新材料、新工艺的成本，以及产品质量成本等所进行的控制。通过对可能影响未来生产经营活动的各项因素进行分析研究，并在此基础上制定出一套适应企业具体情况的成本控制制度。

事中成本控制即日常成本控制，是指在产品的生产阶段对实际发生的各项成本开支进行限制、指导和监督，以保证目标成本实现的日常成本管理活动，同时对实际成本脱离标准成本所造成的差异及时进行计算和分析，并采取有效措施保证生产过程中的耗费水平达到成本目标的要求。该类控制的重点在于严格按照既定的标准和预算进行把关，并根据已发生的偏差来指导和调节当前的经济活动。

事后成本控制，是指在产品成本形成后，根据标准成本与实际成本的差异对成本进行考核评价的过程，为调查和改进下一期的生产经营管理提供依据。

2. 按控制原理分类

按控制原理不同，成本控制可分为前馈性成本控制、防护性成本控制和反馈性成本控制。

前馈性成本控制是指利用控制理论原理，对事前的产品设计、试制阶段进行的成本控制。前馈性成本控制属于事前控制。防护性成本控制是通过建立企业内部的规章制度来控制成本发生的一种制度，是一种辅助控制形式。防护性成本控制也属于事前控制。反馈性成本控制是指产品生产过程中实施的全面控制，是利用反馈原理进行的日常或事后成本控制。

3. 按控制手段分类

按控制手段分类，成本控制可分为绝对成本控制和相对成本控制。

绝对成本控制，是指企业单纯为降低成本而对各成本支出的金额进行的控制。绝对成本控制侧重于节流，主要从节约开支的角度去控制成本。

相对成本控制，是指企业全面掌握有关成本资料，对企业内外部的各种数据及时分析，在做好预测、决策和价值分析的基础上对成本进行控制。这样，一方面节约开支，降低成本；另一方面通过本量利分析，充分利用企业的生产能力，提高产品功能，找到成本最低、利润最高的销售量，进而达到相对降低成本的目的。

4. 按控制对象分类

按控制对象分类，成本控制可分为产品成本控制和质量成本控制。

产品成本控制是对生产产品的全过程进行控制。质量成本控制是将质量管理和成本管理相结合，通过确定最佳质量成本而达到成本控制的目的。

三、成本控制的原则

成本控制原则是指企业进行成本控制的行为规范。主要有以下几项：

1. 全面性原则

由于成本涉及企业的方方面面，如产品设计，试制，生产，销售等各部门、各环节，因此，成本控制是全方位的，企业全体员工必须遵循全面性原则。全面性原则是指从企业全范围的角度进行成本控制的原则，包括以下三个方面：

（1）全过程成本控制。它是指成本控制应贯穿成本形成的全过程，包括产品设计、研制、工艺制造、生产、销售、售后服务等各个环节，只有对产品的整个生命周期实行全面的控制，才能最大限度地降低成本，获取最大的经济效益。

（2）全员成本控制。它是指依靠并动员全体员工共同进行成本控制。成本控制涉及企业的所有部门和员工，要降低成本，必须充分调动每个部门和员工的积极性，使每个人都为成本控制积极工作。

（3）全方位成本控制。成本控制不只是简单的成本监督和限制，企业不能为了降低成本而忽视产品的品种和质量，应当同时兼顾产品的不断创新，在保证和提供产品质量的前提下控制成本。一方面要节约开支，另一方面也要增加收入，做到开源与节流相结合。

2. 经济原则

经济原则指因推行成本控制而发生的成本，不应超过因缺少控制而丧失的收益。任何管理工作与销售、生产、财务活动一样，都要讲求经济效益。为建立某项控制，要花一定的人力或物力，付出一定的代价，但这种代价不能超过建立这项控制所能节约的成本。因此，经济原则在很大程度上决定了我们只在重要领域选择关键因素加以控制，而不对所有成本进行同样周密的控制。

经济原则要求成本控制能起到降低成本、纠正偏差的作用，具有实用性。成本控制系统应能揭示何处发生了失误，谁应对失误负责，并能确保采取纠正措施。只有通过适当的计划工作、组织工作和领导工作纠正脱离目标的偏差，才能证明成本控制系统是有用的。

3. 责、权、利相结合原则

它是指对于每个能控制成本的部门及个人应承担其相应的责任，要赋予其相应的管理权力，并给予其相应的经济利益的原则。只有明确各部门及个人的责任和权力，并以一定的经济利益作为推动其履行责任的动力，才能促使企业员工对本部门的经济利益共同负责，以充分调动各责任者在成本控制中的积极性和主动性，使成本控制真正发挥作用。

4. 例外管理原则

它是指在企业的经营管理上要求人们把注意力放到不正常的、关键性的问题上，对这类非正常的、不符合常规的、关键的差异，一定要查明原因，及时采取有效措施，进行调节和干预。确定例外的标准主要有以下四点：

（1）重要性。这是根据成本差异额的大小和成本差异率的高低来决定的。一般差异额大和差异率高的成本差异是重要的，应予以重视。差异额大小和差异率高低的衡量标准由各个企业根据自身的具体情况确定。需要注意的是，成本差异包括有利差异和不利差异，不应该只注意不利差异，有利差异过大有时也可能存在损害企业长期利益的因素。例如，为了降低成本，采取了偷工减料或降低采购材料的等级等手段，这必将引起产品质量的下降，最终会给企业带来重大损失。因此，对于大数额的有利差异，也应作为例外管理。

（2）一贯性。指有些成本差异虽未超过重要性规定的差异额或者差异率，但却持续一段时间一直在控制线附近徘徊，也应作为例外管理。因为出现这种情况可能反应原定预算或标准已经失效，应当及时进行调整；也可能由于成本控制不严而产生，应当及时纠正。

（3）特殊性。对于企业的获利能力和业务发展有重大影响的成本项目，其差异无论是否达到重要性的衡量标准，也应作为例外管理。例如，产品研究开发费用、技术改造费用等。从短期来看，少支出这些费用，有利于提高短期经营的效益；但从长期考察，少支出这些费用，会降低产品的质量，降低企业未来参与市场竞争的能力。因此，管理人员应对这方面的成本采取特殊控制的原则。

（4）可控性。凡属于管理人员无法控制的成本项目，即使超过了重要性规定的差异额或差异率，也不能将其作为例外管理处理。例如，由于原材料大幅度降价，出现了较大的直接材料价格差异，这是企业无法控制的，因此，这种情况不能作为例外管理。

第二节　成本控制标准

一、成本控制标准概述

成本控制标准是控制实际成本的依据和尺度，它规定了在一定的生产技术条件下，各种实际耗费应遵循的数量界限，切合生产经营实际的控制标准，不但能有效地降低成本水平，而且能充分调动职工节约生产消耗的工作积极性，实现成本控制的目标。不合理的成本控制标准，不仅达不到成本控制应有的目的，而且还会削弱责任单位降低成本的积极性，或遭到责任单位的抵制，从而使成本控制失去应有的作用。因此，成本控制标准的好坏，直接影响到成本控制的实施。目前，企业普遍采用的控制标准为标准成本。

标准成本也称应该成本，是指经过仔细的调查、分析和技术测定而制定的，用来评价实际成本、衡量工作效率的一种预计成本，主要用于产品制造过程的成本控制，也可用于存货和销货的成本控制，在正常经营条件下是应该实现的，因而又作为控制成本开支、评价实际成本、衡量工作效率的依据和尺度的一种目标成本。成本标准的高低反映了成本控制标准与实际成本之间差异的允许范围，科学地确定控制标准和实际成本之间的差异范围是有效实现成本控制的前提。一般情况下，标准成本有如下几种形式。

1. 理想标准成本

理想标准成本是指在最优的生产条件下，利用现有的规模和设备能够达到的最低成本。它通常是根据理论上的生产要素耗用量、最理想的生产要素价格和可能实现的最高生产经营能力利用程度来确定的。这种标准要求太高，难以达到，会抑制员工的积极性，因此不能作为考核的依据，它的主要作用是提供一个完美无缺的目标，揭示降低实际成本的潜力。

2. 基本标准成本

基本标准成本是指一经制定，只要生产的基本条件无重大变化，就不予变动的一种标准成本。所谓的生产基本条件的重大变化，是指产品的物理结构变化、重要原材料和劳动力价格的重要变化、生产技术和工艺的根本变化等，只有这些条件发生了变化，基本标准成本才需要修订。由于市场供求变化导致的售价变化和生产经营能力利用程度变化，以及由于工作方法改变而引起的效率变化等，不属于生产的基本条件变化，因此，不需要修订基本标准成本。基本标准成本与各期实际成本对比，可反映成本变动的趋势。由于基本标准成本不按各期实际修订，因此不宜用来直接评价工作效率和成本控制的有效性。

3. 现实标准成本

现实标准成本是指在效率良好的条件下，根据下一期一般应该发生的生产要素消耗量，预计价格和预计生产经营能力利用程度制定出来的标准成本。它考虑了在现实经济生活中不可避免的合理损耗、设备故障及人工的闲置等因素，是一种比较切实可行并且经过努力可以达到的标准。它是根据客观实验和过去实践，经充分研究后制订出来的，排除了各种偶然和意外情况，保留了目前条件下难以避免的损失，代表了正常情况下的消耗水平，可以作为评价业绩的尺度，调动员工的积极性。因此，这种标准成本能够在成本管理工作中发挥应有的积极作用，在实际工作中得到了广泛的应用。

二、标准成本的制定

(一) 标准成本的制定原则

制定标准成本的原则实际上是制定单位产品标准成本及其各项依据的原则。

1. 平均先进,水涨船高

标准成本应该制定在平均先进的水平上,以便只要通过努力就能达到,甚至超过。这样可以鼓励职工满怀信心地挖掘降低成本的潜力。过高或过低的要求,均不能激发职工的积极性。在大多数人都能轻易地达到时,就应适当提高要求。如果长期不加以调整,先进的标准也会变成落后的。

2. 根据过去,考虑未来

制定标准成本必须依据历史成本资料,另外,还应根据预测经济形势的动向、供需市场的变动、职工熟练程度的提高、改革技术和改进某些规章制度的预计效果等因素,在历史水平的基础上作适当的调整。

3. 专业人员草拟,执行人员参与,企业管理当局决定

标准成本基本上是生产要素的耗用量与单价相乘之积。因此在制定标准成本时,除了需要管理会计人员收集和整理历史资料,并参与整个制定过程外,材料和工时耗用量的确定离不开工程技术人员的研究和测定,材料价格和工资率的确定离不开采购人员和劳动工资管理人员的调查和预测。制定标准成本时,应该让标准成本的执行者,即直接控制成本的人员参与,并充分发挥其应有的激励作用,最后由上级管理当局确定方案。

(二) 标准成本的制定

标准成本的制定通常只针对产品的制造成本,不针对期间成本。对于管理成本和销售成本,采用编制预算的方法进行控制,不制定标准成本。产品的制造成本由直接材料、直接人工和制造费用三部分组成,与此相适应,产品的标准成本也按照这三大项目分别进行。在制定标准成本时,尽管三大项目具体内容不同、性质不同,但它们的基本形式相同,无论哪一个项目都是以“数量标准”乘以“价格标准”构成的,其公式为:

单位产品标准成本=单位产品耗用数量×单位产品价格标准

上述公式表明,要制定三大项目中任何一个项目的标准数,都必须从数量标准和价格标准两方面进行,最后合并而得之。它们的制定,都要遵循正常的标准成本要求,从实际出发,对企业的生产技术和经营条件做出通盘考虑后再行制定。

一般来说,对于数量标准,包括单位产品材料消耗量、单位产品直接人工工时等,主要由生产技术部门制定,通常采用工程估计法、时间与动作研究等方法来确定每单位产品或每一工时需要的数量。对于价格标准,包括原材料单价、小时工资率、小时制造费用分配率等,主要由会计部门同有关采购、工程技术、销售、人事或工会等部门共同制定,最后由企业管理当局审批后执行。

制定标准成本,通常先确定直接材料和直接人工的标准,其次确定制造费用的标准,最后确定单位产品的标准成本。

1. 直接材料标准成本

直接材料是为生产产品所必需的在产品生产过程中直接发生的有关材料损耗。直接材料

标准成本，是指生产单位产品应耗用材料成本的标准数，其中包括直接材料数量标准和直接材料价格标准，制定方法为：

(1) 数量标准。直接材料数量标准，是指有关产品在其设计方案、工艺要求和生产设备等因素的影响下，生产单位产品所耗用的原材料及主要材料的数量，即材料消耗定额，包括正常耗用的数量、必要的损耗以及不可避免的废品损失等。如果同时耗用多种材料，应分别按各种材料制定。

(2) 价格标准。直接材料价格标准，是指采购某种材料的计划单价，它以订货合同价格为基础，并考虑各种变动因素的影响，如供求情况、价格动向、购买政策以及现金折扣等，包括买价、采购费用和正常损耗等成本。同样，制定直接材料价格标准时，也应按各种材料分别计算，各种材料价格标准通常由财会部门根据供应部门、采购部门提供的计划单价分析制定。

在确定了直接材料的价格标准和用量标准之后，按照下列公式制定直接材料的标准成本：

直接材料标准成本＝直接材料标准数量×直接材料标准价格

[例 9-1]　某公司生产 A 产品只需一种甲材料，经测算，每生产单位产品正常耗用甲材料 1.2 吨，生产过程中允许损耗 0.1 吨，允许废品损失报废 0.2 吨。甲材料为外购取得，外购单价预计为每吨 50 元，运输费为每吨 8 元，装卸检验费为每吨 2 元。则生产单位 A 产品耗用甲材料的标准成本制定如表 9-1 所示。

表 9-1　甲材料标准成本的制定

单位：元

标准	甲材料
价格标准：	
预计发票单价	50
运费	8
装卸检验等成本	2
直接材料价格标准(元/吨)	60
数量标准：	
单位产品材料用量	1.2
单位产品损耗量	0.1
其他正常损耗	0.2
单位产品标准数量(吨/件)	1.5
单位产品标准成本	1.5×60＝90

2. 直接人工标准成本的制定

直接人工标准成本，是指在一定的生产技术和组织条件下，在进行合理的操作和管理后，为制造某种产品而直接耗用的人工费用。它是由单位产品耗用的标准工时和小时工资分配率组成的。因此，要确定直接人工标准成本，必须首先确定单位产品的标准工时和每小时的工资费用分配率。

(1) 数量标准。直接人工工时数量标准，是指生产单位产品所需要的工作时间，它是由生产技术部门根据历史资料或通过技术测定方式来确定，一般包括对产品直接加工所用的时间，必要的间歇和停工时间，以及不可避免的废品损失所耗时间等。实际制定时，先按产品的加工步骤分别计算，然后再按产品分别加以汇总。

（2）价格标准。直接人工价格标准即标准工资率，它可能是预计的工资率，也可能是正常的工资率。如果采用计件工资制，标准工资率是预计的每件产品支付工资除以标准工时，或预计的小时工资；如果采用月工资制，需要根据月工资总额和可用工时总量来计算标准工资率。其计算公式为：

$$直接人工小时工资率标准=\frac{直接人工工资总额}{标准总工时}$$

其中，标准总工时，是指企业在现有的生产技术和工艺水平条件下可能实现的最大生产数量或实现的最大生产能力，也称为产能标准，通常用直接人工工作小时数或机器小时数来表示。

当确定了直接人工效率标准和直接人工工资率标准后，可以按照下列公式计算单位产品直接人工的标准成本。

$$\begin{aligned}直接人工标准成本&=直接人工数量标准\times直接人工价格标准\\&=直接人工工时用量标准\times直接人工小时工资率标准\end{aligned}$$

最后，将各车间的直接人工标准成本汇总，即可得产品的直接人工标准成本。

［例 9－2］ 公司生产 A 产品，经测定，每件基本生产时间为 28 小时，允许休息时间为 2 小时，必要的整理时间为 2 小时，允许停工时间为 3 小时，允许的废品时间为 3 小时。每小时平均基本工资为 4 元，补贴为 1 元。则生产 A 产品的标准人工成本制定如表 9－2 所示。

表 9－2　A 产品标准人工成本的制定

部门	基本生产车间
单位产品工时：	
直接加工时间（小时/件）	28
休息工时（小时/件）	2
整理工时（小时/件）	2
停工工时（小时/件）	3
废品耗用工时（小时/件）	3
单位产品工时合计（小时/件）	38
单位产品工资率：	
基本工资（元/小时）	4
补贴（元/小时）	1
单位产品工资率标准（元/小时）	5
单位产品直接人工标准成本（元）	38×5＝190

3. 制造费用标准成本的制定

制造费用标准成本是按部门分别编制的，然后将同一产品涉及的各部门单位制造费用标准加以汇总，得出整个产品制造费用标准成本。由于成本具有不同形态，为了更好地实施成本控制，需要将制造费用进一步区分为变动制造费用和固定制造费用两类，其标准成本的制定也应根据这种分类分别确定。

(1) 变动制造费用标准成本的确定

变动制造费用，是指因本期制造产品所引起的制造费用部分，其费用总额随产量的增减变动成正比例的变化。例如，生产过程中耗用的某些燃料、动力、辅助材料等。由于企业产品往往不止一种，变动制造费用的数量标准通常采用单位产品直接人工工时标准，直接人工工时标准在直接人工标准成本制定时已经确定；也可以采用机器工时或其他用量标准，但应尽可能与变动制造费用保持较好的线性关系。

变动制造费用的价格标准是每一工时变动制造费用的标准分配率，根据变动制造费用预算和直接人工总工时计算求得。其计算公式为：

$$变动制造费用标准分配率=\frac{变动制造费用预算总额}{直接人工标准总工时}$$

确定了变动制造费用的数量标准和价格标准后，可按照下列公式计算单位产品变动制造费用标准成本：

$$变动制造费用标准成本=直接人工的标准工时\times变动制造费用标准分配率$$

最后，将各车间变动制造费用标准成本汇总，即可得到单位产品变动制造费用标准成本。

(2) 固定制造费用标准成本的制定

固定制造费用是维持一定生产能量而发生的费用，其总额并不随本期产量的变动而变动，例如，车间管理人员工资、固定资产折旧费等。

固定制造费用标准成本的确定，应根据采用的成本计算方法来确定。如果企业采用变动成本法，固定制造费用不计入产品成本，因此，单位产品的标准成本中不包括固定制造费用的标准成本。在这种情况下，固定制造费用作为本期收入的减项(列为期间费用)，不必制定其标准成本，固定制造费用的控制通过预算管理来进行。如果采用完全成本法，固定制造费用要计入产品成本，还要确定其标准成本。

固定制造费用的数量标准与变动制造费用的标准相同，可以是单位产品直接人工工时、机器工时、其他用量标准等，但两者的标准应保持一致，以便进行差异分析。这一标准在制定直接人工用量标准时已确定。

固定制造费用价格标准，即固定制造费用标准分配率，计算公式如下：

$$固定制造费用标准分配率=\frac{固定制造费用预算总额}{标准总工时}$$

确定了用量标准和价格标准以后，将两者相乘，即得出固定制造费用的标准成本：

$$固定制造费用标准成本=直接人工标准工时\times固定制造费用标准分配率$$

再将各车间固定制造费用标准成本汇总，即可得出单位产品的固定制造费用标准成本。

[例 9-3]　假定公司在现有生产能力充分发挥的条件下，预计全年计划生产 A 产品的生产能量为 16 500 工时，生产 A 产品单位标准工时为 38 小时。公司预计全年将发生制造费用总额 107 250 元，其中，固定制造费用总额为 24 750 元，变动制造费用总额为 82 500 元。制定 A 产品制造费用标准成本如表 9-3 所示：

表 9-3　A 产品制造费用标准成本

部　　门	基本生产车间
直接人工工时用量标准(小时/件)	38
标准工时总数(小时)	16 500
变动性制造费用预算总额(元)	82 500
变动性制造费用分配率标准(元/小时)	5
变动性制造费用标准成本(元/件)	38×5=190
固定性制造费用预算总额(元)	24 750
固定性制造费用分配率标准(元/小时)	1.5
固定性制造费用标准成本(元/件)	38×1.5=57
单位产品制造费用标准成本(元)	190+57=247

4. 单位产品标准成本的制定

在分别对直接材料、直接人工和制造费用制定出标准成本后，将它们加以汇总，就形成了单位产品的标准成本。但是，必须注意，产品的标准成本在采用不同的成本计算方法的情况下，其内涵是有差别的，用公式表示如下：

全部成本法下产品标准成本=直接材料标准成本+直接人工标准成本
+变动制造费用标准成本+固定制造费用标准成本

变动成本法下产品标准成本=直接材料标准成本+直接人工标准成本
+变动制造费用标准成本

产品的标准成本通常是以填置“标准成本卡”的形式来制定的，如表 9-4 所示，它既是单位成本预算，又是单位产品标准成本。在生产产品前，可将标准成本卡送至有关部门，作为日常进行产品成本控制和考核分析的依据。在上述例子中，假定 A 产品是一道工序即可完成。如果实际生产中，产品的生产须经过两道或两道以上的工序才能完工，则在制定标准成本卡时，还须反映出在每道工序上各项目的耗用标准。这样，对于各部门进行成本控制就非常方便了。

表 9-4　标准成本卡

项目	数量标准	价格标准	标准成本(元)
直接材料	1.5 吨	60 元/吨	90
直接人工	38 小时	5 元/小时	190
变动制造费用	38 小时	5 元/小时	190
固定制造费用	38 小时	1.5/小时	57
合计			527

第三节 成本差异分析

一、成本差异的种类

企业在生产产品之前，经过周密的分析、计算，确定单位产品的标准成本，并以“标准成本卡”的形式下达到各个部门，作为日常支出控制的参考。但是，实际的生产经营活动与制定标准成本时考虑的因素总是有差异的，这就会造成实际成本与标准成本不一致，出现成本差异。成本差异可以按照不同的标准划分为以下几类：

1. 数量差异与价格差异

数量差异，是指由于直接材料、直接人工和变动制造费用等要素实际消耗量与标准消耗量不一致而产生的成本差异。价格差异，是指由于直接材料、直接人工和变动制造费用等要素实际价格水平与标准价格不一致而产生的成本差异。

2. 纯差异与混合差异

一般的，我们在计算某项因素变化所带来的差异时，总是假设其他的因素保持不变。如果把其他因素固定在标准的基础上，所计算出的某因素变化所产生的成本差异就是纯差异。如，纯数量差异就是价格标准与用量差的乘积，纯价格差异就是价格差与数量标准的乘积。混合差异，又称为联合差异，是指总差异扣除所有的纯差异后的剩余差异，等于价格差与数量差的乘积。对混合差异的处理方法有三种：①将混合差异分离出来，单独列示，不由具体的责任成本部门负责；②将混合差异按平均或按比重，在各种纯差异之间进行分配；③为简便计算，不单独计算混合差异，而是直接将其归于某项差异。标准成本法下，对混合差异的处理采用了第三种方法，将其计入了价格差异。

3. 有利差异与不利差异

成本差异按数量特征分为有利差异和不利差异。有利差异，是指实际成本低于标准成本而形成的节约差；不利差异，是指实际成本高于标准成本而形成的超支差。

成本差异是反映实际成本脱离目标程度的信息，计算分析成本差异的目的是为了查明差异的产生原因，有针对性地制定调整和消除差异的措施，以消除不利的差异，发展有利的差异，实现对成本的有效控制，促进成本的不断降低，提高经济效益。

二、成本差异的计算与分析

由于直接材料、直接人工、变动制造费用都有价格标准和数量标准，其成本差异的计算可以采用通用模式，具体模式如图 9-1 所示。

价格差异＝(1)－(2)

＝ 实际价格×实际数量－标准价格×实际数量

＝(实际价格－标准价格)×实际数量

数量差异＝(2)－(3)

＝ 标准价格×实际数量－标准价格×标准数量

＝(实际数量－标准数量)×标准价格

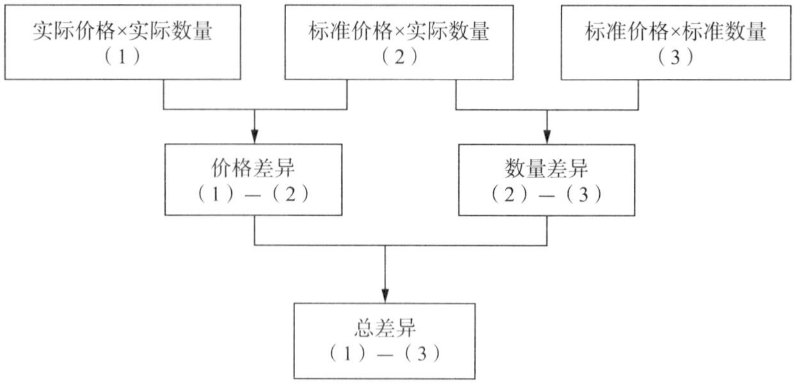

图 9-1　成本差异的通用计算模式

总差异＝(1)－(3)

＝实际价格×实际数量－标准价格×标准数量

＝价格差异＋数量差异

通过上述计算的通用模式可以看出，差异计算分析的做法是：价格差异的计算是建立在实际数量基础之上的，数量差异的计算是建立在标准价格基础之上的。

1. 直接材料成本差异分析

直接材料成本差异，是指在实际产量下，直接材料实际总成本与其标准总成本之间的差额。它由直接材料价格差异和用量差异两部分组成，前者是价格脱离标准的差异，是指直接材料的实际价格与标准价格之差按实际耗用量计算的差额；后者是用量脱离标准的差异，是指直接材料的实际消耗量与标准消耗量之差按标准价格计算的差额。其计算公式为：

材料价格差异＝实际数量×(实际价格－标准价格)

材料数量差异＝(实际数量－标准数量)×价格标准

直接材料成本差异＝实际价格×实际数量－标准价格×标准数量

＝材料价格差异＋材料数量差异

[例 9-4]　A 公司本月实际生产甲产品 700 件，实际使用直接材料 5 000 千克，每千克实际价格为 6 元，直接材料的标准用量为 6 千克，每千克标准单价为 5 元。则直接材料的成本差异计算如下：

直接材料实际成本＝5 000×6＝30 000(元)

直接材料标准成本＝700×6×5＝21 000(元)

直接材料成本差异＝30 000－21 000＝9 000(元)(不利差异)

直接材料价格差异＝5 000×(6－5)＝5 000(元)(不利差异)

直接材料数量差异＝(5 000－700×6)×5＝4 000(元)(不利差异)

验算：直接材料价格差异与数量差异之和应当等于直接材料成本的总差异。

[例 9-4]中，直接材料成本总差异为不利差异，是直接材料数量不利差异及其价格不利差异之和。

[例 9-4]中，造成直接材料不利差异的一部分原因是因为数量消耗超支，使成本超过了 4 000 元。通常直接材料数量差异是产品生产过程中材料耗用量的增加，一般由生产部门负

责。决定材料用量的因素很多,如,工人的技术熟练程度和责任感、加工设备的完好程度、产品质量控制制度、材料的质量和规格、是否存在浪费等。在正常情况下,生产部门可以控制耗用材料的数量,但有时多用料并非生产部门的责任。例如,购入的材料质量不合格,导致用料超过标准,工艺变更也会使数量差异变大。因此,要进行具体的调查研究才能明确责任归属。

另一部分差异则是由实际价格超出了标准价格引起的。直接材料价格差异一般由采购部门承担主要责任。在正常情况下,采购部门可以选择价格合理、运输方便、采购费用较低、质量较好的材料。但是,实际价格客观上又受到多种因素的影响,除了供应商实行新的定价之外,还包括采购的数量、运费涨价、可利用的数量折扣、紧急订货等原因,这些原因引起的价格差异不应归属于采购部门,而应对差异形成的原因和责任作进一步分析。例如,应生产的要求,对某项材料进行小批量的紧急订货,由于订货和运输形成的不利差异,则不能由采购部门承担。因此,如果差异产生的原因是采购部门能够控制的,说明产生的不利差异应由采购部门负责;如果采购部门不能控制,则说明差异产生的不利原因不应当由采购部门负责。

另外在实际工作中,企业生产产品消耗的直接材料也不止一种,那么,就要将产品消耗的各种材料按上述方法分别进行成本差异计算,然后再加以汇总。

2. 直接人工成本差异分析

直接人工成本差异,是指在实际产量下,直接人工实际成本与其标准成本之间的差额,其中包括直接人工工资率差异和直接人工效率差异两部分。直接人工效率差异,是指因为单位产品实际耗用的直接人工工时偏离其预定的标准工时所形成的直接人工成本差异,其差额是按标准工资率计算确定的金额。直接人工工资率差异,是指因直接人工实际工资率偏离其预定的标准工资率而形成的直接人工成本差异,其差额是按实际工时计算确定的金额。其计算公式如下:

直接人工工资率差异＝实际工时×(实际工资率－标准工资率)
直接人工效率差异＝(实际工时－标准工时)×标准工资率
直接人工成本差异＝直接人工工资率差异＋直接人工效率差异

[例 9－5]　A 公司本月实际生产甲产品 700 件,实际用直接人工工时 7 200 小时,实际支付总工资 63 360 元,直接人工标准工时为 10 小时,标准工资率为 9 元/小时。直接人工成本差异具体计算如下:

直接人工成本差异＝63 360－700×9×10 ＝360(元)(不利差异)
直接人工工资率差异＝7 200×(63 360÷7 200－9)＝－1 440(元)(有利差异)
直接人工效率差异＝(7 200－700×10)×9＝1 800(元)(不利差异)

[例 9－5]中,直接人工成本差异为不利差异,其原因可能是由于低水平技术工人造成了生产效率的下降,或者由于材料的质量问题而导致加工上的难度所致。

直接人工工资率差异形成的原因多且复杂,一般包括直接生产工人升级或降级时、奖励制度未产生实效、工资率调整、加班或使用临时工、出勤率变化等,一般应由负责安排工人工作的劳动人事部门或生产部门负责。

直接人工效率差异,即数量差异产生的原因包括工作环境的好坏、工人技术熟练程度、劳动情绪、加工设备的完好程度和使用情况、产品质量控制制度、材料的质量规格、动力供应情况、工具配备情况等。直接人工效率差异基本上应由生产部门负责,但也需要视具体情况而定。

3. 变动制造费用的差异分析

变动制造费用差异，是指变动制造费用实际发生额与变动制造费用标准发生额之间的差额，包括变动费用耗费差异即价格差异和变动制造费用效率差异即数量差异。变动制造费用的差异分析同样是建立在实际产出的基础上，根据实际产量进行分析。变动制造费用的价格差异，是指引起变动制造费用实际分配率偏离其标准分配率，按实际工时计算的金额，反映了耗费水平的高低，故称为变动制造费用耗费差异(又称为开支差异)；数量差异是指实际工时脱离标准工时，按标准的小时费用率计算确定的金额，反映了工序效率变化引起的费用节约或超支，故称为变动制造费用效率差异。其计算公式如下：

变动制造费用耗费差异(开支差异)＝实际工时×(实际费用分配率－标准费用分配率)

变动制造费用效率差异＝(实际工时－标准工时)×标准费用分配率

变动制造费用成本差异＝变动制造费用耗费差异＋变动制造费用效率差异

[例 9-6] A 公司本月生产甲产品 700 件，实际生产工时为 7 200 小时，实际发生变动制造费用 6 480 元，每件产品标准工时为 10 小时，标准分配率为 0.8 元/小时。其变动制造费用差异分析如下：

变动制造费用成本差异＝6 480－700×10×0.8＝880(元)(不利差异)

变动制造费用实际分配率＝(6 480÷7 200)元/小时＝0.9(元/小时)

变动制造费用耗费差异＝7 200×(0.9－0.8)＝720(元)(不利差异)

变动制造费用效率差异＝(7 200－700×10)×0.8＝160(元)(不利差异)

[例 9-6]中，变动制造费用发生不利价格差异 720 元，不利效率差异 160 元，导致变动制造费用总差异为不利差异 880 元。引起变动制造费用不利差异的原因可能是多方面的，如构成变动制造费用的各要素价格的上涨，例如，间接材料价格的上涨、动力费价格上涨等，或者是间接材料和人工的使用浪费、动力和设备使用的浪费等。

变动制造费用的耗费差异主要是由间接材料、间接人工和其他有关变动制造费用支出发生变化，生产过程中实际工时或机器工时利用情况发生变化引起的。该项差异反映了耗费水平，一般由该部门经理负责，他们有责任将变动制造费用控制在弹性预算限额之内。

变动制造费用效率差异是同变动制造费用的分配基础联系在一起的。[例 9-6]中，它是同直接人工效率联系在一起，因此，是由于实际工时脱离了标准导致费用的变动。所以，变动制造费用分配基础的选择非常重要，通常负责控制分配基础水平的部门应对变动制造费用的效率差异承担责任。

4. 固定制造费用差异分析

固定制造费用成本差异，是指一定期间内的固定制造费用实际发生额与其标准发生总额之间的差额。固定制造费用与变动制造费用不同，它主要与生产能力的形成及生产过程的正常维护相联系。在一定的生产活动量水平内，生产量水平发生变化，固定制造费用一般变化不大，通常通过编制预算进行成本控制。因此，对固定制造费用采用的成本控制方法与对变动性制造费用所采用的方法不同，而且，对固定制造费用的差异分析方法与各项变动成本的差异分析方法也有所不同，其分析方法有“二因素分析法”(二分法)和“三因素分析法”(三分法)。

(1) 二因素分析法(二分法)。二分法是将固定制造费用差异分为耗费差异和能量差异的分析方法。固定制造费用耗费差异是固定制造费用实际发生额与其预算数之间的差额，又称预算差异或开支差异。由于固定制造费用与变动制造费用不同，不因业务量变动而发生改变，故在差异分析时不考虑业务量的变动，以原来的预算数作为标准，实际数超过预算数的差额即为耗费超支。

能量差异反映了固定制造费用预算与固定制造费用标准成本之间的差额，即实际业务量的标准工时与生产能力之间的差额乘以固定制造费用标准分配率计算的结果，反映了未能充分使用现有生产能力而造成的损失。计算公式如下：

固定制造费用耗费差异(预算差异)＝固定制造费用实际成本－固定制造费用预算数

固定制造费用能量差异＝固定制造费用预算数－固定制造费用标准成本

＝固定制造费用标准分配率×生产能力

－固定制造费用标准分配率×实际产量标准工时

＝(生产能力－实际产量标准工时)×固定制造费用标准分配率

其中，生产能力＝预算产量标准总工时(标准产量总工时)

$$\text{固定制造费用标准分配率}=\frac{\text{固定制造费用预算总额}}{\text{预算产量标准总工时}}$$

固定制造费用成本差异＝固定制造费用耗费差异＋固定制造费用能量差异

(2) 三因素分析法(三分法)。三分法是将固定制造费用的成本差异分为耗费差异、效率差异和闲置能量差异三部分的分析方法。在三分法下，耗费差异的计算与二分法相同，而对能量差异要进一步分为两部分：一部分为闲置能量差异(又称能力利用差异)，是指实际工时未达到预算工时而造成的能量闲置差额；另一部分称为效率差异，是指实际工时脱离标准工时而形成的差异。其计算公式如下：

$$\begin{array}{c}\text{固定制造费用闲置能量}\\ \text{差异(能力利用差异)}\end{array}=\begin{array}{c}\text{固定制造}\\ \text{费用预算额}\end{array}-\begin{array}{c}\text{实际}\\ \text{工时}\end{array}\times\begin{array}{c}\text{固定制造费用}\\ \text{标准分配率}\end{array}$$

＝(生产能力－实际工时)×固定制造费用标准分配率

$$\begin{array}{c}\text{固定制造费}\\ \text{用效率差异}\end{array}=\begin{array}{c}\text{实际}\\ \text{工时}\end{array}\times\begin{array}{c}\text{固定制造费用}\\ \text{标准分配率}\end{array}-\begin{array}{c}\text{实际产量}\\ \text{标准工时}\end{array}\times\begin{array}{c}\text{固定制造费用}\\ \text{标准分配率}\end{array}$$

＝(实际工时－实际产量标准工时)×固定制造费用标准分配率

[例 9-7]　承[例 9-6]，A 公司本月生产甲产品 700 件，每件产品标准工时为 10 小时，实际发生固定制造费用为 11 480 元，固定制造费用预算总额为 11 520 元，实际生产工时为 7 200 小时。已知固定制造费用的标准分配率为 1.28 元/小时。对固定制造费用差异的分析为：

固定制造费用耗费差异(预算差异)＝11 480－11 520＝－40(元)(有利差异)

固定制造费用闲置能量差异(能力利用差异)＝(11 520÷1.28－7 200)×1.28

＝2 304(元)(不利差异)

固定制造费用效率差异＝(7 200－7 000)×1.28＝256(元)(不利差异)

固定制造费用差异＝2 304＋256－40＝2 520(元)

由此可以看出，固定制造费用发生的不利差异 2520 元被分解为三个差异：有利的支出差异 40 元、不利的生产能力利用差异 2 304 元以及不利的效率差异 256 元。支出差异反映了费用开支方面的节约或浪费。效率差异反映了人工效率情况，与变动制造费用相同。生产能力利用差异反映了生产能力的使用情况。该企业预算的正常能力为 9 000(11 520÷1.28)生产工时，而实际生产工时仅为 7 200 小时，形成了 1 800 小时生产能力的闲置，产生了 2 304 元的不利差异。

一般情况下，固定制造费用耗费差异(预算差异)主要是由于临时添置固定资产、超计划雇佣管理人员和辅助生产人员、预提和待摊费用计入本期成本过高引起的。能力利用差异主要是由于产品定价过高、经济不景气、材料供应不足以及停电等原因影响了产销量而造成的。引起效率差异的原因和直接人工效率差异的原因相同，都是由工时利用效率造成的。对固定制造费用的三种差异应具体分析，仔细研究原因，以便落实责任。

三、成本差异的账务处理

采用标准成本法进行账务处理时，对产品的标准成本与成本差异应分别进行核算，这样才能真实、准确地反映企业在一定时期的经营耗费与经营成果，也能够提高成本计算的质量和效率，使标准成本发挥更大的作用，还可以简化会计处理工作。

(一) 标准成本账务处理需设置的账户

为了同时提供标准成本、成本差异和实际成本这三项成本信息，需设置如下账户：

1. 标准成本账户

标准成本账户包括“原材料”、“生产成本”和“产成品”等账户，这些账户的借贷方均记实际数量的标准成本，其余额也反映其标准成本。

2. 成本差异账户

在标准成本账务系统下，需设置的成本差异账户包括“材料价格差异”、“材料数量差异”、“直接人工效率差异”、“直接人工工资率差异”、“变动制造费用耗费差异”、“变动制造费用效率差异”、“固定制造费用耗费差异”、“固定制造费用闲置能量差异”、“固定制造费用效率差异”等，以分别反映各项目的成本差异。

(二) 成本差异的期末结转

成本差异的期末结转方法通常有以下两种：一种是将本期的各种成本差异，按标准成本的比例分配给期末在产品、期末库存产成品和本期已销产品三者，理由是本期发生的成本差异与上述三者均有关系。另一种方法是将本期发生的各种成本差异全部由已销产品承担，结转到已销产品的成本中，然后随已销产品的标准成本转入“本年利润”账户，不再分配给期末在产品和期末库存产成品。在此情况下，期末资产负债表的在产品和产成品两项只反映标准成本。由于第一种方法期末差异分配非常复杂，不便于产品成本的简化，也就不便于本期成本差异的分析和控制。所以，实务中一般都采取后一种方法。

(三) 账务处理实例

以第三节的成本差异计算与分析的举例，对本期产品的各项成本差异做如下账务处理：

1. 直接材料成本差异的账务处理

直接材料实际成本＝5 000×6＝30 000(元)

直接材料标准成本＝700×6×5＝21 000(元)

直接材料成本差异＝30 000－21 000＝9 000(元)

其中：直接材料数量差异 4 000 元，直接材料价格差异 5 000 元。

直接材料实际成本计入“原材料”账户的贷方，直接材料标准成本计入“基本生产成本”账户的借方。计算结果表明，直接材料成本超支，其中，“直接材料数量差异”和“直接材料价格差异”均为不利差异，计入账户的借方。若为有利差异，则计入账户的贷方。编制会计分录如下：

借：基本生产成本——甲产品　21 000
　　直接材料数量差异　4 000
　　直接材料价格差异　5 000
　贷：原材料　30 000

2. 直接人工成本差异的账务处理

直接人工实际成本＝63 360(元)

直接人工标准成本＝700×9×10＝63 000(元)

直接人工成本差异＝63 360－63 000＝360(元)

其中：直接人工工资率差异－1 440 元，直接人工效率差异 1 800 元。

直接人工实际成本计入“应付职工薪酬”账户的贷方，直接人工标准成本计入“基本生产成本”账户的借方。计算结果表明，直接人工成本超支，其中，“直接人工效率差异”为不利差异，计入该账户的借方，“直接人工工资率差异”为有利差异，计入该账户的贷方。编制会计分录如下：

借：基本生产成本——甲产品　63 000
　　直接人工效率差异　1 800
　贷：应付职工薪酬　63 360
　　　直接人工工资率差异　1 440

3. 变动制造费用成本差异的账务处理

变动制造费用实际成本＝6 480(元)

变动制造费用标准成本＝ 700×10×0.8＝5 600(元)

变动制造费用成本差异＝6 480－5 600＝880(元)

其中：变动制造费用耗费差异 720 元，变动制造费用效率差异 160 元。

将变动制造费用实际成本计入“银行存款”、“应付职工薪酬”、“原材料”等有关账户的贷方，应编制会计分录如下：

借：变动制造费用　6 480
　贷：相关科目　6 480

同时，将变动制造费用标准成本计入“基本生产成本”账户的借方，应编制会计分录如下：

借：基本生产成本——甲产品　5 600
　贷：变动制造费用　5 600

本例中变动制造费用成本超支，其中，“变动制造费用耗费差异”、“变动制造费用效率差异”均为不利差异，分别计入账户的借方；若为有利差异，则计入账户的贷方。编制会计分录如下：

借：变动制造费用　5 600
　　变动制造费用耗费差异　720
　　变动制造费用效率差异　160
　贷：相关科目　6 480

(四) 固定制造费用成本差异的账务处理

由三因素分析法得出以下结果：

固定制造费用实际成本＝11 480(元)

固定制造费用标准成本＝7 000×1.28＝8 960(元)

固定制造费用成本差异＝11 480－8 960＝2 520(元)

其中，固定制造费用耗费差异－40 元，固定制造费用能力利用差异 2 304 元，效率差异 256 元。

将固定制造费用实际成本计入“银行存款”、“应付职工薪酬”、“原材料”等有关账户，编制会计分录如下：

借：固定制造费用　　11 480

　贷：相关科目　　11 480

同时，将固定制造费用标准成本计入“基本生产成本”账户的借方，编制会计分录如下：

借：基本生产成本——甲产品　　8 960

　贷：固定制造费用　　8 960

计算结果表明固定制造费用成本超支，其中，“固定制造费用耗费差异”为有利差异，计入该差异账户的贷方；“固定制造费用能力利用差异”和“固定制造费用效率差异”为不利差异，计入该差异账户的借方，编制会计分录如下：

借：固定制造费用　　8 960

　固定制造费用能力利用差异　　2 304

　固定制造费用效率差异　　256

　贷：相关科目　　11 480

　　固定制造费用耗费差异　　40

本章小结

成本控制是指运用成本会计为主的各种方法，在整个生产经营过程中，采用一定的控制标准和手段，对每项成本形成的具体活动加以监督和调节，使劳动耗费及各种费用开支控制在预算的范围之内，发现偏差，及时找出原因，并采取有效措施以实现企业的目标成本，提高经济效益的一种管理活动。

标准成本是在精确的调查、分析与技术测定的基础上制定的，用来评价实际成本、衡量工作效率的一种预计成本。

标准成本差异，是指企业在一定时期生产某种产品所发生的实际成本与其标准成本之间的差额。标准成本差异可以分为直接材料成本差异、直接人工成本差异和制造费用差异。其中，制造费用差异又可以进一步划分为变动制造费用差异和固定制造费用差异。

成本差异是反映实际成本脱离预定目标程度的信息。为了消除这种偏差，要对产生的成本差异进行分析，找出原因，拿出对策，以便采取措施加以纠正。直接材料成本差异、直接人工成本差异和变动制造费用差异的分析方法基本相同，均可按其形成原因划分为价格脱离标准形成的价格差异和用量脱离标准的数量差异。固定制造费用不同于变动制造费用，对所形成的固定制造费用差异有二分法和三分法两种差异分析方法。

复习思考题

1. 什么是成本控制？成本控制的原则是什么？
2. 什么是标准成本法？标准成本法的特点是什么？
3. 标准成本一般分为哪几种类型？
4. 如何制定标准成本？
5. 什么是成本差异？在标准成本法下，成本差异又分为哪几种？
6. 如何进行成本差异的计算与分析？
7. 试述成本控制中确定“例外”的标准。

练习题

一、单项选择题

1. 以现有生产经营条件处于最佳状态为基础，确定的最低水平的成本称为(　　)。

A. 理想标准成本　　B. 基本标准成本　　C. 平均标准成本　　D. 现实标准成本

2. 本月生产甲产品 10 000 件，实际耗用工时 320 000 小时，实际发放的工资为 640 000 元。该产品标准工资为每件 40 元，标准工时为每件 2.5 小时，其直接人工价格差异为(　　)元。

A. 128 000　　B. −640 000　　C. 100 000　　D. −160 000

3. 在标准成本差异分析中，材料价格差异是根据实际数量与价格脱离标准的差额计算的，其中，实际数量是材料的(　　)。

A. 采购数量　　B. 入库数量　　C. 领用数量　　D. 耗用数量

4. 发生了材料价格的不利差异时，一般应该由(　　)部门负责。

A. 质量控制部门　　B. 采购部门　　C. 生产部门　　D. 产品设计部门

5. 已知固定制造费用标准分配率为 2 元/小时。当月相关数据如下：实际发生固定制造费用 9 800 元，实际工时为 5 000 小时，标准工时为 4 800 小时，预计应完成的总工时为 5 600 小时，则固定性制造费用的效率差异为(　　)。

A. 超支 200 元　　B. 超支 400 元　　C. 节约 1 200 元　　D. 节约 1 400 元

6. 材料成本差异的基本构成包括消耗数量差异和(　　)。

A. 效率差异　　B. 耗费差异　　C. 价格差异　　D. 闲置能量差异

7. 工资成本人工效率差异是由于存在(　　)。

A. 实际工时与标准工时之差　　B. 实际工时与定额工时之差

C. 预算工时与标准工时之差　　D. 实际工资率与标准工资率之差

8. 已知变动性制造费用标准分配率为 0.50 元/小时，标准工时 1 000 小时；执行结果：实际工时 1 200 小时，实际发生变动性制造费用 550 元。由此可以求出变动性制造费用耗费差异为(　　)。

A. −50　　B. +50　　C. +100　　D. 以上结果均不对

9. 已知固定性制造费用预算数为 10 000 元，预计应完成的总工时为 5 000 小时，预算执行结果为：实际工时 4 500 小时，标准工时 4 800 小时，实际固定性制造费用 9 000 元。根据以上资料，可以算出生产能力利用差异为（　　）。

A. −1 000　　B. +1 000　　C. −600　　D. 以上结果均不对

二、多项选择题

1. 下列项目中，属于价格差异的有（　　）。

A. 工资率差异　　B. 变动制造费用开支差异

C. 人工工时差异　　D. 变动制造费用工时差异

2. 固定制造费用的能量差异，可进一步分解为（　　）。

A. 闲置能量差异　　B. 能力利用差异　　C. 效率差异　　D. 价格差异

3. 下列成本差异中，通常不属于生产部门责任的是（　　）。

A. 直接材料价格差异　　B. 直接人工工资率差异

C. 直接人工效率差异　　D. 变动制造费用效率差异

4. 成本控制的例外管理原则包括（　　）。

A. 一贯性原则　　B. 重要性原则　　C. 经济效益原则　　D. 特殊性原则

5. 在下列成本差异项目中，其形成原因与直接人工效率差异相同的有（　　）。

A. 直接材料价格差异　　B. 变动制造费用效率差异

C. 固定制造费用效率差异　　D. 固定制造费用开支差异

6. 固定制造费用成本差异等于（　　）。

A. 开支差异＋预算差异＋生产能力利用差异　　B. 能量差异＋预算差异

C. 预算差异＋效率差异＋生产能力利用差异　　D. 能量差异＋效率差异

三、判断题

1. 直接人工效率差异，是指直接人工实际成本与直接人工标准成本之间的差额。

2. 所谓标准成本，是指数量标准和价格标准两者相乘得出的成本标准，即单位产品标准成本。

3. 直接材料价格差异应由采购部门负责，直接材料数量差异应由生产部门负责。

4. 实际工时脱离标准工时形成的差异，称为能量利用差异。

5. 由于有利差异是实际成本低于标准成本而形成的节约额，因而，有利差异应越大越好。

6. 变动性制造费用的价格差异相当于其预算差异。

7. 原材料耗用量差异由生产部门负责，而不应由采购部门负责。

四、计算题

1. 某公司使用标准成本系统，用以计算直接材料的标准成本价格，并为每件产品制定了成本标准：

	标准用量	标准价格	标准成本
直接材料	8 千克	1.80 元/千克	14.40 元
直接人工	0.25 小时	8.00 元/小时	2.00 元
合计			16.40 元

本月购入16万千克的直接材料，成本为30.4万元。本月份全厂工资为4.2万元，其中80%为直接人工工资。本月共生产1.9万件产品，耗用14.25万千克直接材料，5 000个工时。

要求计算：

(1) 本月直接材料价格差异；

(2) 本月直接材料数量差异；

(3) 本月直接人工工资率差异；

(4) 本月直接人工效率差异。

2. 某公司本期有关资料如下：

变动性制造费用标准分配率：	0.25元/小时
预计应完成的总工时	2 500小时
固定性制造费用预算数	4 000元
实际工时	2 200小时
标准工时	2 000小时
实际变动制造费用	510元
实际固定制造费用	3 980元

(1) 计算变动性制造费用差异并进行分析；

(2) 计算固定性制造费用差异并进行分析。

3. 某产品本期标准产量为100台，每台标准工时为9小时，直接材料标准耗用量为10公斤，直接材料标准单价为10元，本期固定制造费用预算为4 500元。本期实际产量为110台，每台实际工时为10小时，实际耗用材料1 250公斤，直接材料成本为13 750元，实际发生固定制造费用4 200元。

要求：计算两项材料成本差异和三项固定制造费用差异。

4. 某公司本年度的固定性制造费用及其他有关资料如下：

固定制造费用预算总额	60 000元
固定制造费用实际支付总额	61 700元
预计产能标准总工时	20 000工时
本年度实际耗用总工时	17 500工时
本年度实际产量应耗标准总工时	16 000工时

要求：计算固定制造费用的预算差异和能量差异。

参考答案

一、单选题

1. A　2. D　3. D　4. B　5. B　6. C　7. A　8. A　9. B

二、多选题

1. AB　2. ABC　3. AB　4. ABD　5. BC　6. BC

三、判断题

1. × 2. √ 3. × 4. × 5. × 6. × 7. ×

四、计算题

1. （1）1.425 万元 （2）－1.71 万元 （3）－6 400 （4）2 000

2. （1）变动性制造费用耗费差异＝－40 元
变动性制造费用效率差异＝50 元
变动性制造费用成本差异＝10 元
（2）固定性制造费用预算差异＝－20 元
固定性制造费用能力差异＝－400 元
固定性制造费用效率差异＝400 元
固定性制造费用差异＝－20 元

3. （1）材料用量差异＝(1 250－110×10)×10＝1 500
（2）材料价格差异＝(13 750÷1250－10)×1 250＝1 250
（3）固定制造费用预算差异＝4 200－4 500＝ －300
（4）固定制造费用效率差异＝(110×10－110×9)×4 500÷900＝550
（5）固定制造费用生产能力利用差异＝(100×9－110×10)×4 500÷900＝－1 000

4. （1）预算差异＝61 700－60 000＝1 700
（2）能量差异＝60 000/20 000(20 000－16 000)＝12 000

第十章 责任会计与绩效评价

第一节 分权管理与责任会计

责任会计是企业经营管理的组成部分,实行责任会计是企业将庞大的组织机构分而治之的一种做法。责任会计的产生可以追溯到19世纪末20世纪初。第二次世界大战以后,随着国际经济的迅速发展,国际资本、技术、劳动力等的不断交流,市场竞争的日趋激烈,企业规模越来越大,管理层次越来越多,组织机构复杂,分支机构遍布世界各地,使企业经营活动分布面广、经营多样化。在这种情况下,企业高层管理者既不可能具体了解企业正在进行的生产经营活动的情况,也不可能为企业未来的生产经营活动做出决策;更重要的是,依靠企业高层少数几个人来经营管理一个庞大的企业,已经显得越来越力不从心了。传统的集中管理模式已经无法满足迅速变化的市场需求,而逐渐被现代分权管理模式所取代。

一、集权与分权

所谓集权,是指企业把日常生产经营活动较多集中在企业最高管理层,而下属单位则从事执行工作。在实践中,集权主要具有以下优点:

(1) 由最高管理层根据组织的主要政策及组织的整体利益进行决策,易于实现目标一致性。

(2) 有利于集中领导,协调各部门活动,便于统一指挥。

(3) 减少下属单位在资源、人力储备上的不必要的重复,有利于合理利用资源。

(4) 同属一类专业的员工一起共事,易于相互学习,增进技能。

集权管理的缺点:

(1) 下级职位处于被动地位,限制了下级管理人员主动性和积极性的发挥。

(2) 最高管理层虽可综观全局,但难以监督执行情况,对市场变化反应较慢,容易产生官僚主义。

(3) 部门之间协调困难。

分权管理,就是将企业的日常生产经营决策权同相应的经济责任下放给下层管理人员,使得下层管理人员对日常经营活动能做出及时有效的决策,以迅速适应市场变化的需要。分权管理的主要表现形式就是部门化,即在企业中建立一种具有半自主权的组织结构,通过由企业管理中心向下或向外的层层授权,使每一部门都拥有一定的积极性、权力和责任。组织越大、越复杂,分权管理的优点越明显。实施分权管理的优点主要有以下几个方面:

一是为中央管理部门节约时间,让高层管理者集中处理更重要的事物。

二是提高反应的时效性。分权管理可以发挥下层管理人员在制定和实施决策的过程中迅速做出反应的优势。

三是有利于优化下层管理人员的激励机制。通过业绩评价和奖惩措施，将各部门管理人员的利益与企业的经营业绩紧密联系起来，从而使管理人员的利益与企业的目标达成一致。

四是便于开展下层管理人员的培训。

五是有利于提高企业适应所处环境的能力。成功的管理者必须随时跟踪外部环境的变化，这样才能使企业在外部环境对它实施影响之前，采取相应的行动。分权为公司规模的持续扩大提供可行的组织框架。

六是有利于缩短信息传递所需要的时间。导致分权管理的最大原因在于中央管理层与下级部门分享部门信息的困难性，人们期望把决策权放在需要信息、储存信息、选取信息和加工信息的地方。现在的市场是关于信息的市场，谁能在第一时间获得信息并迅速做出反应，谁就能在市场竞争中占有优势。而信息的层层上传、层层下达，很可能会延误时机。

分权管理的结果，一方面使分权单位之间具有某种程度的相互依存性，主要表现为各分权单位间的产品或劳务的相互提供；另一方面，又不允许各分权单位在所有方面像一个独立的组织那样进行经营。因此，某一分权单位的行为不仅会影响其自身的经营业绩，甚至还有损于企业的整体利益。可见，在实行分权管理的条件下，要协调各分权单位之间的关系，使各分权单位之间以及企业与分权单位之间在工作和目标上达成一致，防止各个部分为了片面追求局部利益，致使企业整体利益受到损害等行为的发生。在分权企业中，管理会计的主要功能在于利用会计信息对各分权单位进行业绩的计量、评价与考核。具体表现为：根据授予基层单位的权力和责任以及对业绩的计量、评价方式，将企业划分成各种不同形式的责任中心，并建立起以各个责任中心为主体，以责、权、利相统一的机制为基础，通过信息的积累、加工和反馈而形成的企业内部业绩的控制系统。

二、责任会计

1. 责任会计的基本概念

责任会计是在行为科学的理论基础上产生的，与企业组织机构相适应，在分权管理的条件下，为适应经济责任制的要求，将企业划分为各种不同形式的责任中心，并建立起以各个责任中心为主体，以权、责、利相统一为特征，以责任预算、责任控制、责任评价和奖惩为内容，通过信息的积累、加工和反馈而形成的一种企业内部的管理控制制度，是把会计资料同各个责任中心经济活动的规划、控制考核与业绩评价紧密联系起来的一整套会计制度，也称责任会计制度。责任会计的目的是提供各种会计信息，以使各责任中心的责任人了解其相应的责、权、利，并作为今后评价各中心业绩的主要依据。一个有效的责任会计制度必须具备三个特征：①它必须与组织策略及组织目标保持高度一致；②必须能适应组织的结构及每个管理者的不同的决策责任；③应该能激励管理者及雇员。

2. 责任会计制度的基础和条件

实施责任会计制度的基础和条件，归纳起来有以下几个方面：

(1) 合理划分责任中心。实施责任会计，首先要按照分工明确、责任易辨的原则，合理划分责任中心，然后明确规定其权、责范围，使其能在权限范围内，独立自主地履行职责。

(2) 编制责任预算。企业应根据全面预算所确定的生产经营总目标和任务，按责任中心进行层层分解、落实，并为每个责任中心编制责任预算，作为今后控制各责任中心经济活动的依据，同时也作为评价其工作成果的基本标准。

(3) 制定业绩考核标准。业绩考核标准应当具有可控性、可计量性和协调性等特点，即其考核的内容只能是责任中心能够控制的因素；考核指标的实际执行情况，要能比较准确地计量和报告，并能使各个责任中心在完成企业总目标的过程中，明确各自的目标和任务，以实现局部和整体的统一。

(4) 合理制定内部转移价格。为分清经济责任，便于正确评价各个责任中心的业绩，各责任中心之间相互提供的产品和劳务应根据各责任中心经营活动的特点，合理地制定内部转移价格，并据以计价结算。所制定的内部转移价格，必须既有助于调动各个方面生产经营的主动性、积极性，又有助于实现局部和整体之间的目标一致。

(5) 建立健全信息系统。责任预算一经确定，就要按责任中心建立相应的一套完整的日常记录、计算和积累有关经济责任预算执行情况的信息跟踪系统，对实际执行情况进行跟踪反映，并定期编制业绩报告，企业应根据各责任中心的业绩报告，分析预算执行差异发生的原因，及时通过信息反馈，控制并调节它们的日常经营活动；同时还要督促它们迅速采取有效措施，纠正缺点，巩固成绩。因此，责任会计的信息系统必须满足相关性、及时性和准确性等要求。

(6) 制定合理、有效的奖惩制度。企业应制定一套既完整、合理，又切实、有效的奖惩制度，根据各责任中心实际工作业绩的好坏进行奖惩，鼓励先进，鞭策落后。如果一个责任中心的工作业绩因其责任单位的过失而受到损害，应由责任单位赔偿。该制度应有助于实现权、责、利的统一。

3. 责任会计制度的特点

与财务会计相比，责任会计制度具有以下特征：

(1) 责任会计的核算对象

为了准确核算各责任中心的经营业绩，就必须首先明确各项业务的责任对象。财务会计是以企业实体的经济活动为核算对象，而责任会计是以企业中的各责任中心的经济责任为核算对象，责任会计所要反映和评价的是每一个责任中心的工作业绩。所以，一切与该责任中心相关的业务和事项都可归属于某一责任中心，都是责任会计所需核算的内容。

(2) 责任会计的核算程序

责任会计核算的一般程序如下：

① 为责任中心制定责任预算或确立目标。这是为各责任中心确立一个履行职责的目标，同时也为评价各责任中心的工作确立了一个标准。

② 准确地核算各责任中心的经营业绩。这是责任会计核算的重要环节，它包括原始凭证的填制、费用的归集和分配、内部产品或劳务转移的结算、收入的确认以及最终经营业绩的确定等。

③ 评价和考核各类责任中心经济责任的履行情况。通过核算环节，已对各责任中心的实际经营情况作了客观的反映，接着，就应将实际执行结果与预定的责任目标或责任预算进行比较，揭示其差异，并对其经营业绩做进一步的评价。

④ 通过调查和分析，编制责任会计报告。责任会计报告是对责任中心经营业绩的全面考核和评价。责任会计报告的内容包括责任目标(或预算)和实际执行情况及其差异的揭示，并根据重要性原则对差异进行调查和分析，找出其原因，提出改进工作的建议等。

(3) 责任会计报告

责任会计报告是责任会计提供信息的媒介,也是责任会计的工作成果。责任会计报告由于是为企业内部提供信息,因此,与财务报告相比,无论在报告对象、报告内容、报告时间等方面都有其特点。总括地说,责任报告具有以下特征:

① 报告对象。不同责任中心所包含的责任内容、责任范围都不一样,因此,应根据具体的对象确定报告的内容。

② 报告形式。将责任目标、实际履行情况及其产生的差异用报表予以列示,是责任报告的基本形式,但在揭示差异的同时,必须对重大差异予以分析,查找其产生原因,并作出说明或提出改进建议。所以,责任报告的形式除报表外,必须采用数据分析和文字说明的方式。

③ 报告时间。责任报告的编制时间一般是定期的,但由于各责任中心的特点不一样,所以,为各责任中心所定的报告期可能不尽一致。

④ 报告内容。由于各责任中心的性质不一样,所以,各类责任中心的报告内容也不尽一致,但基本的要求是必须报告其责任目标或预算及其实际执行结果和产生的差异,以便各责任中心进行自我控制,及上层责任中心对下属责任中心予以控制。除此之外,应根据重要性原则,对重大差异作进一步的定量分析和定性分析。

第二节　责任中心

在分权管理企业中,各种承担与其经营决策相适应的经济责任的组织部门或区域被称为责任中心。这个中心,即在会计制度上设定为有责任执行所规定活动的计量单位。在一个企业内,一个责任中心可大可小,它可以是一个销售部门、一条专门的生产线、一座仓库、一台机床、一个车间、一个班组、一个个人,也可以是分公司、事业部,甚至是整个企业。责任中心具有承担经济责任的条件,它有两方面的含义:①责任中心具有履行经济责任中各条款的行为能力;②责任中心一旦不能履行经济责任,能对其后果承担责任。

根据控制区域和责任范围的不同,责任中心可以分为四种主要类型:①成本中心:管理者仅对成本负责的责任中心;②收入中心:管理者仅对销售收入负责的责任中心;③利润中心:管理者对收入和成本负责的责任中心;④投资中心:管理者对收入、成本和投资活动负责的责任中心。

一、成本中心

成本中心是指那些只能控制成本从而只对成本负责的责任中心。成本中心有狭义和广义之分。狭义的成本中心,是指对产品的生产或劳务提供资源的耗费负责的责任中心,也即主要指生产产品或提供劳务的责任中心;广义的成本中心,除狭义的成本中心外,还包括那些非生产性的以控制经营管理费用为主的责任中心,也即费用中心。

成本中心的特点是没有经营权或销售权,无法控制收益,因而其责任只是对在其职权范围内发生的成本或费用负责。成本中心的目标是在保质保量完成生产任务或搞好管理工作的前提下,控制和降低成本和费用。企业中的某一生产部门,比如组装或精加工部门,就是成本中心的实例。生产部门的管理人员不制定价格或做出营销决策,但他可以控制成本。因此,成本控制得好坏，是对成本中心管理者评价的主要依据。

成本中心是应用较广泛的一种责任中心的形式，上至工厂一级，下至车间、工段、班组，甚至个人都可以划分为成本中心。由于成本中心的规模大小不一，所以，成本中心控制、考核的内容也不一样。为了正确确定成本中心的责任对象，提高成本控制的有效性，首先必须先把成本划分为可控成本和不可控成本。可控成本是相对于不可控成本而言的。凡是责任中心能控制的各种耗费，称为可控成本；凡责任中心不能控制的耗费，则为不可控成本。对某一成本中心来说，可控成本应具备如下几个条件：①成本中心能预知将发生什么样性质的耗费；②成本中心有办法计量它的耗费；③成本中心有办法控制并调节它的耗费。

属于某个成本中心的各项可控成本之和，即为该中心的责任成本。

必须注意的是，一项费用是否为可控成本，不是由费用本身决定的，而是对成本中心而言的。因为一个成本中心的不可控成本，可能是另一个成本中心的可控成本；下一级成本中心的不可控成本，对于上一级成本中心来说，往往是可控的。例如，材料的价格，对供应部门来说是可控的，但对生产部门来说就是不可控的。又如，制造费用中的固定费用，对生产小组来说是不可控的，但对车间来说却是可控的。

二、收入中心

收入中心是只控制收入，但并不控制生产成本、所售产品或服务的成本及责任中心做出的投资水平的责任单位。收入中心的存在是为了组织销售活动。典型的收入中心是公司的销售部门，该部门负责产品的销售和分配。如果收入中心有制定价格的权力，那么就要对获得的毛收入负责，否则，就需要对实际销售量和销售结构负责。

收入中心不对成本负责的一个重要原因是，在传统成本计算法下，无论是其销售产品的成本还是提供服务的成本，都不能准确计量，由于缺乏配比信息，无法对其利润进行评估。但随着作业成本法以及以作业成本为基础的战略成本管理在公司中的应用，对于销售费用也可以按照作业成本法进行准确核算，从而也可以评价利润，而将收入中心转化为利润中心。因此，收入中心在分权化管理中的地位和作用将逐渐减小。

三、利润中心

利润中心是指管理者控制收入和他们所提供的产品成本的责任中心。它的责任是控制收入和成本费用。该中心的管理人员同时具有生产和销售两个职责。因此，利润中心需要对下列活动做出决策：生产哪种产品、如何生产、产品质量如何控制、价格的制定以及产品销售。管理者需要权衡价格、产量、质量和成本，使得中心的经营达到最优。

企业内部有独立收入来源的部门都可以成立利润中心，例如，分公司、分厂或者有独立经营权的部门。各个利润中心相对独立、自成一体，但也相互协调。它和成本中心的主要区别是利润中心是产生收入的，它有独立的经营决策权，也就是说，利润中心可以自行决定原材料的来源、生产的数量，以及产品的销售对象和销售数量等。因此，利润中心是比成本中心更高一层的责任中心。

利润中心按收入来源的性质不同，又可以分为自然利润中心和人为利润中心两类：

（1）自然利润中心是直接对外销售产品或提供劳务，取得实际收入的利润中心，如分公司、分厂等。这种利润中心一般有独立的产品销售权、价格制定权、材料采购权以及生产决策权，它和独立企业一样可以在外界市场上销售商品或提供劳务取得收入，赚取利润。

（2）人为利润中心是不直接对外销售商品或提供劳务，而是在企业内部各责任中心之间相互提供产品和劳务，从其他责任中心取得内部销售收入作为其收入实现的利润中心。人为利润中心的销售收入是按照内部转移价格计算的内部销售收入，并不是真正的销售收入。设置这种虚拟的利润中心，便于衡量各责任中心的工作成果。大型工厂的各个成本中心，只要对其提供的产品和劳务制定转移价格，就可以转为人为利润中心。

四、投资中心

投资中心是对投资负责的责任中心，是一个就本身投资基础的盈利能力对最高管理者负责的企业单位。其成功不仅用收益来计量，还要将其收益与投入的资本结合起来加以考虑，即用收益与所占有的资本额的比率来计量。投资中心需要做出的决策不仅包括产品的组合、价格的制定和生产方法等短期经营决策，而且还包括投资规模和投资类型的决策。由于投资的目的也是为了获得利润，所以，投资中心实质上也是利润中心，但投资中心拥有投资决策权，能够独立运用所掌握的资金，有权购置和掌握固定资产，扩大和缩小生产能力等，所以，它控制的区域和职责范围比一般的利润中心要大得多。投资中心扩展了利润中心的概念。

投资中心是最高的责任中心，它具有最大的决策权，也承担了最大的责任。投资中心是分权管理模式最突出的表现。大型集团公司下面所属的子公司、分公司往往都是投资中心。

应该注意的是，虽然责任中心的主管负责本中心的各项活动，但由他作出的决策会影响到其他的责任中心。例如，一家生产小家电的公司，其销售部门常在季末给客户打折优惠，那么，随着销售量的增加，生产部门就不得不加班加点以满足客户的需求。因此，需要对各责任中心加以协调控制，以使各责任中心共同为实现企业的整体目标而努力。

综上所述，责任中心虽然按照控制区域和权责范围的大小分为四种类型，但这四种责任中心并不是孤立存在的，它们之间构成了一个相互联系、相互影响的“连锁责任网络”。首先，从这四种责任中心的形式来看，成本中心和收入中心都只承担单一责任，而利润中心和投资中心承担的是复合责任，但其基本点是相同的，即其所承担的责任和所赋予的权力是一致的。其次，每个责任中心都必须对其分工负责的指标向上一级责任中心承担经管责任。例如，基本的成本中心（一个生产组）应就其经管的可控成本，向其上层的复合成本中心（如生产车间）负责；复合成本中心（生产车间）应就其本身的可控成本和下属转来的责任成本，向利润中心（如分公司）负责；利润中心（如分公司）应就其本身经管的收入、成本及下属单位转来的责任成本、边际贡献向投资中心（如事业部）负责；投资中心则要就其经管的投资报酬率和剩余收益向董事会负责。

第三节　责任中心的财务业绩评价

在现代社会，业绩评价对企业战略的重要性日益突出，责任中心的业绩评价与报告是企业责任会计系统的核心内容。业绩评价标准的合适与否，会影响下级管理者的行动。因此，在明确各责任中心的权责之后，企业应当制定适当的业绩评价标准，使得各责任中心的利益同整个企业的利益相一致。

由于各类责任中心都具有自身的性质和特点，因此，对其考核的财务业绩指标也不同，下面分别给予介绍。

一、成本中心的财务业绩评价

成本中心的主要任务是在完成本职工作的前提下尽可能控制和降低成本。尽管各成本中心的责任层次和内容各不相同，成本计算和考核的范围不同，但成本中心计算和考核的成本应该是责任成本。责任成本与一般所说的完全成本法下的产品成本有很大不同，具体区别见表 10－1。

表 10－1　责任成本和产品成本的主要区别

区　别	责任成本	产品成本
计算的对象	责任中心	产品
计算的原则	谁负责，谁承担	谁受益，谁承担
计算的内容	可控成本	可控成本和不可控成本
计算的目的	为评价和考核责任预算的执行情况，是进行成本控制和考核成本责任的重要手段	为考核成本计划完成情况及计算利润、制定产品价格提供依据，是经济核算的重要手段

责任成本与产品成本既有区别，又有密切的联系。首先，两者核算的原始成本信息是相同的，只是加工整理的主体不同；其次，两者归集的成本都是企业生产经营过程中实际发生的耗费，因此，在狭义的成本中心范围内，一定时期的责任成本总额和一定时期的产品成本总额是相等的。分清产品成本与责任成本的区别，是责任中心核算的一个基本前提。

成本中心只对成本负责，因此，对其业绩进行评价和考核的重点是责任成本。成本中心考核的指标主要包括目标成本节约额和目标成本节约率，其计算公式如下：

$$\text{目标成本节约额}=\text{目标成本（或预算成本）}-\text{实际成本}$$

$$\text{目标成本节约率}=\frac{\text{目标成本节约额}}{\text{目标成本}}\times 100\%$$

在对成本中心进行考核时，应注意区分可控成本和不可控成本，不可控成本不应计入其责任成本。还须注意的是，如果预算产量与实际产量不一致，应先按弹性预算的方法调整预算指标，然后再进行考核。

［例 10－1］　某玩具制造企业生产一种玩具，预算产量 1 000 件，其成本预算资料如表 10－2 所示。

表 10－2　玩具成本预算表

成本项目	标准单价	标准用量	标准成本
直接材料	5 元/千克	1.5 千克/件	7.5 元
直接人工	8 元/小时	1 小时/件	8 元
合计			15.5 元

当月实际生产该玩具 1 100 件，实际发生的成本资料如表 10－3 所示。

表 10-3 玩具实际成本表

成本项目	实际单价	实际用量	实际单位成本	实际总成本
直接材料	5.5 元/千克	1.2 千克/件	6.6 元	7 260 元
直接人工	8.5 元/小时	1.1 小时/件	9.35 元	10 285 元
合计			15.95 元	17 545 元

从上述资料可知，该车间生产的玩具预算总成本为 15 500 元，实际总成本为 17 545 元，实际超支了 2 045 元。然而，对于该车间来说，由于材料单价和人工单价是不可控的成本，因而，应该按照标准单价和实际用量计算确定该车间的责任成本，以作为其考核业绩的依据。

$$该车间的责任成本=(5\times1.2+8\times1.1)\times1\ 100=16\ 280(元)$$

在评价该成本中心的业绩时，还应按照弹性预算的方法，根据实际产量对预算成本进行调整，从而做出合理的评价。

$$调整后的预算成本=15.5\times1\ 100=17\ 050(元)$$

$$目标成本节约额=17\ 050-16\ 280=770(元)$$

$$目标成本节约率=\frac{770}{17\ 050}\times100\%=4.52\%$$

二、收入中心的财务业绩评价

收入中心只对销售收入负责。实际上各收入中心的总收入是整个企业的收入，因此，各收入中心的目标销售额是否能够实现，直接影响到企业的整体经营目标，尤其是利润目标的实现。所以，加强对各收入中心的销售收入目标的控制非常重要。收入中心的主要职能是实现销售收入，其业绩评价应以销售收入的实现为主。具体的考核指标包括销售收入完成百分比、销售货款回收平均天数和坏账发生率等。

销售收入完成百分比的计算公式为：

$$销售收入完成百分比=\frac{实际实现销售收入}{目标销售收入}\times100\%$$

通过以上公式的计算结果，可以考核销售收入的目标完成情况，对收入来说，这一指标是最主要的指标。

销售货款回收平均天数的计算公式为：

$$销售货款平均回收天数=\frac{\sum(销售收入\times回收天数)}{全部销售收入}$$

通过这一指标计算，可以反映企业收入中心是否能及时回收销售货款的情况，能促进收入中心加速资金回收的责任心。

坏账发生率的计算公式为：

$$坏账发生率=\frac{某年的坏账发生数}{某年全部的销售收入}\times100\%$$

通过这一指标计算，可以考核收入中心在履行职责过程中所发生的失误情况。因为对收入中心来说，正确地判断客户的付款能力，也是其销售业务中的基本职责。

值得注意的是，大多数收入中心会发生销售成本，同时还具有对这些成本的不同程度的控制力。因此，在这种情况下，通常采取的方式是把责任中心可追溯的成本，诸如工资、广告费用、销售成本等，从销售收入中扣除，来确定收入中心的净收入。

三、利润中心的财务业绩评价

利润中心对收入和成本负责，即对利润负责。利润中心的业绩评价和考核主要是通过一定期间实现的利润同责任预算所确定的预期利润进行对比，并对差异的原因和责任进行分析。

利润中心业绩评价的主要指标是责任利润，而责任利润又有多种含义或多种选择，主要的评价指标包括：可控边际贡献、部门边际贡献和税前部门利润等。

1. 可控边际贡献

可控边际贡献，又称部门经理可控边际，是部门经理在其权责范围内有能力控制，因而应对其负责的全部边际贡献，是最符合“责任利润”概念的指标。可控边际贡献通常是考核利润中心业绩最主要的指标。其计算公式如下：

可控边际贡献＝销售收入总额－变动成本总额－部门经理可控的可追溯固定成本
＝边际贡献－部门经理可控的可追溯固定成本

可控边际贡献是部门的销售收入减去直接归属该部门的变动成本和该部门经理可控制的部分固定成本的结果。这个指标包括了诸如间接人工、间接材料和公用设施等提供生产能力的成本。部门经理可以通过提高经营效率、降低产品系列和销售渠道的复杂性与差异性来减少这些成本。因为可控边际贡献衡量了部门经理有效运用在其控制和权限下的资源的使用效率，所以，这一指标主要是用于评价利润中心责任人的经营业绩。

这个指标的一大局限性就是难以区分与生产能力有关的可控和不可控的成本。例如，折旧费用，如果部门经理有权处理这些固定资产，那么折旧费用就是可控成本；如果他没有这个权力，那么折旧费用就是不可控成本。可控边际贡献忽略了理应属于该部门的生产能力成本，也忽略了一些该部门给公司造成的成本。

2. 部门边际贡献

部门边际贡献，又称部门毛利，它反映了部门为创造公司的利润和弥补与生产能力有关的不可控固定成本所做的贡献。其计算公式如下：

部门边际贡献＝销售收入总额－变动成本总额－部门经理可控的可追溯的固定成本
－部门经理不可控的可追溯的固定成本
＝可控边际贡献 －部门经理不可控的可追溯的固定成本

这个指标评价的是部门业绩而不是部门经理业绩，因为部门的一些与生产能力有关的成本，如工厂场地成本、行政人员的工资等可能是过去高级管理层所制定的投资决策的结果，且部门经理的工资也可能是公司制定的。部门边际贡献是衡量部门获利水平的重要数据，但除非部门经理有权调整投资和关键人员，否则这些成本就是不可控的，与评价部门经理的业绩无关。

3. 税前部门利润

税前部门利润是将部门边际贡献调整到与整个企业税前利润相一致的指标。它把所有在公司层次上发生的与生产能力有关的成本都分配到各部门，这样做的目的是提醒部门经理，企业中还有共同成本存在，只有当各利润中心都产生了足够的边际贡献来弥补这些共同成本时，整个企业才有可能获利。以税前部门利润指标评价利润中心的业绩，能促使各个利润中心自觉地为实现企业整体目标而努力。其计算公式如下：

税前部门利润＝部门边际贡献－分摊的企业共同费用

以税前部门利润指标评价利润中心的业绩有其局限性：第一，企业共同费用的分摊具有主观性，所以，分配数会因共同费用的实际发生数的改变而改变，也会因共同费用分配方法的改变而改变。第二，企业发生的共同费用对于部门经理来说往往是不可控的。如果企业管理当局希望各个部门的获利能力能够补偿它们自己的费用和企业的共同费用，那么，最好建立一个能够补偿企业发生共同费用的部门边际贡献标准，这样，部门经理就可以集中精力来提高收入和减少其所能控制的成本支出，而不用关心其不能控制的主观分配的成本。

［**例 10－2**］ 某公司一利润中心的有关财务数据如表 10－4 所示。

表 10－4　相关财务数据　　单位：元

销售收入	52 000
变动成本	26 000
部门经理可控的可追溯的固定成本	8 000
部门经理不可控的可追溯的固定成本	3 000
分摊的企业共同费用	2 000

以上几种对利润中心的考核指标的计算过程如表 10－5 所示。

表 10－5　对利润中心的考核指标计算表　　单位：元

项　目	金额
销售收入	52 000
减：变动成本	26 000
边际贡献	26 000
减：部门经理可控的可追溯的固定成本	8 000
可控边际贡献	18 000
减：部门经理不可控的可追溯的固定成本	3 000
部门边际贡献	15 000
减：企业分摊的共同费用	2 000
税前部门利润	13 000

用利润来作为评价指标有两个缺陷：一是利润只是一个概括性的指标，它只是概括地反映了部门对公司所做的贡献，但无法直接让组织成员知道应该如何行动才能提高公司的业绩；二是利润是一个短期目标，而且容易被操纵，这样容易造成部门经理只注重眼前利润而牺牲公司的长期利益，如不充分提供研究开发基金和员工培训，降低质量控制和维护水平等。

四、投资中心的财务业绩评价

投资中心既要对收入、成本、利润负责，又要对投资的效果负责。因此，对投资中心进行财务业绩的考核,不仅仅要衡量利润,而且还要将利润和它所占有的资产联系起来。由于资本是可选择使用的,所以,企业的管理层必须关心资本回报是否实现,而且资本回报是否高于资本成本。

投资中心业绩评价和考核除了使用利润指标外,还通常以投资报酬率、剩余收益和经济附加值作为评价和考核其业绩的主要指标。

1. 投资报酬率

投资报酬率是投资中心所获得的利润与其经营资产之间的比率。其计算公式如下:

$$投资报酬率=\frac{营业利润}{经营资产(或投资额)}\times 100\%$$

其中,营业利润是指扣除利息费用和所得税之前的利润,即息税前利润(EBIT)。这是因为,投资报酬率所要反映的是企业如何有效运用其资产,以获得利润。而利息、所得税与资产的使用无关,故须将这两者排除在外。经营资产是指用以产生营业利润的各项资产,包括流动资产、固定资产及其他资产等。由于营业利润是期间性指标(即利润是在整个预算执行期内获得的),故经营资产应按平均占用额或投资额计算,其计算公式如下:

$$经营资产=\frac{期初账面净值+期末账面净值}{2}$$

需要说明的是,关于长期资产(固定资产及其他资产)的价值确定存在不同的观点,即选用原值还是净值、选用历史成本还是现行成本等,不同的计算口径会使对投资报酬率的评价产生差异。

投资报酬率的计算公式使用十分方便。若将其分解为销售利润率和经营资产周转率,就能揭示出更多的信息。

$$投资报酬率=\frac{营业利润}{销售收入}\times\frac{销售收入}{经营资产}=销售利润率\times经营资产周转率$$

其中,销售利润率是营业利润与销售收入的比率,表明营业净利润、利息及所得税费用之和占销售收入的比重;而经营资产周转率是销售收入与经营资产的比率,表明了运用经营资产产生收入的效率。从这个公式我们可以看出,通过提高经营资产周转率或提高销售利润率来提高企业的投资报酬率。

两种方法计算投资报酬率的结果一致,但第二种方法能揭示更多的信息,以下举例说明。

[例 10-3]　某公司有甲、乙两个投资中心,其相关资料及计算结果如表 10-6 和表 10-7 所示。

表 10-6　甲、乙投资中心相关资料　　单位:万元

项　目	2011 年投资报酬率		2012 年投资报酬率	
	甲中心	乙中心	甲中心	乙中心
销售收入	9 000	22 500	12 000	22 500
营业利润	540	675	630	600
经营资产	3 000	3 750	3 000	3 750
投资报酬率	18%	18%	21%	16%

由表 10－6 可知，以 2011 年至 2012 年，甲中心的投资报酬率从 18％上升到 21％，而乙中心的投资报酬率从 18％下降到 16％，为进一步分析其变动原因，可计算销售利润率和经营资产周转率。

表 10－7　甲、乙投资中心考核指标计算表

项　目	2011 年		2012 年	
	甲中心	乙中心	甲中心	乙中心
销售利润率	6％	3％	5.25％	2.67％
经营资产周转率	3	6	4	6
投资报酬率	18％	18％	21％	16％

由表 10－7 可知，甲投资中心的销售利润率从 2011 年到 2012 年下降了 0.75％，乙投资中心的销售利润率从 2011 年到 2012 年下降了 0.33％。销售利润率的下降可能是由于费用的增加，也可能是由于竞争加剧而被迫降价，还可能这两种原因都有。虽然销售利润率下降了，但甲投资中心的投资报酬率却上升了，原因是经营资产周转率的提高弥补了销售利润率的下降。经营资产周转率之所以提高，原因可能就是存货的减少。值得注意的是，甲投资中心的销售收入虽然增加了 3 000 万元，经营资产却保持不变。

乙投资中心的经营显然不如前者。经营资产周转率未发生变化，而销售利润率却下降了，所以投资报酬率也下降了。乙投资中心未能像甲投资中心一样克服销售利润率下降造成的影响。

投资报酬率作为一个评价考核指标，综合反映了投资中心的经营业绩。它既能揭示投资中心的销售利润水平，又能反映资产的使用效果。利用投资报酬率指标不仅能使不同经营规模的责任中心的业绩具有可比性，从而对各投资中心的业绩做出客观公正的评价和考核，而且为企业合理调整资金布局和进行新的投资提供了决策依据。

但投资报酬率也有局限性。首先，投资报酬率重视短期的业绩评价，容易导致投资中心的短期行为，也就是投资中心的经理们常常以牺牲长远发展为代价来获取短期利益。投资中心的经理们为了提高投资报酬率，常常通过直接削减可选择的成本来达到降低费用的目的，如解雇较高工资的员工，故意推迟员工的提升和员工培训等。虽然这些举措在短期内提高了利润和投资报酬率，但由于这些措施可能会挫伤员工的积极性，可能降低生产率和顾客满意度等，因此，都将不利于投资中心的长远发展，会导致将来的投资报酬率下降。其次，它不利于投资中心开发新项目。因为项目开发初期的投资报酬率相对较低，尽管会提升公司整体的利润率，但可能会降低投资中心的投资报酬率。因此，投资中心往往会拒绝开发投资报酬率较低的项目。

［例 10－4］　某公司下属一投资中心，目前拥有资产 1 000 万元，所产生的营业利润为 150 万元，投资报酬率为 15％。假定该投资中心的资金成本为 10％，该投资中心有机会再投资一个新项目，投资所需的支出为 200 万元，预计可得营业利润为 25 万元，则该项目的投资报酬率为 12.5％。

如果投资这个项目，则整个投资中心的投资报酬率将降为：

$$\text{投资报酬率}=\frac{150+25}{1\ 000+200}\times 100\%=14.58\%$$

虽然新项目产生的投资报酬率要高于资本成本，但由于该投资降低了整个投资中心的投资报酬率，投资中心的经理们一般不会进行此项投资。由此可见，尽管有一些项目是有利于公司整体发展的，且是有利可图的，但由于其投资报酬率低于投资中心目前的投资报酬率，造成投资中心的主管们放弃了许多有利可图的机会，从而导致投资中心的局部目标偏离企业的整体目标。

2. 剩余收益

剩余收益是为了弥补投资报酬率指标的缺陷而产生的一种计量企业经营业绩的新指标。剩余收益是指投资中心的营业利润减去其经营资产按规定的最低报酬率或资本成本计算的投资报酬后的余额。其计算公式如下：

剩余收益＝营业利润－经营资产×规定的最低投资报酬率

在计算剩余收益的时候，必须确定一个明确的资本成本，也就是规定的最低的投资报酬率。规定的最低投资报酬率一般是指各投资中心的平均报酬率或企业预期的报酬率。只要投资报酬率超过规定的最低投资报酬率，能给投资中心增加剩余收益，这些项目投资中心就可以投资。

[例 10－5]　继续以[例 10－4]的资料为例，计算并比较该投资中心投资新项目前后的剩余利益，该中心投资新项目前后的剩余利益的计算结果如表 10－8 所示。

表 10－8　剩余收益表

单位：万元

项目	投资前	投资后	项目	投资前	投资后
投入资本	1 000	1 200	按 10%的资本成本计算的期望报酬额	100	120
营业利润	150	175	剩余收益	50	55

从上述的计算可以看出，如果以投资报酬率评价该投资中心业绩的话，这个投资项目可能不会被采纳。但如果以剩余收益这个指标来评价该投资中心业绩的话，由于其剩余收益从原来的 50 万元增加到 55 万元，该投资中心会接受这个投资方案。

以剩余收益来评价和考核投资中心的业绩，主要有两个优点：一是可以消除利用投资报酬率进行业绩评价所产生的缺陷，促使管理当局重视对投资中心业绩绝对金额的评价；二是可以鼓励投资中心乐于接受比较有利的投资，使部门目标与企业目标趋于一致。

但剩余收益指标也有缺点。首先，与投资报酬率一样，以剩余收益指标评价业绩也会导致短期行为的发生，不利于投资中心的长远发展。其次，它是一个绝对数指标，不利于不同规模企业之间的比较。以这种方法为业绩衡量标准时，对于规模较大的企业来说，由于投资金额基数较大，因此，计算的剩余收益也较大，评价结果会更加有利。

[例 10－6]　甲、乙两个投资中心的平均经营资产、营业利润和该公司要求的最低报酬率如下表 10－9 所示。

表 10－9　甲、乙两个投资中心资料

单位：万元

	甲投资中心	乙投资中心
平均经营资产	1 000	100
营业利润	120	20
最低报酬率	10%	10%

下面首先计算甲、乙两个投资中心的剩余收益：

甲投资中心的剩余收益＝120－1 000×10％＝20(万元)

乙投资中心的剩余收益＝20－100×10％＝10(万元)

从计算结果来看，甲投资中心的剩余收益是乙投资中心剩余收益的2倍，如果该公司以剩余收益的绝对数来评价投资中心的业绩的话，就会得出甲投资中心的业绩好于乙投资中心的业绩的结论。但事实上，我们可以发现，甲投资中心的平均经营资产是乙投资中心的10倍，而其剩余收益仅为乙投资中心的2倍。因此，可以看出甲投资中心的投资效率远不如乙投资中心。

3. 经济附加值

为了避免以投资报酬率和剩余收益指标评价业绩所产生的短期行为，一个较好的方法就是使用经济附加值指标。

经济附加值指标(Economic Value Added, EVA)是由美国Stern Stewart公司于1991年引入价值评估领域的，它基于这样一种理论：按公认的会计准则编制的会计报表中没有包含资本成本这一关键信息。虽然传统的会计方法以利息费用的形式反映债务融资成本，但它的股权资本的成本，也就是说，它认为投资者的股权资本投入对于公司来说是免费的。但实际上，对于投资人来说，股权资本的真实成本等于他用同一笔投资转投于其他风险程度相似的企业所获利益的总和，这也就是经济学中常说的机会成本。经济附加值衡量的是企业资本收益和为企业经营利润的所有资本的成本之间的差额，其计算公式如下：

经济附加值(EVA)＝税后净营业利润－加权平均资本成本×投入资本

仔细观察上述经济附加值的公式可以看出，经济附加值来源于剩余收益。如果将税后净营业利润作为剩余收益计算公式中的收入，加权平均资本成本作为公式中的利率，资本作为公式中的投资，那么，剩余收益的公式就变成了EVA的计算公式。所以说，经济附加值实际上是一种特殊的剩余收益的形式。但EVA与剩余收益有着本质的不同：剩余收益计算的是某一期间的会计收益减去所运用的资产的会计价值为基础计量的资本成本后的余额，而经济增加值计算的是某一期间的经济利润减去所运用资产的经济价值为基础计量的资本成本后的余额。经济增加值用于业绩评价时，可以直接告诉管理者，哪些部门对于企业来说正在创造价值，而哪些正在毁灭价值。另外，它还可以促进部门识别EVA水平高的产品和服务，关注能带来较高EVA的产品和客户，降低过剩的资本，消除不能对顾客订单作出贡献的作业。

如果EVA是正数，表明该公司是盈利的，如果EVA是负数，则表示该公司的资金正在减少。从长期看，只有不断创造资本和财富的公司才能生存。可口可乐、通用电器和英特尔等公司就是20世纪90年代EVA不断增加的公司，以EVA指标评价投资中心的经营业绩，能够激励管理者使用现有的和新增的资金去获得更大的利润。EVA指标的重要特征就在于它强调税后净营业利润和实际的资本成本。

使用经济附加值指标的关键是如何计算资本成本。一般来说，计算资本成本需要下列两个步骤：

(1) 确定加权平均资本成本

为了计算加权平均资本成本，首先必须明确各种资本的来源。一般来说，公司的资本主要来源于两个渠道：债务资本和权益资本。所以，公司的加权平均资本成本取决于债务资本成本、权益资本成本以及两种资本在总资产中所占的权数。

债务资本成本通常有一个规定的利率，由于利息成本是免税的，因而这个利率可以根据相关的所得税税率进行调整。比如，公司借入 10 年期的年利率为 8%的长期借款，所得税税率为 25%，那么，这笔借款的税后成本就是 8%×(1－25%)＝6%。

而权益资本的成本是投资者不投资于该项目而转投与其风险类似的其他项目的机会成本，股东成本无需做税后调整。

最后根据每种资本在总资产中所占的权数与各自的资本成本，就可以计算出加权平均资本成本了，其计算公式如下：

加权平均资本成本＝(债务资本成本×债务占总资本的比例)×(1－所得税税率)
＋股权资本成本×股权资本占总资本的比例

(2) 计算投入资本总额

一般来说，投入资本总额不仅包括购买厂房建筑物、机器设备和土地使用权等投资的资金，而且还包括一些预期可能会有一个长期回报的其他支出，如研究开发费用、雇员的培训费等(实际上他们本身也是投资)。

[例 10－7]　某公司 2012 年税后净营业利润为 500 000 元，该公司总资本 2 000 000 元，主要有两个来源：200 000 元长期负债，利率为 9%；1 800 000 元普通股，普通股资本成本为 12%；所得税税率为 25%。试计算该公司的 EVA，并对其业绩进行评价。

① 2012 年加权平均资本成本

$$2012\text{年加权平均资本成本}=\frac{200\ 000}{2\ 000\ 000}\times 9\%\times(1-25\%)+\frac{1\ 800\ 000}{2\ 000\ 000}\times 12\%=11.475\%$$

② EVA＝500 000－2 000 000×11.475%＝270 500(元)

该公司的 EVA 为 270 500 元，是正值，因此该公司是盈利的。

第四节　平衡计分卡

新经济环境的出现，使得企业经理人与投资者更加意识到仅仅使用财务指标进行决策的局限性。于是，1991 年《哈佛商业评论》发表了题为《绩效评价宣言》(The Performance Measurement Manifesto)。该文描述了一场已经发生的革命，号召建立一套更广泛的评价体系，并提出“最重要的绩效评价指标是什么”、“这些评价指标之间的关系如何”和“什么样的评价指标能够真实地预测企业的长期财务成效”等三个问题。这场革命的结果就是“将财务指标由原来作为评价指标的基础转变为只是评价指标体系中的一种”。一年之后，罗伯特·卡普兰(Robert S. Kaplan)和大卫·诺顿(David P. Norton)也在《哈佛商业评论》著文，提出“平衡计分卡”(Balanced Scorecard)的概念。这是一个“适逢其时”的概念。

一、平衡计分卡的产生

如前所述，在新经济环境下，企业组织要建立真正有效的绩效评价系统会遇到很多问题。企业组织需要一个能够将历史性的财务结果与未来绩效动因相结合，同时又有助于企业组织实施其差别化战略的绩效评价系统，而平衡计分卡正是能够应对这些挑战的工具。

1990 年，由诺郎·诺顿研究所(Nolan Norton Institute)资助了一项旨在研究未来的组织绩效衡量方法的研究计划，该计划的主要研究内容是探讨未来组织的绩效衡量方法。该研究计划邀请了12家来自制造、服务、重工业和高科技产业的企业，以及学术界的罗伯特·卡普兰(Robert Kaplan)教授参加。研究计划的成员在一年中每两个月聚会一次，共同研讨一个崭新的绩效衡量模式。

经过研究人员一年多的反复讨论.最终提出了一个多元的业绩衡量方法，这个方法包括四个方面:财务、顾客、内部业务流程、学习与创新。这个新的业绩衡量系统，称为平衡计分卡(The Balanced Scorecard)。该项计划的研究结果由卡普兰和诺顿发表于1992年1—2月的《哈佛商业评论》上，文章标题为“平衡计分卡:驱动绩效的量度”，文中正式提出了平衡计分卡的概念。

该文发表后引起了企业界的强烈反响，美国的许多企业开始纷纷对平衡计分卡进行研究和试用。在随后的几年里，两人又陆续发表了一系列的论文和书籍，丰富了平衡计分卡的相关理论与内容。在10年左右的时间里。平衡计分卡在理论上逐步发展完善起来，在实践领域也得到了越来越多企业的认可。平衡计分卡被誉为20世纪管理会计中最重要的研究成果。

二、平衡计分卡的含义

传统的业绩评价系统往往侧重对财务业绩的评价，而忽视了对非财务业绩方向的改善绩效。财务业绩仅仅是过去经营管理行为的结果，却无法揭示企业发展的驱动性因素。企业作为一个生产力系统，其绩效的改善依赖于、作用于绩效的各个组成要素。随着企业间竞争的不断加剧，单纯追求财务目标已经不能满足竞争的需要，管理人员开始逐渐认识到，非财务业绩方面的改善对企业同样具有重要的意义。许多非财务方面的指标不仅解释了目前的销售水平，还可以用来预测未来的销售水平，如客户满意度、质量合格率等。管理层必须同时兼顾企业客户需求的变化、员工的需求，以及经营过程中的技术创新和管理创新。

平衡计分卡是围绕企业的长远规划，来制定与企业目标紧密联系、体现企业成功关键因素的财务指标和非财务指标而组成的业绩衡量系统。这个系统有助于企业实现战略目标，帮助企业去寻找成功的关键因素，建立综合衡量的指标，以促使企业竞争的成功、战略目标的实现。

平衡计分卡就是一种为满足企业的综合业绩评价行为所提出的一种管理工具。它将业绩评价基础分为相互联系的四个方面:财务、顾客、内部业务流程、学习与成长。其基本框架如图10-1所示。平衡计分卡站在系统的高度，指出企业追求的财务指标背后的“推动要素”何在，能够提醒企业管理层关注战略的关键成功因素，从利润的源头开始，通过夯实发展基础，以追求利润，而非急功近利式地追求利润，从而促进企业的长期发展。

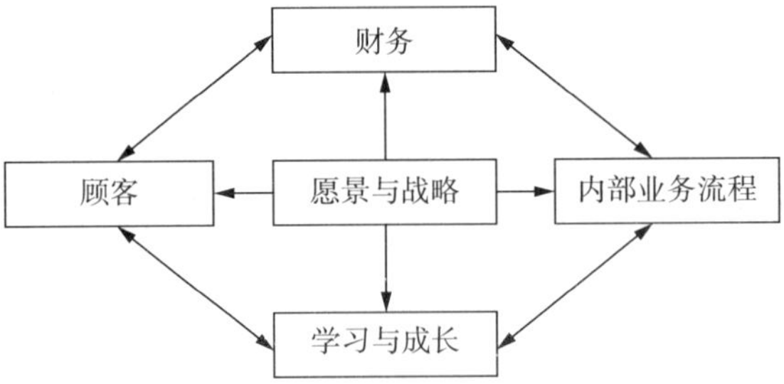

图10-1 平衡计分卡的基本框架

平衡计分卡中的“平衡”，是指短期与长期目标之间、财务与非财务度量之间、滞后与领先指标之间，以及外部与内部绩效之间的平衡。平衡计分卡在提出之初还仅仅作为一种综合的业绩评价系统来看待，随着理论与实践的推动，现在已经将其作为一种新型的战略管理工具来运用。它从财务、顾客、内部业务流程、学习与成长相互联系的四个方面，确定实现企业战略目标的关键成功因素和关键业绩指标（Key Performance Index，简称 KPI），根据企业的实际情况，包括所处的生命周期、企业的竞争地位、战略目标的设定等因素，为每一方面设计适当的评价指标，对各个评价指标赋予不同的权重，形成一套完整的业绩评价体系。通过这套评价体系，来沟通企业的战略目标，将战略目标传递给各个管理层级。从这个角度讲，平衡计分卡不仅仅是一个控制系统，而且也是一个用来交流、信息传递和学习的系统。平衡计分卡为企业管理人员提供了一个全面的战略目标设定、管理沟通和业绩评价的框架体系。

三、平衡计分卡的业绩计量

平衡计分卡从四个方面——财务、顾客、内部业务流程、学习与成长进行业绩计量与考核。企业需要针对四个方面分别进行细致的指标分析，找出合理的评价指标，以建立一套指标评价体系。

1. 财务维度

财务维度是平衡计分的一个重要组成部分，尤其对营利性企业组织更是如此。这个维度的指标告诉我们，在其他维度已经通过指标设计细化的战略实施，是否导致最终结果的改善。我们可以竭尽全力改善顾客满意度、质量、及时交货等事项，但是，如果缺乏揭示影响企业组织财务绩效的指标，这些指标的价值就很有限。财务维度指标通常是一些传统的滞后指标。

由于企业其他各个维度的改善只是实现财务维度目标的手段，而不是目标本身，企业所有的改善都应当通向财务目标，因此，平衡计分卡将财务目标作为其他目标评价的焦点。如果说每项评价方法是平衡计分卡这条纽带的一部分，那么，这条纽带的因果关系最终还是归于“提高财务绩效”。在不同的经营战略阶段，企业财务绩效评价的侧重点不同。处于成长阶段的企业，其财务目标侧重于销售收入增长率以及目标市场、顾客群体和地区销售额增长等；处于维持阶段的企业，大多采用与获利能力有关的财务目标，如经营收入、毛利、投资报酬率和经济附加值等；处于收获阶段的企业，更注重现金流动，以使现金流量达到最大化。经营单位的战略包含三个财务主题：①收入的增长；②提高生产率，降低成本；③资产的利用。这样与战略相结合，企业可制订出战略性计划的细分目标，而针对每个细分目标，又可细分出多个标准，以分析企业财务绩效的影响因素，适应企业不同成长阶段及生命阶段的具体需要。

更为重要的是企业的财务维度评价必须考虑竞争对手。例如，企业销售收入的增长是一件好事，但是，必须深入分析销售收入为何增长？它可能来自市场份额的扩大。果真如此，企业还应该进一步分析市场份额的扩大是来自企业竞争力的增强，还是来自市场份额总体规模的扩大。同样的，如果企业的销售收入增长了，但在市场上所占的份额却遭受损失，这可能表明企业的战略或其产品和服务的吸引力存在问题。图 10－2 充分显示了这点。

如果我们单独考察 A 公司的销售收入，我们发现其销售收入逐年增长，令人振奋。但是，如果我们进一步与其竞争对手 B 公司的销售收入增长相比较，我们便发现 A 公司的增长速度不如 B 公司，说明 A 公司的竞争地位面临重大挑战。因此，如果没有联系竞争者的状况，只是单独对企业绩效进行评价，就很容易陷入“孤芳自赏”的自我封闭状态，从而对企业绩效做出错误的评价。

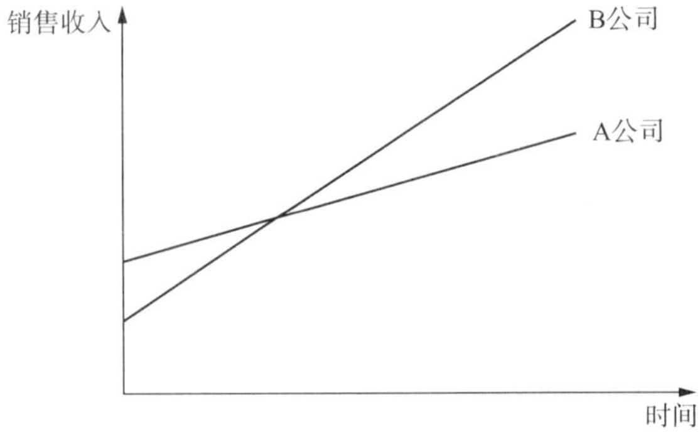

图 10-2 相对销售收入增长速度

2. 顾客维度

顾客方面是考核企业或者部门对客户的保持和增长方面的贡献，主要关注产品的市场优势、顾客关系和顾客的满意程度等方面的业绩。常见的评价指标包括市场占有率、新客户所占百分比、顾客平均销售额、来客数、满意度、忠诚度、品牌形象或认知、顾客投诉回复时间或解决次数、退货率、顾客流失率或延续率、营销费用占销货收入的比率、参展次数、广告件数、每位顾客的服务成本等。

虽然不同的企业在选择顾客方面的评价指标时会有所不同，但是，一个共同的指导思想却是不变的：为客户提供高价值的产品，以提高客户的满意程度、获得新客户和客户保持程度。为客户提供高价值的产品需要明确客户的价值观念，虽然这种客户价值观念在不同的行业有不同的表现形式，但是一般来说，这种观念会受到三种属性的影响，即产品和服务的属性、客户关系和企业形象。产品和服务属性包括产品和服务的功能性、独特性、质量、价格等方面。客户关系包括获得产品的便利程度、市场反应时间和客户在购买商品时的感觉。企业形象主要受企业品牌市场形象的影响。

3. 内部业务流程维度

内部业务流程方面，主要关注企业对内部作业活动的改善情况。平衡计分卡从满足投资者与顾客需要的经营战略出发，制定了井然有序、从上而下的经营目标评估手段。从价值链通用模式出发（如图 10-3 所示），针对研究与开发过程、经营过程和售后服务过程，设置不同的评估指标。

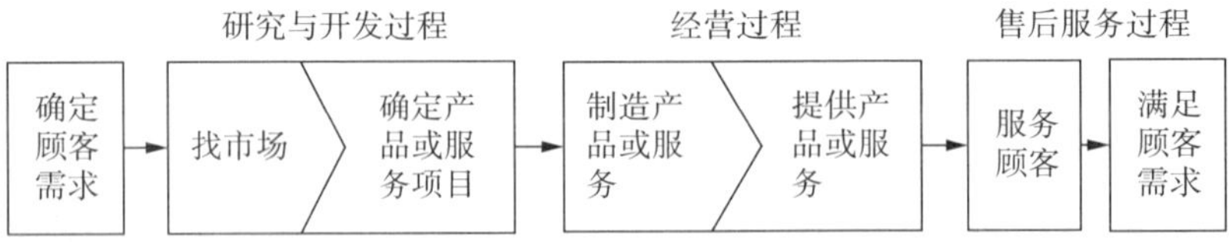

图 10-3 企业内部业务流程

第一，研究与开发过程。对于企业创造价值而言，研究与开发过程是一个漫长的过程。在这个过程中，企业首先应以顾客为导向，发现和培育新市场、新顾客，并兼顾现有顾客的目前需要和潜在需要；在此基础上，着手设计和开发新产品或服务，使新产品或服务打入新市场，满足顾客需要。因此，企业应注重研究开发能力的评估，其主要评价指标是：新产品在销售额中所占的比重、专利产品在销售额中所占的比重、在竞争对手之前推出产品的能力、比原计划提前推出新产品的能力、生产程序的适应性、开发下一代新产品的时间等。新产品是企业长期价值创造的驱动力，一个停止新产品研究与开发的企业必将被不断变化的市场所淘汰。

第二，经营过程。相比之下，经营过程是企业创造价值的一个短暂过程，在这个过程中，企业向顾客出售产品或提供服务。这个过程强调对顾客及时、有效、连续地提供产品或服务，时间、质量和成本是经营过程的绩效评价指标。因此，在经营过程中，传统财务手段，如"标准成本"、"预算控制"和"差异分析"等可作为监控手段，但远远不够，还应再另附加如"企业经营灵活性"、"生产周期"、"对顾客需求反应时间"、"对顾客提供产品多样性"、"废品率"、"返工率"等指标。

第三，售后服务过程。企业的售后服务旨在使顾客更快、更好、更充分地使用产品或服务的功能，而不是保护落后（有缺陷的产品在经营过程中就应该解决）。因此，在企业售后服务中，可采用有关"时间、质量、成本"等方面的指标，如"服务反应周期"、"人力成本"、"物力成本"、"售后服务的一次成功率"等。

4. 学习与成长维度

学习与成长维度主要关注企业在员工的能力培养和技术培训方面所做出的努力。企业员工的素质决定了企业发展的潜力与市场竞争的能力，在员工素质方面的投入将为企业未来竞争力的提升奠定良好的基础。企业若想永久保持其竞争优势，就必须加强对企业员工的培养，构建一个学习型的企业。因此，平衡计分卡中的学习与成长方面是其他三个方面得以顺利实现的基本保证，是企业实现持续增长的内在推动力。

这方面的评价指标通常包括平均训练时间、高学历的员工比例、员工满意度、分红入股计划、授权指数、建议件数、生产力、员工拥有电脑的比率、第二专长人数、专业证照数、领导发展、策略性资讯比例、跨功能任务指派、知识管理、违反道德行为、旷职率、流动率、工作环境的品质等。

由此可见，财务、顾客、企业内部业务流程、企业学习与成长这些紧密联系的四个维度确立了平衡计分卡的基本架构，但平衡计分卡既不是上述四个维度的简单组合，也不是一些财务指标与非财务指标的简单拼凑，它是与企业战略等一系列评价指标相联系的有机整体。在上述四个维度中，财务维度是最终目标，顾客维度是关键，内部业务流程维度是基础，学习与成长维度是核心，而所有这一切都必须围绕企业的发展战略这个中心。企业在其发展战略的指引下，只有不断学习与成长，才能持续改善企业内部业务流程，更好地为企业的顾客服务，从而持续实现企业最终的财务目标。如果我们把可持续发展的企业看成一棵果树，那么，"树根"就是平衡计分卡的学习与成长维度，"树干"就是平衡计分卡的内部业务流程维度，而"树枝"就是平衡计分卡的顾客维度，"果实"便是平衡计分卡的财务维度，可谓"根深叶茂，繁花似锦，硕果累累！"由此分析出由学习与成长维度、内部业务流程维度、顾客维度、财务维度之间形成的因果关系链，如图 10－4 所示。

四、平衡计分卡的实施程序

平衡计分卡将企业的未来战略目标与业绩评估模式相结合，通常的实施程序分为以下几个步骤。

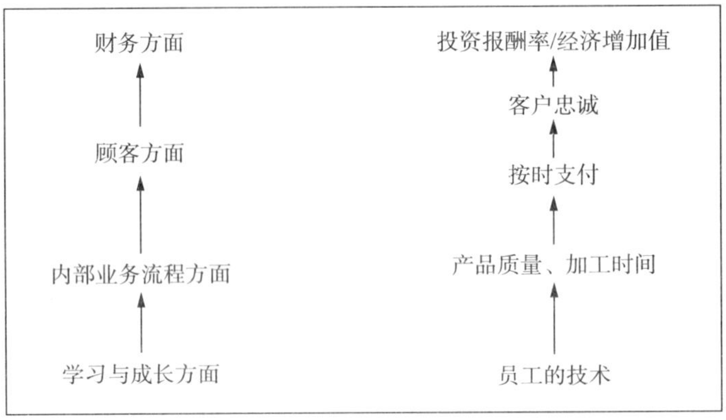

图 10－4　平衡计分卡四个方面的关系

1. 阐明公司远景，确定未来战略方向

企业首先需要明确未来的发展方向，找出企业存在的作用和任务，确定目标客户群，深入分析目标客户的潜在需求，找到企业未来的发展机会，确定企业的长期战略方向。

2. 具体战略目标的拟定

根据企业未来的战略方向，选择合适的竞争战略。根据企业的具体情况，分析企业的优势、劣势、机会和潜在的威胁。选择企业合适的竞争战略，如差异化战略、低成本战略或者目标集中战略。为了落实相应的企业战略，接下来需要将战略目标明确化，制定企业中期和长期的战略规划和战略目标，根据平衡计分卡的思想，将战略目标分解为各个方面的具体战略和目标。

3. 选取评价指标

根据企业平衡计分卡所确定的基本框架，将具体战略目标落实到平衡计分卡的各个方面以后，接下来就需要根据具体战略目标确定实现战略目标的关键成功因素，根据关键成功因素确定关键业绩指标，以此确定绩效评价指标。具体评价指标的选择，是针对平衡计分卡的四个方面分别进行详细的目标分析，然后结合企业实际情况，找到合适的、可操作的关键评价指标。在平衡计分卡的实施过程中，找到一个合适的评价指标体系，是实施平衡计分卡的难点之一。

4. 具体战略的执行

根据平衡计分卡所确定的评价指标体系，使员工充分了解各项战略目标与计划。调动企业各级员工的积极性，执行企业的各项经营决策，将战略目标转化为行动，使拟定的长远战略得以实现。

5. 评估执行结果

通过对战略具体执行情况的记录和分析，以实际执行的具体数据作为业绩评价的依据。根据评价指标体系所确定的评价方法，将实际业绩指标与目标进行比较，以此评价管理者的业绩。建立独立的评估考核小组，对各层级的管理人员进行业绩评价，出具业绩评估报告。

6. 改善战略的反馈

根据业绩评价的整体结果，分析战略执行过程中可能存在的问题；并根据新的经营情况和信息，对原有的战略规划进行修正，从而将整个业绩评价体系转化为一个良性的互动循环系统。通过对四个方面的业绩评价，对业绩表现好的员工进行奖励，对表现不佳的员工给予相应的惩处。如此循环往复，促使企业形成更完善的管理模式。

公司的运营是在不断变化的竞争环境中进行的，随着平衡计分卡的实施，企业的内外部环境也在不断地发生变化，反馈与学习过程帮助企业重新修正原有的远景和战略，从而开始一轮新的循环。平衡计分卡的实施过程应该是上述四个环节间不断进行多次的循环往复，在阐明远景、沟通与联系、业务规划、反馈与学习中，通过不断的交流与学习来提高企业的战略管理能力。

五、平衡计分卡的应用实例——北京 FT 汽车物流公司

1. 背景

北京 FT 汽车物流公司是于 2002 年 5 月 6 日成立的股份制企业，注册资本 5 000 万元。2006 年，营业收入 6 亿多元，整车物流专用车辆 2 000 余辆。该汽车物流公司依托福田汽车集团，以福田汽车的商品车仓储和运输为切入点，利用公司内部现有的物流网络资源，逐步拓展供应、生产、回收等全方位的物流服务。以北京、山东、长沙、广东、湖北各生产型事业部为基地，以分布全国的 1 000 家合作厂商为支撑，在广东、上海、重庆、湖北等地建立了办事处，13 个物流配送中心、7 个中转库，形成了以华北、华东、华南三个区域为主的服务区域。2006 年，该汽车物流公司基于战略层面的调整，决定发展成为专业的第三方物流公司，与宝供物流集团合作重组，负责福田汽车集团旗下欧曼、欧 V、欧马可、蒙派克、风景、萨普、传奇、奥铃、时代等九大品牌的供应物流、生产物流、整车物流、回收物流业务，2007 年共运输福田汽车 401 901 辆。

2. 主要行为

(1) 确定战略目标。通过市场的调查和研究，公司制定了近几年的战略目标：致力于创建一家领先的、立足福田汽车、不断开拓其他市场，具有竞争性、物流服务多样化的中国最大的第三方汽车物流企业。具体战略目标体现在“巩固和发展两条主线，完善并夯实三个平台，整合与实现四个目标”。经过多方研究和会谈，最终基于平衡计分卡的设计思路，制定了企业中长期各方面的战略目标，如表 10 - 2 所示。

表 10 - 2　北京 FT 汽车物流公司战略目标

维度	战略目标
外部利益相关者维度	纳税额不断增加
	解决当地就业增加
内部利益相关者维度	股东价值不断增加
	企业融资能力进一步增强
财务维度	客户满意度提高
	新客户增加
顾客维度	忠诚的大客户不断增加
	运输能力提高
内部流程维度	运输质量提高
	个性化服务提高
学习与成长维度	提高员工满意度
	提高员工素质

(2) 公司绩效评价指标体系的构建。根据公司战略地图的描述,其绩效评价指标体系的结构如图 10-5 所示。

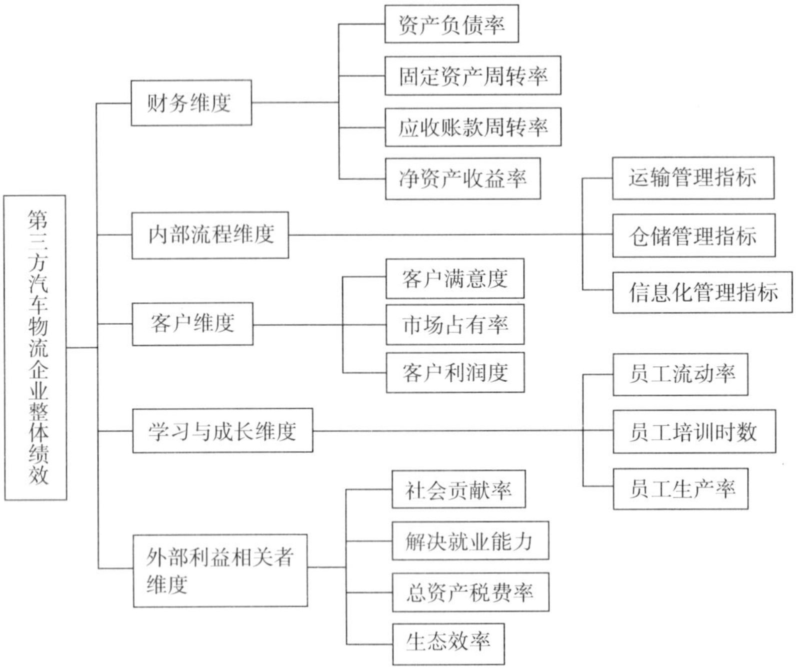

图 10-5　第三方汽车物流企业整体绩效评价指标体系

(3) 结合公司实际情况,灵活调整指标结果。FT 物流公司的多个分公司保持了相同的评价指标体系,无论是在财务、客户、内部业务流程还是外部利益相关方面,各个分公司拥有了共同语言。量化的评价指标可以让他们很清楚地知道自己在全国所有分公司中所处的位置。同时,公司总部根据华北、华东和华南这三个区域的地理、人文和经济发展水平的特点,并结合预算的编制设置评价指标标准值,与各个分公司的激励机制相结合,充分调动了员工的积极性,使管理更有效率。

(4) 将评价结果与激励挂钩。激励机制最重要的就是透明,让员工知道哪方面做得好,收获是什么,公平、透明才能使员工焕发出最大的创造力。FT 公司以平衡计分卡为基础,建立了一张非常详细的奖金方案表,员工看着这张表格,就可以从自己完成工作的情况得到评价的结果,从而方便地计算出自己的工资和奖金。

第五节　绩效评价系统

绩效评价是指运用一定的评价方法、量化指标及评价标准,对企业一定经营期间的经营效益和经营者业绩作出客观、公正和准确的综合性评价。其目的在于通过评价,找出增加企业价值的关键变量,并据此对经营者和管理者进行计酬,当然也包括对企业员工的绩效评价。

绩效评价对于企业非常重要,好的绩效评价体系有利于提高企业业绩。首先,科学地对企业进行绩效评价,不仅可以使政府管理部门对企业的社会贡献进行正确评价,有助于企业注重社会公众利益，提高社会公信度，还可以为出资人行使经营者的权力提供重要依据，可以有效地加强对企业经营者的监管与约束。其次，企业内部存在若干管理层次，由于可能的官僚化，各类生产、经营、管理信息的反馈会出现延迟和滞后的状况，从而导致管理效率的低下甚至无效。为了提高管理效率，母公司对子公司、总部对分部、高层管理者对中低层管理者等，都存在管理业绩评价的必要性问题。它们作为企业集团内部管理的一种行为，体现为管理责任的内部问题。再次，激励和约束的需要。所有者目标的实现与管理者工作质量的一致性有赖于恰当的激励与约束制度的设计与实施；而恰当的激励与约束的实施，又依赖于正确、及时的业绩评价，否则就收不到奖勤罚懒的管理效果。

一、绩效评价系统的构成要素

绩效评价系统作为管理控制系统中一个相对独立的子系统，通常由以下六个基本要素构成。

1. 评价主体

绩效评价的主体主要可以分为三个层次：一是政府管理部门，作为市场有效运行的管理者和社会公众利益的代言人，对企业的社会贡献进行评价。二是出资者(包括潜在的投资者和所有者)，作为资本的代言人，对经营者的经营管理业绩进行评价。三是企业内部的经营管理者，对其内部各管理层的绩效进行评价，它是企业内部控制系统的有效组成部分。

2. 评价目标

绩效评价的目标是指整个绩效评价系统运行的指南和目的所在。不同的评价主体其评价目的并非完全相同，它影响着整体评价系统的构建。

本文侧重于企业管理者对企业自身业绩进行的评价，它包括两种不同的评价目的：第一，是管理者作为受托人对于投资者和所有者所关注业绩的必然关注，从而对企业价值及其发展潜力进行的自我评价，以满足外部市场对企业发展战略的要求。此时，管理者所关注的也是企业价值，以及企业关键成功因素对企业价值提升的影响。第二，是由于组织内部各层关系所导致的管理者对企业内部各责任中心的绩效评价。在这一层面，任何上一级的管理者都可能成为绩效评价的主体，而任何下一级的责任中心及其管理者均可能成为绩效评价的对象，其中还包括对企业基层员工的绩效评价，它使得绩效评价系统更为丰富、更为有用，同时也更为复杂。

3. 绩效评价对象

绩效评价对象就是指对谁进行的评价。总括地讲，绩效评价对象不外乎两大方面，即以企业整体作为绩效评价对象和以企业内部各部门作为绩效评价的对象。评价对象的确定非常重要，对于不同的评价对象，评价的要求、内容、指标等均不相同。比如：对企业整体进行评价时，我们主要评价其整体获利能力、贡献程度、整体价值或发展潜力；以各成本中心为对象时，则主要考核其成本费用的发生和控制情况；而评价对象是投资中心时，我们则会更为关注其投资收益能力等。

4. 绩效评价指标

绩效评价指标是指对评价对象的哪些方面进行评价。绩效评价系统关心的是评价对象与企业目标的相关方面，即所谓的关键成功因素，这些关键成功因素具体表现在评价指标上。关键成功因素有财务方面的，如投资报酬率、销售利润率、每股税后利润等；也有非财务方面的，如售后服务水平、产品质量、创新速度和能力等。因此，作为用来衡量绩效的指标，也分为财务指标和非财务指标。如何将关键成功因素准确地体现在各具体指标上，是绩效评价系统设计的重要问题。绩效评价指标是指就评价对象的哪些方面进行评价。

5. 绩效评价标准

绩效评价标准，是指判断评价对象业绩优劣的基准。评价标准的选择取决于评价的目的。企业绩效评价系统中常用的标准包括预测值、预算值、相对值等。标准的选用与评价对象密切相关，而且直接影响着评价的功能。为全面发挥绩效评价系统的功能，企业既可依据其管理需要选择不同标准，也可在同一系统的不同层次中分层使用不同的标准。

6. 绩效评价报告

绩效评价报告是企业绩效评价系统的输出信息，也是绩效评价系统的结论性文件。绩效评价报告的文字与格式应当简洁、清楚，便于理解，应抓住关键的问题与原因以提高效率。绩效评价报告的格式与写法因评价对象与内容的不同而不同，也不存在统一的规定和模式。

以上六个要素共同组成完整的绩效评价系统，它们之间相互联系、相互影响。不同的评价主体具有不同的评价目标，而不同的评价目标又决定着不同的评价对象、评价指标和评价标准，其评价报告的格式也不尽相同。

二、绩效评价系统基本原则

在现代企业组织结构下，对企业及各部门进行绩效评价是必要的。在分权化的组织形态下，企业授予部门某一程度的决策自主权，绩效评价应以其可控制的责任范围为依据，使其所投入的贡献与所分享的利益趋于一致，避免部门为追求个别利润最大化而影响企业整体价值最大化。经营业绩除受经营管理者可控制的变量因素影响外，亦受公司政策及不确定的外在环境变量因素的影响。因此，企业的绩效评价必须符合一定的原则，才能起到良好的激励作用，从而使绩效评价“公平”、“合理”、“客观”。

(1) 信息沟通原则。绩效考核最好能由被考核者依照规定的标准及方法，先行自我评价，然后再与考核者进行相互沟通，这样，可使考核者不会忽略或抹煞了被考核者的贡献，从而得知其未能被注意到的地方。而被考核者亦可因而获悉什么事情该做，该如何做，并据以改进。这种充分的双向沟通方式，才能使得绩效考核工作更加落实。

(2) 激励性原则。一般而言，报酬是绩效的函数。以报酬作为激励，是现代企业不可缺少的有效管理工具。因此，在设计一套绩效考核制度时，使其具有激励作用是相当重要的。如果绩效考核具有良好的激励效果，则可以大大调动被考核者的主观能动性，从而发挥其管理潜能，最终使企业的经济效益得到全面提升。

(3) 客观性原则。在对企业绩效进行评价时，常常须凭借第三者或专家，以其超然独立的立场，或其精湛胜任的能力加以判断。如果能以客观的立场评估优劣、公平的态度评估得失、合理的方法量度业绩、严密的处理慎重其事，方能使得绩效评价工作不受人为因素的影响——主观、成见及不胜任等所产生之偏差，这样的评价结论才具有较高的说服力。

(4) 对比性原则。评价企业的经营绩效，数字是相对最佳的衡量工具，但缺乏比较的基准数字资料没有任何意义。企业盈余的高低或亏损的多寡，必须与其过去记录、预算目标及同业水准等进行比较，才能显示出绩效的优劣。因此，在评核绩效时，应有一定的基准资料，与企业实际经营结果所产生的数字加以比较分析才有意义。

(5) 责任性原则。在对企业相关人员进行奖惩之前，应首先确定责任的归属；确定责任时，则须辨明是否在当事人权责范围之内，并且是否为当事人可控制事项。在评定绩效时，应将管理当局所无法改变的外在影响因素剔除，才能真正使绩效考核工作更加公平合理。

(6) 时效性原则。为能及时了解企业的营运状况，应对企业的绩效及时加以评估，并对有关人员立即予以奖惩，方有助于业务的改进。

三、绩效评价的方法

绩效评价所用到的方法不外乎两大类：一类是广泛适用的定量分析法，另一类是定性分析法。定性分析法主要是通过直接观察、实地调查、与相关人员座谈等形式，达到收集相关资料、了解实际情况、查找原因等目的。定量分析法是通过数据的对比、换算等，来查找预算差异方法的原因。在实际操作中经常使用的方法有以下几种。

1. 指标法

指标法就是利用财务指标对评价课题进行考评。

2. 趋势法

由于绩效评价也十分注重企业的持续经营能力，所以，将趋势的评价作为绩效评价的一大重要内容，如销售趋势、成本变化趋势、市场占有趋势、利润变化趋势等。通过过去几年的数据，判断未来的发展，以考评评价客体较长时间预算的执行趋势。

3. 情景模拟法

情景模拟法是一种模拟工作评价方法，要求员工在评价主体面前完成类似于实际工作中可能遇到的活动，评价主体根据完成情况，对评价客体进行绩效评价。

4. 强制比例法

根据正态分布原理，优秀部门及人员和不合格部门及人员比例应基本相同，大部分部门及人员应属于工作表现一般的情形。在评价标准中可强制规定优秀部门及人员数量和不合格部门及人员数量，如规定优秀者与不合格者比例均占20%，普通员工占60%。

5. 评语法

评语法由评价主体成员撰写一段评语来对评价客体进行评价。评语内容包括经营业绩、管理业绩、实际表现、优缺点、努力方向等。

6. 重要事件法

“重要事件”是指评价客体的突出优秀表现和不良表现，平时有书面记录，综合整理分析书面记录，最终形成评价结果。

7. 序列比较法

序列比较法是对相同预算指标或任务的评价客体进行评价的一种方法。将相同预算指标或任务的所有评价客体放在同一评价模块中进行比较，根据其预算执行情况排列顺序，较好的排名在前，较差的排名在后。

8. 目标考评法

目标考评法是根据评价客体完成工作目标的情况来进行考核。在工作起步之前，评价主体与评价客体应对需要完成的工作内容、时间期限、评价标准达成一致；期限结束时，评价主体根据评价客体的工作状况及原先议定的评价标准来进行评价。此法适用于推行目标管理的项目或部门。

9. 等级评价法

等级评价法把评价客体的工作内容划分为相互独立的几个模块，在每个模块中用明确的语言描述完成该模块的工作需要达到的标准，按“优、良、合格、不合格”对评价客体的实际工作表现进行评价。

10. 综合法

综合法是将各类绩效评价方法进行综合运用，以提高评价结果的客观性和可信度。

四、绩效评价系统应注意的问题

1. 可控因素与不可控因素

在衡量企业绩效时，对于不可控因素所产生的影响均应尽量排除，否则会有失公平。在评定企业的经营绩效时，对企业无法改变或控制的因素，例如，重大意外灾害、原料价格变动、利率调整、汇率变动、执行政策改变等，都应排除在绩效衡量之外。此外，对可控制或不可控制的因素，也应明确划分，例如，企业本身应注意而未注意或疏于管理防范所发生的火灾，不能谓为不可控制因素；单纯因地震等不可抗拒因素而发生的事项，则属于不可控制范围；又如，前任因盲目扩张所做的错误投资决策而造成的折旧及利息等相关费用，亦属于现任不可控制因素之一。总之，绩效评价应以可控制因素和可控范围为评价标准。

2. 量化与非量化

量化就是将所要考评的事物或作业予以数量化，通常可用货币金额、产销数量、完成比率、完成阶段等来表示。但并非所有绩效项目均能很容易的予以数量化，譬如，研究发展成果、员工士气、企业形象及履行社会责任等方面的评估，就很难以数字来加以表达。虽然这些项目并不表示不能予以数量化，但在量化的过程中，可能须经过相当复杂的手续、漫长的时间，并投入大量的人、财、物力，才能予以确定，故常把这些很难量化者，称为非量化因素；相对地，可以用具体数字衡量者，则称为量化因素。绩效评价过程中，为了做到公平、合理，避免人为、主观成分的介入，应尽量采用量化方式，这样有利于发挥绩效评价对企业的促进作用。

3. 财务性与非财务性

传统企业经营绩效衡量，多注重可用货币单位计量的财务性指标，大多直接引用会计报表上的数据资料，或转换成相关比率来评量。然而有些非财务性指标是绩效衡量所必需的，如产品质量、技术进步、生产率、市场占有率等，对企业长期营运也极为重要。因此，绩效评价应特别重视非财务性指标的运用，以保证绩效评价的全面性。

4. 单一性与多重性

衡量企业绩效时，为顾及公平合理，不宜采用单一衡量指标评定其绩效，应从多方面综合考虑才能使绩效评价更具客观性。

5. 长期性与短期性

任何单项衡量标准，有可能不是过于强调部门的长期绩效，就是过于强调短期绩效，因此，无法实现绩效评价的真正目的。为避免部门过度追求短期效益，有损企业长期发展潜能，绩效评价指标宜长短期并重。

本章小结

传统的集权管理体制已经不能满足现代化企业管理的需要，于是，分权管理就应运而生了。分权管理就是企业把一定的日常经营管理决策权随同相应的责任下放给基层管理人员，许多关键性的经营决策由这些基层管理人员做出。

为了对各分权单位的经营业绩做出正确的计量、评价和考核，真正发挥分权管理的作用，必须将企业划分成各种不同形式的责任中心，并建立起以各个责任中心为主体，以责、权、利相统一的机制为基础，通过信息的积累、加工和反馈而形成的企业内部严密的控制系统，即责任会计制度。

根据企业内部责任单位权责范围以及业务活动的不同特点，可将企业生产经营商的责任中心划分成成本中心、收入中心、利润中心和投资中心四类。成本中心，管理者只对成本负责，其财务业绩的考核指标主要有目标成本降低额和目标成本降低率。收入中心，管理者须对销售收入负责，其财务业绩的考核指标主要有销售收入完成目标百分比、销售货款回收平均天数和坏账发生率。利润中心，管理者需对收入和成本负责，其财务业绩的考核指标主要有可控边际贡献、部门边际贡献和税前部门利润。投资中心，管理者需对收入、成本、投资活动负责，其财务业绩的考核指标主要有投资报酬率、剩余收益和经济附加值。

平衡计分卡是围绕企业的长远规划，制定与企业目标紧密联系、体现企业成功关键因素的财务指标和非财务指标而组成的业绩衡量系统。这个系统有助于企业实现战略目标，帮助企业去寻找成功的关键因素，建立综合衡量的指标，以促使企业竞争的成功、战略目标的实现。它就是一种为满足企业的综合业绩评价行为所提出的一种管理工具。

绩效评价是指运用一定的评价方法、量化指标及评价标准，对企业一定经营期间的经营效益和经营者业绩作出客观、公正和准确的综合性评价。绩效评价对于企业非常重要，好的绩效评价系统有利于提高企业业绩。

复习思考题

1. 企业实行分权管理的优点有哪些？

2. 责任中心有哪几类？组织应如何确定责任中心的类型？

3. 何为收入中心？怎样评价收入中心的业绩？

4. 何为成本中心？怎样评价成本中心的业绩？

5. 何为利润中心？怎样评价利润中心的业绩？

6. 何为投资中心？怎样评价投资中心的业绩？评价和考核投资中心工作业绩是否仅采用投资报酬率即可？请举例说明。

7. 简要说明投资中心各评价指标的优缺点。

8. 什么是平衡计分卡？传统业绩评价系统与平衡计分卡有什么区别？

9. 平衡计分卡包括哪些方面的考核指标？这几个方面之间的相互关系如何？

10、什么是可控成本和不可控成本？请举例说明。

练习题

一、单选题

1. 除了能控制成本、收入和利润外，还能对投入的资金进行控制的责任中心是(　　)。

A. 成本中心　　B. 利润中心　　C. 投资中心　　D. 责任中心

2. 在评价投资中心的业绩时，需要进一步分解展开的是(　　)。

A. 责任预算　　B. 投资报酬率　　C. 利润中心　　D. 投资回收

3. 某投资中心本年度的投资额为 20 000 元，预期最低投资收益率为 15%，剩余收益为 2 000 元，则本年度的利润为(　　)元。

A. 1 000　　B. 3 000　　C. 5 000　　D. 300

4. 下列哪一个不是绩效评价系统的构成要素(　　)。

A. 评价主体　　B. 绩效评价标准　　C. 绩效评价原则　　D. 绩效评价指标

5. 下列哪一个不是绩效评价系统的评价主体(　　)。

A. 政府主管部门　　B. 出资者　　C. 经营管理者　　D. 企业员工

6. 不可控成本是指(　　)。

A. 不能够控制的成本　　B. 现在不能控制的成本

C. 特定责任中心不能控制的成本　　D. 不易辨认的成本

7. 成本(费用)中心的特点有(　　)。

A. 其工作成果不会形成可以用货币计量的收入，或者不便于或不必进行货币计量

B. 费用中心是以“费用弹性预算”作为评价与考核的依据

C. 仅计量和考核发生的成本、费用

D. A、B 和 C

8. 成本中心与费用中心的区别在于(　　)。

A. 前者可为企业提供一定的物资产品，而后者主要是为企业提供一定专业性的服务

B. 费用中心在企业外部没有相应的销售市场

C. 二者的评价与考核依据不同

D. A 和 C

9. 从一个成本中心看，下述说法不正确的是(　　)。

A. 变动成本大多是可控成本　　B. 可控成本可能包含固定成本

C. 直接成本一定是可控成本　　D. 间接成本是部分可控成本

10. 从一个成本中心看，下述说法不正确的是(　　)。

A. 变动成本大多是可控成本　　B. 可控成本可能包含固定成本

C. 直接成本一定是可控成本　　D. 间接成本是部分可控成本

11. 对利润中心工作成绩评价与考核的主要指标有(　　)。

A. 贡献毛益　　B. 净利润　　C. 销售成本　　D. A 和 B

12. 投资中心的业绩评价，主要是围绕(　　)指标进行的。

A. 可控成本　　B. 投资额

C. 投资报酬率　　D. 经营资产平均占用额

二、多选题

1. 计算责任成本，必须把成本划分为(　　)。

A. 可控成本　　B. 可避免成本

C. 不可控成本　　D. 不可避免成本

2. 平衡计分卡由哪几个维度组成(　　)。

A. 财务　　B. 客户　　C. 内部经营过程　　D. 学习与成长

3. 下列哪些是绩效评价系统的基本原则(　　)。

A. 信息沟通原则　　B. 主观性原则

C. 责任性原则　　D. 对比性原则

4. 收入中心的业绩评价指标包括(　　)。

A. 销售收入目标完成百分比　　B. 销售货款回收平均天数

C. 可控边际贡献　　D. 坏账发生率

5. 影响投资利润率高低的因素包括(　　)。

A. 经营净资产周转率　　B. 经营净利润

C. 经营净资产　　D. 销售利润率

6. 利润中心是对(　　)负责的区域。

A. 成本　　B. 收入　　C. 利润　　D. 资金

7. 投资中心是对(　　)负责的区域。

A. 成本　　B. 收入　　C. 利润　　D. 资金

8. 评价投资中心的主要指标是(　　)。

A. 税前净利　　B. 成本降低额　　C. 剩余收益　　D. 投资报酬率

三、判断题

1. 责任中心的责任成本就是当期发生的各项可控成本之和。

2. 一项对于较高层次的责任中心来说是可控成本，对于其下属的较低层次的责任中心来说，可能就是不可控成本。

3. 利润中心是指除了能控制成本以外，还能控制收入和利润的责任中心。

4. 某项投资的投资报酬率低于投资中心目前的投资报酬率，就应该放弃该项投资。

5. 衡量企业绩效时，为顾及公平合理，不宜采用单一衡量指标评定其绩效，应从多方面综合考虑才能使绩效评价更具客观性。

6. 从一个成本中心来看，一般地说，变动成本是不可控成本，固定成本是可控成本。

7. 分清可控成本与不可控成本有助于分清各部门的责任。

8. 投资利润率等于成本利润率乘以投资周转率。

9. 利润中心是对收入和利润负责的区域。

四、计算题

1. 某投资中心投资额为 100 000 元，年净利润为 20 000 元，公司为该投资中心规定的最低投资报酬率为 15%，请计算该投资中心的投资报酬率和剩余收益。

2. 某公司一投资中心,其2013年第一季度的有关资料如下表所示:

单位:元

摘要	预算数	实际数
销售收入	120 000	150 000
营业利润	9 500	12 700
经营资产	42 000	56 000
长期负债	14 000	15 800

已知该公司2013年第一季度的预期投资报酬率为14%,要求根据有关资料,试编制该投资中心的业绩报告。

3. 某公司去年的税后净营业利润为2 500 000元。该公司有三个融资来源:300万年利率为8%的长期借款,400万年利率为9%的企业债券,1 300万元的普通股,普通股的资本成本是10%。该公司的资本总额是2 000万元,所得税税率为25%。计算该公司的EVA,并对其业绩进行评价。

4. 某公司有三个业务类似的投资中心,使用相同的预算进行控制,其2012年的有关资料如下:

单位:万元

项目	预算数	实际数		
		甲部门	乙部门	丙部门
销售收入	200	180	210	200
营业利润	18	19	20	18
经营资产	100	90	100	100

在年终进行业绩评价时,董事会对三个部门的评价产生分歧:有人认为,丙部门完全完成预算,业绩最佳;有人认为,乙部门销售收入和利润均超过预算,并且利润最大,应该是最好的;也有人认为,甲部门的利润超过预算,但节约了资金,是最好的。假设该公司的资金成本率为16%,请对该公司三个投资中心的业绩进行评价,并排出优劣次序。

参考答案

一、单选题

1.C 2.B 3.C 4.C 5.D 6.C 7.D 8.D 9.C 10.C 11.D 12.C

二、多选题

1.AC 2.ABCD 3.ACD 4.ABD 5.ABCD 6.ABC 7.ABCD 8.CD

三、判断题

1.√ 2.√ 3.√ 4.× 5.√ 6.× 7.√ 8.× 9.×

四、计算题

1. 投资报酬率$=\frac{20\ 000}{100\ 000}\times 100\%=20\%$

剩余收益$=20\ 000-100\ 000\times 15\%=5\ 000$元

2. 根据所给资料，该投资中心2013年第一季度的业绩报告如下：

单位：元

摘要	预算数	实际数	差异
销售收入	120 000	150 000	30 000(有利)
销售成本	110 500	137 300	26 800(不利)
营业利润	9 500	12 700	3 200(有利)
经营资产	42 000	56 000	14 000(有利)
销售利润率	7.92%	8.47%	0.55%(有利)
经营资产周转率	2.86	2.68%	0.18(不利)
投资报酬率	22.65%	22.7%	0.05%(有利)
机会成本	5 880	7 840	1 960(不利)
剩余收益	3 620	4 860	1 240(有利)

从上述成果报告来看，该投资中心在2013年第一季度的经济活动中，无论是投资报酬率还是剩余收益，其实际数都超过预算数，足以证明该投资中心的经济效益是比较好的。

3. 加权平均资本成本$=\frac{3\ 000\ 000}{20\ 000\ 000}\times 8\%\times(1-25\%)+\frac{4\ 000\ 000}{20\ 000\ 000}\times 9\%\times(1-25\%)$

$$+\frac{13\ 000\ 000}{20\ 000\ 000}\times 10\%$$

$$=8.75\%$$

EVA$=2\ 500\ 000-20\ 000\ 000\times 8.75\%=750\ 000$元

EVA是正数，说明该公司是盈利的。

4. 投资报酬率：

甲部门ROI$=\frac{19}{90}\times 100\%=21.11\%$

乙部门ROI$=\frac{20}{100}\times 100\%=20\%$

丙部门ROI$=\frac{18}{100}\times 100\%=18\%$

剩余收益：

甲部门RI$=19-90\times 16\%=4.6$万元

乙部门RI$=20-100\times 16\%=4$万元

丙部门RI$=18-100\times 16\%=2$万元

通过上述计算，可以看出，甲部门业绩最好，乙部门次之，丙部门最差。

第十一章 作业成本计算与作业管理

第一节 作业成本法的基本原理

作业成本法(Activity-Based Costing,ABC)指以作业为间接费用核算对象,通过资源动因的确认、计量,归集资源费用到作业上,再通过作业动因的确认、计量,归集作业成本到产品或顾客上去的间接费用分配方法。

一、与作业成本法相关的概念

1. 资源

资源指支持作业的成本、费用来源,是一定期间内为了生产产品或提供服务而发生的各类成本、费用项目,或者是在作业执行过程中所需要花费的代价。通常分为货币资源、材料资源、对象资源、人力资源和动力资源(手段资源)等。资源成本信息主要来源于总分类账。

2. 作业

(1) 作业,指企业生产经营过程中相关的一系列任务的总称,或指为了某种目的而进行的消耗资源的活动。它是汇集资源耗费的第一对象,是连接资源耗费和产品成本的中介。可分为四种类型,即单位作业(unit activities)、批量作业(batch activities)、产品作业(product activities)、能力作业(facility activities),如表 11-1 所示。

表 11-1 作业种类及其作业成本动因

种类	定义	代表性作业	作业成本动因
单位作业	反映每单位产品或服务所进行的工作	产品检查 直接人工监督 直接动力、燃料费用	产品数量 直接人工小时 机器小时 加工的材料数量
批量作业	由生产批别次数直接引起的是一批产品收益的作业	机器准备 首件产品检查 处理顾客订单 材料搬运 生产计划	准备小时 检查小时 订单数量 材料移动次数 产品生产

续表

种类	定义	代表性作业	作业成本动因
产品作业	每一类产品的生产和销售所需要的工作	产品设计 零部件管理 工艺设计 修改产品特性 取得专利权及药品生产许可证	产品数量 零部件数量 工艺改变单
能力作业	维持企业生产经营正常运转的工作	机器设备的管理 会计和人力资源管理 房屋维修、照明 租金、折旧	场地面积 工人数量

(2) 作业中心，负责完成某一项特定产品制造功能，能够实现这种特定功能一系列作业的集合。作业中心是基于管理目的而划分的，既是成本汇集中心，也是责任考核中心。如材料采购、产品生产和产品销售这三个环节均可称为作业中心。

作业中心的组成依据两个原则：一是重要性原则，即应考虑各项作业现在和将来的重要程度。作业的重要程度取决于耗费资源的多少或其在生产中的地位。二是相关性原则，即组成作业中心的作业必须是相关的，其相关性表现在具有相同的成本动因和相同的成本分配率。

(3) 作业成本库，将相关的一系列由相同的成本动因引起的作业消耗资源费用归集到作业中心，就构成了该作业中心的作业成本库。作业成本库是作业中心的货币表现形式。

3. 作业链和价值链

作业链，是指企业为了满足顾客需要而建立的与成本标的密切相关的一系列前后有序的作业集合体。其以顾客为出发点，通过分析、改进作业链和不断优化、不断增值企业价值的方式，达到降低产品成本、获取竞争优势的目的。

价值链，是指开发、生产、营销以及向顾客交付产品和劳务必需的一系列作业价值的集合，或者指伴随着作业转移的价值转移过程中，全部价值的集合，是企业作业链的价值表现。价值链与作业链是不可分割的，要想提高价值链，必须改进作业链；而作业链的改善，又是从分析价值链开始的。

4. 成本动因

成本动因又称为成本驱动因素，是诱导成本发生及增加的原因。其作为作业分配成本的标准，是对作业的量化表现。如研究开发费的支出与研究计划的数量、研究计划所费的工时或者研究计划的技术复杂性相关，这三者就是研究开发费的成本动因。一个企业成本动因的数量多少与企业生产经营过程的复杂程度密切相关，企业的生产经营过程越复杂，其成本动因就越多。根据 ABC 原理，可将成本动因分为资源动因和作业动因两类。

(1) 资源动因，是衡量资源消耗量与作业之间关系的某种计量标准，反映了消耗资源的起因，是资源费用归集到作业的依据。资源动因可用于评价作业使用资源的效率，以便分析改进和降低作业成本。例如，电力资源的资源动因是有关作业消耗电力的度数。

(2) 作业动因，是指作业发生的原因，是将作业成本库中的成本分配到成本标的中的依据，揭示作业消耗量与企业产出量之间的关系，是将作业耗费与最终产出相沟通的中介。例如，材料搬运作业的作业衡量标准是搬运货物的数量，生产调度作业的作业衡量标准是生产订单数量，自动化设备作业的作业衡量标准是机器小时数等。

二、作业成本法与传统成本法的区别

作业成本法与传统成本法对于直接费用的处理是一致的，其最根本的区别在于对间接制造费用的处理分配上，其主要区别如图 11－1 所示。

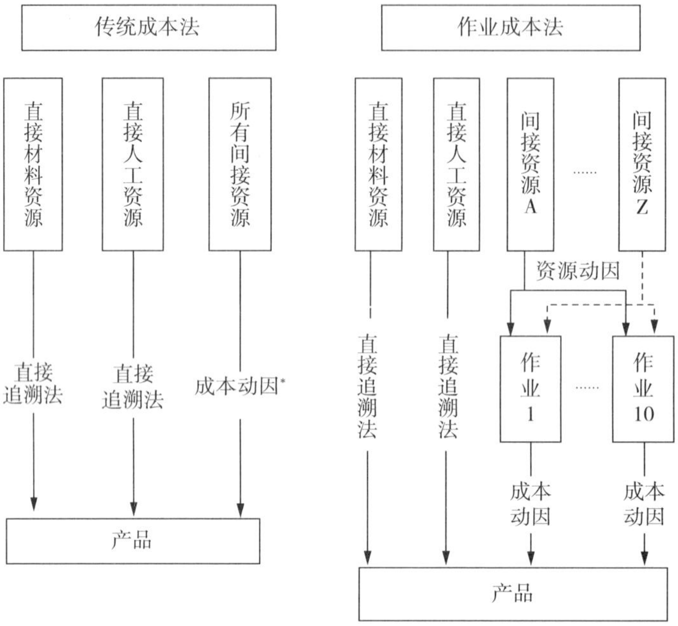

* 直接人工小时或者其他产量基础成本动因，如机器小时或产品数量。

图 11－1　作业成本法与传统成本法的区别

传统的间接费用分配采用单一的数量分配基准。例如，把直接人工小时、直接人工成本、机器小时、原材料成本或主要成本作为制造费用的分配标准。传统成本法满足的只是与生产数量有关的制造费用的分配。

然而，随着企业生产自动化程度的不断提高，使得生产工艺、生产设计和机器准备等活动增多，成本结构发生了变化：间接费用所占份额越来越大，直接人工比例日益减少。传统的成本法往往使高产量产品的成本被高估，低产量产品的成本被少计，从而导致信息使用者误以为高产量的产品利润低，低产量的产品利润高，引起决策失误。其信息相关性较弱。

作业成本法则是对传统成本法的改进，它不仅仅局限于生产制造成本，而且还立足于全过程的成本管理，将成本视野向前延伸到产品市场的需求阶段，分析相关的技术发展趋势及研发工作，向后延伸到顾客使用及售后服务的各个阶段，采用多元分配基准，集财务和非财务信息于一体，特别强调非财务变量，使得成本的分配更合理，相关性更强。作业成本计算法下，分配间接费用遵循的原则是"作业消耗资源，产品消耗作业"。

三、作业成本法的基本原理

作业成本法，将着眼点放在成本发生的原因和后果上，以作业为核心，以资源流动为线索，以成本动因为媒介，通过对所有作业活动进行跟踪动态反映，从而对发生的作业成本进行有效的控制。成本的流动过程即为资源按资源动因分配给作业，形成作业成本，作业成本再通过作业动因分配给产品。其原理如图 11－2 所示。

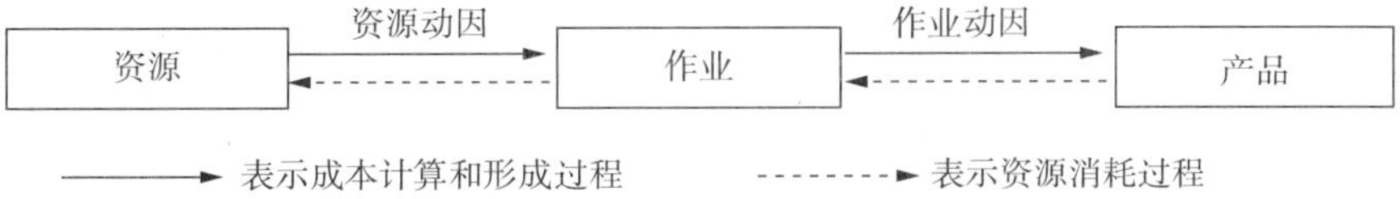

图 11－2　作业成本法(计算)原理

作业成本法(ABC)认为，作业消耗资源，产品消耗作业；生产导致作业发生，作业导致成本发生。在作业成本中心由“产品”转移到“作业”的前提下，其基本原理可以概括为：依据不同成本动因分别设置若干作业成本库，再分别以各种产品所耗费的作业量分摊其在该作业成本库中的作业成本，然后分别汇总各种产品的作业总成本，计算各种产品的总成本和单位成本。

第二节　作业成本计算法

一、作业成本法的核算程序

根据 ABC 的基本原理，作业成本法的计算步骤如图 11－3 所示。

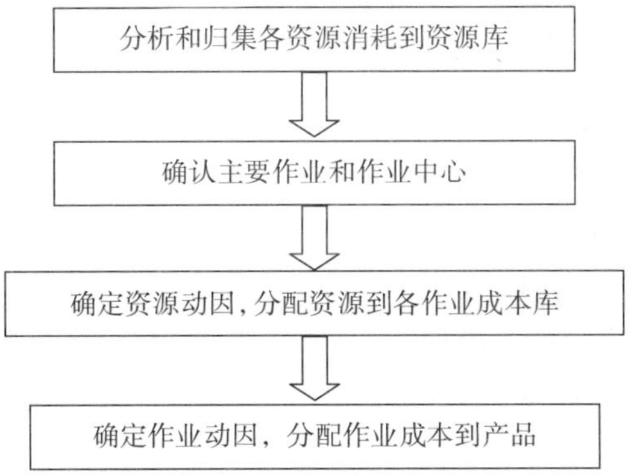

图 11－3　作业成本法计算步骤

第一步，分析和确认各类资源耗费，将资源耗费价值归集到各资源库。

此步骤是按资源类别对资源消耗价值进行归集的过程。被消耗的资源按照一定的价值归集范围进行分类归集，既可以从总体上反映各类资源的耗用情况，也为各类资源的耗费价值向作业成本库的分配创造了条件。

第二步，确认作业、主要作业和作业中心，并建立作业成本库。

在对企业生产经营过程进行全面分析的基础上，按照作业成本动因来建立作业成本库。作业成本库是指作业成本计算法在为每一间接成本项目确定合理的成本动因后，由具有相同性质的作业成本动因组成的若干个成本库(即作业中心)。

第三步，确定资源动因，根据资源动因，将各个资源库归集的价值分配到各个作业成本库中。

作业成本计算法的原则：作业量的多少决定资源的耗用量，资源耗用量的高低与最终的产量没有直接关系。所以，这一步骤分配资源价值消耗的基础是反映资源消耗量与作业量之间关系的资源动因。在成本计算过程中，将各资源库价值按照资源动因逐项分配到特定范围内的各作业成本库中，则每个作业成本库中转入的各项资源价值之和即为作业成本库价值。

确立资源动因的原则：①某一项资源消耗能直观地确定其是为特定产品所消耗，则直接计入该特定产品成本，此时，资源动因也是作业动因，该动因可以认为是“终结消耗”。材料费往往适用于该原则。②如果某项资源耗费可以从发生领域上区分为各作业消耗，则可以直接计入各作业成本库，此资源动因为“作业专属耗费”。各作业各自发生的办公费、各作业按时付工资额核定应负担的工资费一般使用此原则。③如果某项资源耗费从最初消耗上呈混合耗费状态，则需要选择合适的量化依据——资源动因，将资源分配到各作业成本库中。

第四步，确定作业动因，根据作业成本动因分配率，将各作业成本库价值分配计入最终产品或劳务成本计算单，计算完工产品或劳务成本。

作业成本动因分配率，是作业成本与作业成本动因数量的比率，其计算公式为：

$$作业成本动因分配率(R)=作业成本(C)/作业成本动因数量(X)$$

该步骤应遵循的作业成本计算规则是：产出量的多少决定着作业的耗用量，其中作业消耗量与产出量之间的关系即为作业动因。

二、作业成本计算法举例

[例 11-1] 某企业同时生产甲、乙两种产品。该生产工艺以机械化为主，所需的人工成本较少。其中，甲产品已经有多年的生产历史，比较稳定。每批大量生产 1 000 件以备顾客订货需要，年产甲产品 30 000 件；乙产品是一种新的、复杂的产品，每批生产 10 件，年产量 5 000 件。有关两种产品的生产成本资料，如表 11-2 所示。

表 11-2 某企业产品生产成本表

单位：元

成本项目	甲产品(30 000 件)	乙产品(5 000 件)	合计
直接材料	60 000	15 000	75 000
直接人工	6 000	2 000	8 000
制造费用	120 000	40 000	160 000
合计	186 000	57 000	243 000

按传统成本计算方法，某企业甲、乙两种产品的单位成本计算结果如表 11-3 所示。

表 11-3 某企业产品生产单位成本表

单位：元

成本项目	甲产品(30 000 件)	乙产品(5 000 件)
直接材料	2	3
直接人工	0.2	0.4
制造费用	4	8
合计	6.2	11.4

在传统成本计算法下，制造费用以直接人工成本为基础，它是直接人工成本的 2 000%。根据作业成本计算法，依据不同的成本库，归集制造费用如表 11－4 所示。

表 11－4 依据成本库归集的制造费用表

单位：元

制造费用项目	金　额
机器准备	10 000
材料处理	41 200
产品检验	32 000
采购订货	13 200
产品设计	8 000
机器能量	16 000
其他作业	39 600
合　计	160 000

进一步假设有关的成本动因资料如下：

(1) 甲、乙产品的单位产出机器小时比例分别为 1 和 2；

(2) 每批标准检验单位为：甲产品每批 20 件，乙产品每批 2 件；

(3) 甲、乙产品每批材料移动次数分别为 20 和 40；

(4) 甲、乙产品的机器调整次数分别为 2 和 8；

(5) 甲、乙产品购货订单数分别为 100 和 1 100；

(6) 甲、乙产品的设计时间分别为 100 小时和 300 小时；

(7) 甲、乙产品的其他作业按机器小时分配比为 1∶3。

根据上述资料，按照不同的作业层次分配制造费用如下：

1. 单位作业层次

(1) 直接材料成本和直接人工成本的计算与传统成本计算法相同。

(2) 机器能量成本按一定比率分配到产品生产线，其计算过程如表 11－5 所示。

表 11－5 机器能量成本分配表

产品名称	数量(件)	单位产出机器小时	合计(时)	分配率	分配额(元)
甲产品	30 000	1	30 000	0.4	12 000
乙产品	5 000	2	10 000	0.4	4 000
合　计	—	—	40 000	—	16 000

分配率＝16 000/40 000＝0.4

2. 批量作业层次

(1) 检验成本按检验次数分配，其计算过程如表 11－6 所示。

表 11－6 检验成本分配表

产品名称	批量	每批检验件数	合计(件)	分配率	分配额(元)
甲产品	30	20	600	20	12 000
乙产品	500	2	1 000	20	20 000
合　计	—	—	1 600	—	32 000

分配率＝32 000/1 600＝20

（2）材料处理成本以材料移动次数为基础分配，其计算过程如表 11－7 所示。

表 11－7　材料处理成本分配表

产品名称	批量	每批移动次数	合计(次)	分配率	分配额(元)
甲产品	30	20	600	2	1 200
乙产品	500	40	20 000	2	40 000
合　计	—	—	20 600	—	41 200

分配率＝41 200/20 600＝2

（3）机器准备成本以调整次数为基础分配，其计算过程如表 11－8 所示。

表 11－8　机器准备成本分配表

产品名称	调整次数	分配率	分配额(元)
甲产品	2	1 000	2 000
乙产品	8	1 000	8 000
合　计	10	—	10 000

分配率＝10 000/10＝1 000

3. *产品作业层次*

（1）采购订货成本以购货订单数量为基础分配，其计算过程如表 11－9 所示。

表 11－9　采购订货成本分配表

产品名称	购货订单数量(件)	分配率	分配额(元)
甲产品	100	11	1 100
乙产品	1 100	11	12 100
合　计	1 200	—	13 200

分配率＝13 200/1 200＝11

（2）产品设计成本以设计时间为基础分配，其计算过程如表 11－10 所示。

表 11－10　产品设计成本分配表

产品名称	设计时间	分配率	分配额(元)
甲产品	100	20	2 000
乙产品	300	20	6 000
合　计	400	—	8 000

分配率＝8 000/400＝20

（3）其他作业以机器小时为基础分配，其计算过程如表 11－11 所示。

表 11－11　其他作业成本分配表

产品名称	机器小时	分配率	分配额(元)
甲产品	100	99	9 900
乙产品	300	99	29 700
合　计	400	—	39 600

分配率＝39 600/400＝99

综合上述计算结果，根据作业成本法，各种产品的总成本和单位成本汇总如表 11－12 所示。

表 11－12　某企业产品生产成本表

单位：元

项　目	甲产品(30 000 件)		乙产品(5 000 件)	
	单位成本	总成本	单位成本	总成本
1. 单位作业层次				
直接材料	2	60 000	3	15 000
直接人工	0.2	6 000	0.4	2 000
机器能量	0.4	12 000	0.8	4 000
小　计	2.6	78 000	4.2	21 000
2. 批量作业层次				
检验	0.4	12 000	4	20 000
材料处理	0.04	1200	8	40 000
机器准备	0.067	2 000	1.6	8 000
小　计	0.507	15 200	13.6	68 000
3. 产品作业层次				
采购	0.037	1 100	2.42	12 100
产品设计	0.067	2 000	1.2	6 000
其他作业	0.33	9 900	5.94	29 700
小　计	0.434	13 000	9.56	47 800
合　计	3.54	106 200	27.36	136 800

注：结果保留两位小数。

表 11－3 与表 11－12 的计算结果显示了传统成本计算法与作业成本计算法的区别。甲产品是一种稳定、大批量生产的产品，其单位成本几乎是传统成本计算法的 57%；而乙产品是一种技术含量较高、小批量生产的产品，其单位成本大约是传统成本计算法的 2.39 倍。事实上，传统成本计算法导致甲产品补贴了乙产品的成本。这主要是因为，传统成本计算法采用单一分配标准进行制造费用的分配，忽视了各种产品生产的复杂性、技术含量不同以及相联系的作业量不同，相关性较差。作业成本法则考虑了引起制造费用发生的具有代表性的各种成本动因，提供了更为详细的成本信息，较为客观、合理地反映了各种产品的成本。

第三节　作业管理的应用

前面我们已经了解了管理者如何按作业成本法计算各种产品的成本，但后来的发展却证明作业成本计算的作用远不止成本计算，以作业为中心管理思想的作业成本法(ABC)已从成本的确认、计量方面转移到企业管理的诸多方面，如预算管理、生产管理、产品定价、新产品开发、顾客盈利能力分析等。一个新的、以价值链分析为基础的、服务于企业战略需要的现代企业管理思想就此形成——作业成本管理(Activity-Based Management,ABM)。

作业成本管理的提法来自美国波特兰州立大学成本管理教授彼得·B·托尼。其基本思想是:将企业看作是为满足顾客需求、实现投资者报酬价值最大化而运行的一系列作业的集合体,根据作业信息对企业经营过程中的作业进行评价,尽可能地消除不增值作业,改进增值作业,从而做出战略性的经营决策,使企业价值链优化,最终增加顾客价值和企业利润。企业生产商品或提供劳务消耗作业,作业消耗资源,而资源消耗的同时又是价值的积累过程,所以,最终产品或劳务既是全部作业的集合,也是全部价值的集合,作业成本管理实际上是价值链分析在企业内部成本管理中的运用。

一、作业管理的方法

管理者在对作业成本进行分析、了解产品成本后,利用作业信息所采取的增加产品获利能力的行动,即为作业管理,主要有:作业消除、作业选择、作业减低、作业分享。

1. 作业消除

作业消除是消除不增值的作业,即先确定不增值的作业,进而采取有效措施予以消除。如,将原材料从集中保管的仓库搬运到生产部门就是不增值作业,若将原材料从供应商直接送到原材料使用部门,则可减少甚至消除不增值作业。

2. 作业选择

作业选择是指尽可能列举各项可行的作业,并从中选择最佳的作业。不同的策略经常产生不同的作业,如在其他条件不变的情况下,选择作业成本最低的销售策略,可以降低成本。

3. 作业减低

作业减低是指改善必要作业的效率,或者改善在短期内无法消除的不增值的作业。如,减少整理准备次数,就可改善整理准备作业。

4. 作业分享

作业分享是指利用规模经济效应提高必要作业的效率,即增加成本动因的数量但不增加作业成本,减低单位作业成本及分摊于产品的成本。如,新产品在设计时,若考虑到充分利用现在其他产品使用的零件,则可以免除新产品零件的设计工作,从而减少生产成本。

二、作业管理的应用

1. 产品定价、重新定价

现如今,许多公司在价格调整方面拥有高度的自主权,尤其是那些高度细分的产品。在进行初步的作业成本分析之后,产品成本在不同的产品间得到了重新分配:那些低产量的、特殊的、顾客化的豪华产品的成本在增加,公司亦会相应地提高价格;而那些高产量的、普通或成熟的产品成本降低,因而其获利水平提高了,公司可通过降价来提高其销量。因此,企业的管理者可以利用作业成本计算法提供的信息来更好地对他们的产品、服务进行定价或重新定价,以便使他们的收入与他们所付出的成本能够匹配。

2. 产品替代

产品替代和重新定价是相互补充的行为,其与提高低成本产量、特殊订货产品可达到相同的效果,即用现有的、可供选择的低成本产品对其进行替代。销售者可以为顾客提供两种选择:以高价格获得具有专门定制性能的产品;以低价格获得一种替代品,并放弃性能上的要求。

例如，一位顾客不愿意为独特产品多付出50%的价格，产品的销售者就可以向其介绍一种功能相同的现有产品，既可以满足其技术上的需求，且不需要支付高价。

3. 产品品种决策

由于顾客对于产品的需求越来越趋于多样化和个性化，企业不得不改变现有的产品组合。越来越多的企业也选择了生产小批量、多样化产品的战略，而小批量的特制产品对批层次和产品层次的支持性作业又有许多的需求。利用作业成本计算所提供的信息，管理者可以预先比较精确地估计出每一种产品组合的成本，因而可以做出正确的产品决策，从而更好地选择产品组合。

4. 预算

在作业成本计算所提供的信息的帮助下，管理者可以清楚而准确地看到企业将来的资源需求与企业现有资源之间的差额，以便更好地管理和处置企业的资源，使企业对资源的供给和企业对资源的需求相匹配，从而消除传统预算方法下容易出现的预算空额问题，提高企业利润。

5. 改进产品设计

工程师在设计产品时看重的是产品的性能，却往往忽略了许多部件及产品的多样性和复杂的生产过程，因而也就考虑不到添加独特部件的成本及新顾客和复杂生产过程需要的成本。运用作业成本计算可以详细分析出设计中可以被删除的独特的生产过程，哪些昂贵的复杂部件可用便宜的替代品，哪些生产步骤可以适当简化，以便从各个方面降低产品的成本，且不易被顾客发现，如设计改进成功，亦不必进行重新定价或替代其他产品。

6. 改善生产经营过程

生产过程是成本发生的过程，改善这一过程对于降低产品的成本有着重大的意义。依据作业成本计算，间接成本按作业进行划分，通过作业动因分配到产品上去，因此，可以通过较低的作业成本动因率，来合理安排各作业的生产批次，提高作业的使用效率，从而实现成本降低。

7. 改进经营策略

一般情况下，高产量的产品有大量的单位作业和较少的批量作业，低产量的特制产品有较低的单位作业和大量的批量作业。对于集中生产的、高产量的产品，适于在高效率地完成单位作业的工厂中生产，而这些工厂对于完成批量作业和辅助产品的生产可能非常无效率。对于低产量、高度多样化的产品，将在能高效地完成批量作业和产品作业的工厂中生产，这样的工厂通常拥有熟练工人和通用的机器设备，而对于完成单位作业可能非常无效率，因为大量高素质的直接人工很昂贵，且普通的机器运作起来，相比专业的、高度自动化的生产设备要慢得多。

8. 技术投资

当代科学技术优势的有效利用，以及适应产品顾客化的趋势，使得企业在弹性制造系统的基础上，对企业的各种活动进行了进一步的集成和发展，从而形成了一种更加灵活、高效的计算机集成制造系统。其在保持高度自动化生产效率和提高企业对外适应能力的同时，极大地降低了产品的成本。然而这些高级且复杂的信息密集型制造技术上的投资，只有在作业成本计算体系下才是可实施的。

9. 削减产品

若不获利的产品不能够转变为获利产品，但不获利产品又确实能够增加整体产品的获利性，通过不获利产品和获利产品的组合，能使企业利润达到最大，可以继续生产和销售不获利产品，否则，只能终止其生产。

总之，作业成本管理主要是应用作业成本计算的特定优势，帮助企业管理者做出正确的决策。

本章小结

作业成本法，以作业为核心，以资源流动为线索，以成本动因为媒介，通过把资源按资源动因分配给作业形成作业成本，作业成本再通过作业动因分配给产品的方式来分配企业的间接费用。作业成本管理，则是以作业成本计算为基础进行的成本管理。本章就作业成本法的基本原理、实例说明以及作业成本管理的应用进行了探讨。通过本章的学习，要求对作业成本法和作业成本管理有一定的了解，并能在实际中应用此法对企业的成本进行管理和控制。

复习思考题

1. 作业成本法下间接费用分配应遵循的原则是什么？
2. 随着高新技术和社会经济环境的变化，企业生产经营的内外部环境和条件发生了哪些重大变化？这些变化对企业成本计算方法产生了哪些影响？
3. 什么是作业成本法，其与传统成本法的区别是什么？
4. 采用作业成本法计算作业成本的一般程序是什么？
5. 什么是作业成本管理？
6. 如何进行企业作业成本管理？

练习题

一、单选题

1. 企业生产经营过程中，各项独立并相互联系的活动是指(　　)。

A. 作业链　B. 价值链　C. 作业　D. 作业管理

2. 下列各项中，应当作为建立作业链出发点的是(　　)。

A. 产品　B. 顾客　C. 原材料　D. 订单

3. 在下列各项中，属于作业成本法中成本性态的是(　　)。

A. 成本动因与成本之间的依存关系　B. 成本与业务量之间的关系

C. 成本与生产之间的关系　D. 成本与作业的关系

4. 单位层作业的作业成本的高低与产品产量(　　)。

A. 成反比例变动　B. 成正比例变动

C. 之间没有关系　D. 有时成正比例变动，有时保持不变

5. 能够为企业整体服务，与企业整体管理水平有关的作业是指(　　)。

A. 单位层作业　B. 批量层作业

C. 公司层作业　D. 产品层作业

6. 下列各项中，属于机器设备的资源动因是(　　)。

A. 人工小时　　B. 机器小时

C. 生产批次　　D. 材料消耗数量

7. 下列各项中，属于传统成本控制的对象是(　　)。

A. 价值链　　B. 作业链　　C. 资源动因　　D. 成本项目

8. 下列各项中，能够从价值上反映企业作业链的指标是(　　)。

A. 资源量　　B. 作业量　　C. 价值链　　D. 作业管理

9. 下列各项中，应当纳入作业管理的成本范围的是(　　)。

A. 为获取资源发生的支出　　B. 资源的耗用

C. 反映支出水平的增减变动　　D. 生产过程的一切支出

10. 下列各项中，能够反映作业量与资源耗费之间因果关系的是(　　)。

A. 资源动因　　B. 作业动因

C. 产品动因　　D. 成本动因

二、判断题

1. 作业管理是指以产品需要为出发点，以产品分析为核心的一种先进的成本管理方式。

2. 本期发生的生产调度成本，其成本动因是生产批次。

3. 资源动因能够反映产品产量与作业成本之间的因果关系。

4. 作业中心是指将各种资源耗费项目按同一作业动因归集起来的成本类别。

5. 作业管理属于战略管理不可缺少的一个组成部分。

6. 作业管理仅限于企业内部的供产销分析，它的研究范畴与传统成本控制的研究范畴不同。

7. 实施作业管理必须首先分析客户的需求，分析作业链的构成。

8. 作业动因应当反映公司管理与作业成本的因果关系。

9. 产品层作业与正在生产的产品产量相关。

10. 公司层作业成本大多与企业的生产能力相联系。

三、计算题

1. 某公司本月所投产的 A、B 两种产品当月全部完工，有关资料如表 1 所示。

表 1　A、B 两种产品的生产及成本资料

项　目	A 产品	B 产品
产　量	50 件	4 100 件
单位产品机器小时	6 小时/件	4 小时/件
单位产品直接材料成本	190 元/件	180 小时/件
单位产品直接人工成本	100 元/件	110 小时/件
制造费用总额	395 800 元	

其中，制造费用是由 4 种作业所发生的，具体资料如表 2 所示。

表 2　制造费用作业资料

作　业	成本动因	作业成本(元)	成本动因数		
			A 产品	B 产品	合　计
机器调整准备	调整准备次数	16 000	10 次	6 次	16 次
生产订单	订单份数	62 000	15 份	10 份	25 份
机器运行	机器小时数	233 800	300 小时	16 400 小时	16 700 小时
质量检验	检验次数	84 000	30 次	20 次	50 次
合 计		395 800			

要求：根据上述资料，分别采用作业成本法和传统成本法计算 A、B 两种产品的单位成本。

2. 一汽车公司生产制造微型卡车和轿车。过去，企业按直接人工小时分配制造费用，分配率是 25 元/小时；现采用作业成本法，在研究了企业的作业和成本后，得到了以下有关数据，如下表所示：

项　目	微型卡车	轿车	作业动因分配率
产量(辆)	50	100	—
直接材料成本(元)	4 250	7 500	—
单位直接人工小时	100	300	—
直接人工成本(元)	1 000	3 000	—
搬运次数	40	20	50 元/次
部件数量	10	6	100 元/件
设计变化次数	5	3	375 元/次
设备调试次数	7	5	200 元/次

要求：根据上述资料，分别采用作业成本法和传统成本法计算微型卡车和轿车的单位成本。

3. 一家总部设在 Dallas(美国城市)的电子公司的无绳电话生产分部采用作业成本核算系统。为简便起见，假设公司的会计师仅列出以下三项作业以及与其间接生产成本相关的成本动因：

作业	成本动因
材料处理	直接材料成本
工程	工程变更通知
电费	千瓦时

公司生产三种无绳电话：Slim，RAZ 和 TEX。最近一个月各产品直接成本和成本动因如下表所列：

	Slim	RAZ	TEX
直接材料成本：美元	$ 25 000	$ 50 000	$ 125 000
直接人工成本：美元	$ 4 000	$ 1 000	$ 3 000
千瓦时	50 000	200 000	150 000
工程改变通知	13	5	2

当月间接生产成本为：

材料处理：	$ 10 000
工程：	$ 20 000
电费：	$ 16 000
总间接成本	$ 46 000

要求：根据上述材料，采用作业成本法分配每件产品的间接生产成本。

参考答案

一、单选题

1. C　2. B　3. A　4. B　5. C　6. B　7. D　8. C　9. B　10. A

二、判断题

1. ×　2. √　3. ×　4. √　5. √　6. ×　7. √　8. ×　9. ×　10. √

三、计算题

1.（1）传统成本计算法下，计算 A、B 两种产品的单位成本：

A 产品机器小时＝6×50＝300(小时)

B 产品机器小时＝4×4 100＝16 400(小时)

$$制造费用分配率=\frac{395\ 800}{300+16\ 400}=23.70(元/小时)$$

则，A 产品制造费用＝23.70×300＝7 110(元)

B 产品制造费用＝23.70×16 400＝388 680(元)

$$A产品单位成本=190+100+\frac{7\ 110}{50}=432.20(元)$$

$$B产品单位成本=180+110+\frac{388\ 680}{4\ 100}=384.80(元)$$

根据上述分析与计算可编制产品成本计算表，如表 1 所示。

表 1　传统成本计算法下 A、B 两种产品成本计算表

单位：元

成本项目	直接材料	直接人工	制造费用	总成本	产量(件)	单位成本
A 产品	9 500	5 000	7 110	21 610	50	432.20
B 产品	738 000	451 000	388 680	1577 680	4 100	384.80

（2）作业成本法计算 A、B 两种产品的单位成本：

首先计算各项作业动因分配率，如表 2 所示。

表 2　作业动因分配率计算表

作　业	作业成本(元)	作业动因数	作业动因分配率
机器调整准备	16 000	16 次	1 000 元/次
生产订单	62 000	25 份	2 480 元/份
机器运行	233 800	16 700 小时	14 元/小时
质量检验	84 000	50 次	1 680 元/次

然后计算 A、B 两种产品消耗作业量的成本，如表 3 所示。

表 3　A、B 两种产品消耗作业量成本

作　业	作业动因分配率	作业动因数		制造费用分配额(元)	
		A 产品	B 产品	A 产品	B 产品
机器调整准备	1 000 元/次	10 次	6 次	10 000	6 000
生产订单	2 480 元/份	15 份	10 份	37 200	24 800
机器运行	14 元/小时	300 小时	16 400 小时	4 200	229 600
质量检验	1 680 元/次	30 次	20 次	50 400	33 600
合 计				101 800	294 000

最后计算 A、B 两种产品的单位成本，如表 4 所示。

表 4　作业成本法下 A、B 两种产品单位成本计算表

成本项目	直接材料(元)	直接人工(元)	制造费用(元)	总成本(元)	产量(件)	单位成本(元)
A 产品	9 500	5 000	101 800	116 300	50	2 326
B 产品	738 000	451 000	294 000	1483 000	4 100	361.70

$$A\text{ 产品单位成本}=190+100+\frac{101\ 800}{50}=2\ 326(\text{元})$$

$$B\text{ 产品单位成本}=180+110+\frac{294\ 000}{4\ 100}=361.70(\text{元})$$

2.(1) 按照传统成本计算法下的产品成本如表 1 所示：

表 1

单位:元

项　目	微型卡车	轿车
直接材料成本	4 250	7 500
直接人工成本	1 000	3 000
制造费用(25 元/人工小时)	2 500	7 500
总成本	7 750	18 000
单位成本	155(7 750/50)	180(18 000/100)

(2) 按照作业成本计算法下的产品成本如表 2 所示：

表 2

单位:元

项 目	微型卡车	轿车
直接材料成本	4 250	7 500
直接人工成本	1 000	3 000
制造费用合计	6 275	3 725
其中：搬运费用	2 000(50×40)	1 000(50×20)
部件成本	1 000(100×10)	600(100×6)
设计变化费用	1 875(375×5)	1 125(375×3)
调试费用	1 400(200×7)	1 000(200×5)
总成本	11 525	14 225
单位成本	230.5(11 525/50)	142.25(14 225/100)

第十二章　战略管理会计

第一节　战略管理会计概述

一、战略管理会计的产生和发展

社会生产力的飞速发展，使企业的制造环境由过去的劳动密集型向资本密集型和技术密集型转化，从而使企业的产品成本结构发生了重大变化，如：直接人工成本下降，而制造费用的比例却明显上升；固定成本所占比重上升，变动成本所占比重却明显下降。此外，企业要在竞争中生存，其生产模式必须从传统的以追求规模经济为目标的大批量生产模式转变为能对顾客的不同需求迅速做出反应的"顾客化生产"，即以顾客为中心的小批量、个性化的生产方式。

当前，企业的内部环境和外部环境都发生了显著的变化，而传统的管理会计属于内向型会计，只注重企业的内部，而不关注企业的外部变化，只注重财务信息而不注重非财务信息。面对新的环境、新的要求，企业不得不从战略的角度来研究企业所处的地位，选择以战略管理为导向的管理模式，进行战略决策。战略管理要求企业管理者在不断审视企业内外环境变化的前提下，制定能够利用优势，抓住机会，弱化劣势，并避免和缓和威胁的企业战略。战略管理从制定到实施，客观上需要大量内部和外部、财务和非财务、定性和定量、历史和现实等多样化的管理会计信息，战略管理会计随之产生。

战略管理会计（Strategic Management Accounting，SMA）最早是由英国学者西蒙斯于1981年在《战略管理会计》一文中提出的，认为战略管理会计是未来管理会计发展的方向。此后，英国学者 Bromwich 和 Bhimani 进一步讨论了战略管理会计，认为战略管理会计是一种收集并分析企业产品在市场和竞争对手方面的成本以及成本结构的信息，并在一定时期内监察企业和竞争对手战略的管理会计。

战略管理会计的概念被沿用了，但对其定义却尚无统一的认识。美国学者的战略管理会计可以认为就是战略管理成本。我国学者既借鉴了战略管理会计和战略管理成本的理念，也按照各自的理解进行了补充，各抒己见。但总而言之，战略管理会计是服务于战略管理的会计信息系统，是服务于战略比较、战略选择和战略决策的一种新型会计，它是管理会计向战略管理领域的延伸和渗透。

二、战略管理会计的特点

1. 外向性

战略管理会计不再将视野局限于一个企业主体之内，而是更多地关注企业外部环境的变化，密切关注整个市场和竞争对手的动向，重点搜集有关竞争对手的信息，做到知己知彼，并采取相应的战略战术。因此，战略管理会计强调各类相对指标或比较指标的计算和分析，如相对价格、相对成本以及相对市场份额，以取得相对竞争优势。其拓展了管理会计对象的范围，使管理会计由内向型向外向型发展。

2. 长期性、竞争性

与传统管理会计注重企业短期利益的最大化不同，战略管理会计主要服务于企业的长期战略计划，着眼于企业长期发展和整体利益的最大化，追求企业长久的竞争优势。其超越了单一期间的局限，着重从多期竞争地位的变化中把握企业未来的发展方向；不再局限于短期获利能力，而是重点扩展到长期竞争优势上。

3. 全面性、综合性

战略管理会计既重视主要的生产经营活动，也重视辅助活动；既重视生产制造，也重视其他价值链活动；既重视现有经营范围内的活动，也重视各种可能的活动。因此，战略管理会计可以更好地把握各种潜在的机会，规避可能的风险，从战略的角度最大限度地增加企业的盈利能力和价值创造能力。

4. 提供多样化的信息

为适应战略管理的要求，战略管理会计突破了只强调提供货币信息的局限，将信息的范围扩展到各种与企业战略决策相关的多样化信息，包括货币性质的和非货币性质的、数量的和质量的、物质层面的和非物质层面的，乃至有关天时、地利、人和等方面的信息。多样的信息来源和信息种类需要多种信息分析方法，因此，不仅是财务指标的计算方法，而且还结合了环境分析法、价值链分析法、生命周期分析法和动因分析法等多种方法。

5. 更注重动因分析

管理会计应通过对影响企业绩效的各内外部因素进行深入分析，来剖析影响企业运行的动因，发现问题，为改善经营决策提供信息。战略管理会计中的作业成本法正是体现了这一思想。作业成本法把成本的计算深入到作业层面，不仅是为了提高成本信息的准确性，更重要的是通过成本动因的分析，为优化成本管理、控制成本提供了一条有效的途径。

6. 拓展了管理会计人员的职能范围和素质要求

战略管理会计对管理会计人员的要求已不限于财务信息的提供，而是要求他们能够运用多种方法，对包括财务信息在内的各种信息进行综合分析与评价，向管理层提供全部信息的分析结论和决策建议。随着管理会计人员职能的扩展，新型管理会计人员不仅应熟悉本企业所在行业的特征，更要通晓经济领域其他各方面，从整体发展的战略高度认识和处理问题，提供具有远见卓识的管理咨询服务。

7. 提供了更及时、有效的业绩报告

计算机化的信息系统为数据的综合性和及时性提供了极大的可能，编制管理会计业绩报告的时间相对于传统的每月一次或每周一次，也大为缩减，使管理会计发生的问题在当时或当天就能提供相关的信息。战略管理会计的理念和技术为会计分析提供了可靠的基础，更易于取得时效性和相关性更强的信息。

三、战略管理会计的目标

战略管理会计的目标可分为最终目标、直接目标和具体目标三个层次。

战略管理会计的最终目标是长期、持续地提高企业的整体经济效益，其立足于企业的长远发展，权衡收益与风险，是引导战略管理会计行为的航标，是战略管理会计系统运行的动力和行为标准。

战略管理会计的直接目标是为企业战略管理决策提供信息。这些信息不仅包括财务信息，更重要的是包括了有助于实现企业战略目标的非财务信息。

战略管理会计的具体目标主要包括以下四个方面：①协助管理当局确定战略目标；②编制战略规划；③协助管理当局实施战略规划；④进行战略性业绩评价。

第二节　战略管理会计的主要内容

一、战略管理会计的内容

1. 战略经营环境分析

战略经营环境分析是制定企业战略目标和战略计划的前提，具体又包括企业外部环境分析和企业内部环境分析。

（1）企业外部环境分析

企业外部环境包括宏观环境和特定产业环境两个方面：

宏观环境是指对所有企业产生较大影响的宏观因素，包括政治、法律、经济、科技、自然环境等。政治和法律，从宏观上对企业的生产经营起着规范和导向作用，要求企业管理人员要知法、懂法，依法经营；经济因素，如居民收入水平、原材料及能源的供应状况、国民生产总值、产业结构、总体经济发展趋势等，为企业的战略选择提供了依据；科技因素，如产品开发、专利保护、技术推广等，为企业的新产品开发指明了方向；自然环境主要指地理位置和资源状况，为企业的生产经营提供了优良的先决条件。

特定产业环境是指企业所属产业中的目标市场。企业应根据自己的生产经营特点，选择目标市场，并了解目标市场的容量饱和度以及相关竞争者的数量、手段、影响力等。对影响企业竞争力的五要素进行分析，这五要素分别是同业竞争者的威胁、其他行业或企业替代品的威胁、潜在的行业新进入者、供应商以及客户的议价能力等。这是由迈克尔·波特在 1985 年提出的，特定产业环境分析是企业外部环境分析的核心，其直接关系到企业的市场占有率和盈利水平。

（2）企业内部环境分析

企业内部环境指企业的内部条件，包括人力资源、物力资源、管理水平、经营者的领导才能等。

2. 战略目标的制定

战略管理首先要协助高层管理者制定战略目标，其可分为公司战略目标、经营战略目标和职能战略目标三个层次：

（1）公司战略目标。公司战略目标主要是确定经营方向和业务范围的目标，是对企业整体所从事事业范围的确定。其核心问题是领域战略的选择和地域战略的选择，即产品定位选择和市场定位选择。

(2) 经营战略目标。其是对各经营单位在产业内保持其竞争地位的战略确定,在企业总体战略的指导下,着重改善其产品或服务在市场中的竞争位置。

(3) 职能战略目标。其是对各经营单位内的各职能部门的日常经营活动的战略确定,侧重于资源的利用,人力、物力资源潜能的挖掘。

经营战略目标与职能战略目标是实现企业总体战略的基础和保证,而公司战略目标对后两者具有指导作用,三者相互联系。

3. 战略管理会计信息系统

战略管理会计信息系统是指收集、加工和提供战略管理信息资料的技术和方法体系。其主要包括:企业基本情况的说明信息,对企业及竞争对手的分析、评价、预测和比较信息,客户方面的信息,政法政策、市场情况、国际形势等,企业自愿披露的其他信息。

4. 战略成本管理

战略成本管理是企业为了获得和保持长期的竞争优势,在战略思想的指导下,关注成本管理的战略环境、战略规划、战略实施和战略绩效,以达到企业有效适应外部环境持续变化的目的。

战略成本管理不同于传统成本管理,其主要区别如表 12-1 所示:

表 12-1 战略成本管理与传统成本管理的区别

	传统成本管理	战略成本管理
目标不同	以降低成本为目标/局部性	以企业战略为目标/全局性
范围不同	仅指产品成本,注重内部成本	寿命周期成本,注重外部环境
时间不同	短期的	长期的
效果不同	暂时的、直接的	长期的、间接的
对象不同	表层面/直接成本动因	深层次/质量、时间、服务、技术创新等方面的动因
概念不同	仅指产品的短期成本	多组成本概念:质量成本、责任成本、作业成本
控制主体不同	生产技术人员	全员参与、技术与经济统一
重点不同	重视成本结果信息/事后信息	重视成本过程信息/实时信息

5. 战略性经营投资决策

战略管理会计从战略高度提供有关企业全局性和长远性的各种相关、可靠信息,突破了传统管理会计认为的成本或收益是可以量化并可以货币表示的局限性,认为有些成本或收益是不能量化或不能用货币表示的;在经营决策时,全面考虑某个项目的接受与否是否与公司的整体战略相吻合,采用长期本、量、利分析模式,在固定成本变动及产销量不平衡等客观条件下,研究本、量、利之间的关系。另外,战略管理会计还充分考虑了风险在项目执行中的影响。

6. 战略性绩效评价

战略性绩效评价是指结合企业的战略,采用财务性与非财务性指标相结合的方法来动态地衡量关键获胜因素的完成情况,并将与评价标准相比较的结果及时反馈,以促进信息的流动和业绩的进一步提高。其总的思路是由单一指标向综合指标发展,由注重财务指标转向注重包括财务指标与非财务指标的综合指标;评价的重心也从事后评价转到为实现企业战略目标服务,将智力资本纳入评价体系。从战略管理的角度来看,绩效评价是连接战略目标和日常经营活动的桥梁。良好的绩效评价体系可以将企业的战略目标具体化，并有效地引导管理者的行为。

7. 战略客户管理

客户是企业最大的财富。企业必须坚持以“客户为中心”，按市场需求变化，发展成为“客户驱动型组织”。在实践的设计、制造、销售服务过程中，深入进行客户盈利性分析，掌握各类客户盈利性的变化及发展趋势，以发展有利因素，消除不利因素的影响，尽可能经济、合理地满足顾客的多样化需求。同时，在资源有限的情况下，尽可能把居主导地位的大客户的满意度放在首位，有效地使企业客户总价值及其盈利性大幅度提高。

其中，客户盈利性分析的关键在于客户对企业提供的产品的满意度，而客户的满意度除了自身主观因素外，企业供货的及时性，产品的性能、质量、服务等客观因素起到了决定性作用。

二、战略管理会计的方法

1. SWOT 分析法

SWOT 是英文 Strength(优势)、Weakness(劣势)、Opportunity(机会)和 Threat(威胁)的缩写。其又称为企业的竞争能力分析法，是对企业所处的内外部环境进行综合分析的方法。其中，优势和劣势属于企业内部环境要素，机会和威胁属于企业外部环境要素。优势是指企业拥有相对竞争对手更多的技术和资源，如产权技术、产品创新、良好的财务等；劣势是指相对于竞争对手，企业所缺乏的严重影响企业经营效率的资源、技术专长，如设备老化、产品线范围太长、营销能力弱等；机会是指外部环境中存在的对企业有利的情况，如市场迅速增长、政府控制的变化、买卖双方关系的改善等；威胁是指外部环境中存在的对企业不利的情况，如竞争压力增大、政府政策不力、用户需求转移等。SWOT 分析法的理论基础是有效的战略能最大限度地利用业务优势和环境机会，同时使劣势和环境威胁降到最低。

SWOT 分析法将企业面临的外部机会和威胁与企业内部具有的优势和劣势进行对比，形成四种战略方式：SO、ST、WO 和 WT。SO 是最理想的组合，企业面临较多的机会和优势，应采取积极的发展战略；ST 是指企业利用现有优势克服环境设立的障碍，可采用分散战略；WO 是指企业拥有较大的市场机会，同时内部劣势也较明显，可采取防御战略；WT 是最不理想的组合，企业外部面临威胁同时内部劣势也很明显，宜采取退出或转移市场战略。

2. 价值链分析

价值链(Value Chain)最早是由美国学者迈克尔·波特在《竞争优势》一书中提出的。价值链与企业的作业链是联系在一起的，企业产品的有序生产经营活动就是价值的形成过程，因此，作业链同时也表现为价值链。

价值链分析是指通过识别、确认价值活动，统驭并很好地控制成本动因，以消除不增值作业、重新配置价值链来创造可持续性竞争优势的分析方法。价值链分析不仅包括构成价值链的单个价值活动的分析，还应更注重价值活动的相互关系及对竞争优势的影响。因此，价值链分析包括企业内部价值链分析、产业价值链分析。

(1) 内部价值链分析。内部价值链分析，是指从横向角度对企业内部各业务单位之间及单位内部的价值链进行的分析。其主要包括内部成本分析和内部差异价值分析。

① 内部成本分析主要有三个步骤：首先，找出产生企业价值的主要作业活动，任何行业都是由一系列具有显著特征的作业组成；其次，对每一个主要作业活动进行成本动因分析，不同

的价值作业通常受不同的作业动因影响;最后,进行竞争优势分析,以寻求各种降低成本的可能途径。

② 内部差异价值分析也主要有三个步骤:首先,找出产生顾客价值的主要作业活动;其次,评估增加顾客价值的各种差异化策略,主要有五种方式:优良的产品特性,良好的营销通道,强化消费者服务,树立品牌或优良形象,各种价格差异策略;最后,决定最佳的差异化策略。

(2) 产业价值链分析。产业价值链分析,是指整个产业的纵向整体分析,即从最初原材料的开发到产品的最终消费。产业中,任何一个企业都占据着产业价值链中的一个或多个链节。通过产业价值链的分析,了解企业在整个产业中的位置,寻求利用上、下游价值链管理成本的可能性,来确定企业由目前的位置沿着价值链向前或向后延伸是否有利可图,以提高企业整体的盈利水平。

3. 战略成本动因分析法

战略成本动因是一种与战略管理有关的成本动因,是从企业整体的、长远的宏观战略高度出发所考虑的成本动因。从战略角度看,影响企业成本态势的因素主要来自企业经济结构和企业执行作业程序,从而形成结构性成本动因和操作性成本动因。

(1) 结构性成本动因分析。结构性成本动因,指与企业的基础经济结构和战略定位有关的成本驱动因素,其形成时间较长且不易变动,故对企业成本的影响将是持久的、深远的;因其支出发生在生产之前,故为资本性支出,构成了生产产品的约束成本;其既决定了企业的产品成本,也会影响企业的产品质量、人力资源、财务和生产经营等方面,并最终决定企业的竞争态势。通过结构性成本动因分析,有助于企业做出横向规模和纵向规模的战略决策。

一般形成结构性成本动因的因素有:

① 企业规模经济,指对研究开发、制造、营销等活动进行投资的规模。企业规模适度才能有利于成本的下降。

② 业务范围,指企业纵向整合的程度,即业务范围的适度扩张程度,可延伸至供应、销售、零部件自制。

③ 经验,指企业过去是否有过生产同类产品的经验。经验是影响成本的综合性基础因素,不仅使效率提高,人力成本下降,同时也可降低物耗,减少损失。

④ 生产技术,指企业价值链每一步中的技术含量。先进的技术和技术水平的提高带来成本的降低,但同时技术变革的成本亦较高。因此,企业在选择能获得持久性成本优势的技术创新时,应保持革新的成本与取得的利益之间的平衡。

⑤ 环境。企业所处环境对成本的影响有:不同地区的工资水平和税率差异,影响企业的工资成本和纳税支出;地区交通便利程度和基础设施状况,影响企业的产、供、销成本以及人才的去留;所处位置的气候、文化、观念等人文环境,影响产品需求及企业的经营观念和经营方式。

(2) 操作性成本动因分析。操作性成本动因又称执行性成本动因,指在具体操作过程中引发的与企业生产经营过程密切相关的成本驱动因素。其是在结构性成本动因决定以后才成立的成本动因,属于中观成本动因,具有非量化性,形成时间较长且因企业而异,无固定因素。通过操作性成本动因分析,有助于企业加强内部管理,确保战略目标的实现。

操作性成本动因主要包括:

① 员工责任感。人是执行作业程序的决定因素,员工参与的责任感是影响成本的人力资

源因素，而人力资源的开发管理是企业取得成本优势的一项措施。

② 全面质量管理(TOM)。质量与成本密切相关，在质量成本较高的情形下，TQM 能为企业带来降低成本的契机。

③ 能力应用。在既定规模下，操作性成本动因——人力、物力和管理能力的优化组合、充分发挥，为企业带来降低成本的机会。

④ 相互联系，指企业各价值活动之间的相互关联，包括内部联系和外部联系。企业通过协调和最优化内部联系的策略来提高效率或降低成本，以及与供应商和顾客的外部合作关系，上下通力合作、互利互惠。

⑤ 成本外观:成本的设计、规格和样式符合市场需求。

⑥ 工厂的合理布局，即按现代工厂布局的原则和方法进行合理布局。

4. 竞争对手分析法

战略管理会计的主要特点是超越了会计主体的限制，可以在与竞争对手比较的基础上提供比较性的管理会计信息。同时，企业能否取得竞争优势，很大程度上取决于如何面对竞争对手。竞争对手分析法主要是从市场的角度，通过对竞争对手的价值链进行分析，考察企业的竞争地位，明确企业与竞争对手的差异。

分析竞争对手首先应明确企业真正的竞争对手，包括实际的和潜在的竞争对手，其中尤以对前者的分析为主。其次，识别竞争对手的价值链及其价值活动形式，确定竞争对手在价值链活动中的有关成本动因及其相对地位，运用成本动因的形态来估测竞争对手成本的差异以及可能会采取的竞争战略。另外，要通过竞争对手的公告、财务报告、行业分析报告、金融贸易报道、竞争对手团体中的其他成员、实地考察以及产品技术分析等多种渠道获得竞争对手的有关信息，真正了解竞争对手的优劣势、盈利情况和成本水平等方面的比较信息。

5. 标杆法

标杆法是指将企业的业绩与那些在某一特定工艺或服务方面业绩更好的公司进行对比，评价本企业的产品、服务或工艺的质量，发现差距，从而不断改善企业经营活动、提高企业绩效的有效途径和方法。

标杆分为内部标杆、行业或竞争对手标杆和工艺标杆三类。内部标杆是指从本集团公司内选取其他关联企业作为比较对象;行业或竞争对手标杆是指与本行业的其他公司建立标杆伙伴关系;工艺标杆是指不受行业限制，跨行业、跨地区选取某一工艺或服务业绩最好的公司作为比较对象。

企业实施标杆法，首先要确定标杆对象。结合企业的竞争战略，分析关系到竞争战略成败的关键业绩指标。其次，选取标杆伙伴公司。收集标杆公司的业绩指标和成功经验，并分析数据，确定业绩差距。再次，针对差距，建立绩效目标，作为今后评价业绩的标准，并制定具体的改进计划。最后，实施计划，并定期收集有关关键业绩指标的信息，分析评价与目标的差距，并实时改进。

6. 平衡计分卡法

关于平衡计分卡，在本书的第十章中有详细的介绍，在此就不再赘述。

平衡计分卡是一个综合评价企业长期战略目标的指标评价系统，它将长期与短期因素、财务与非财务因素、外部与内部因素等多方面引入绩效评价体系，是一个全方位、长期化的战略管理系统。

第三节 战略管理会计在实际中的应用

一、价值链分析在实际中的应用

任何产业都是由许多经营范围各不相同的企业组成的，而企业本身又是位于某一经营范围行业价值链的某个阶段。因此，在进行价值链分析时，首先要明确自己在行业价值链中的地位，即战略定位；同时，分析利用上下游价值链的各种可能性，以优化企业价值链，进而实现最佳行业价值链。

[例 12-1] 产业价值链分析。

已知：造纸行业的产业价值链如图 12-1 所示，假设造纸行业存在 A、B、C、D、E、F、G 七位竞争者，要求：对该产业的价值链进行分析。

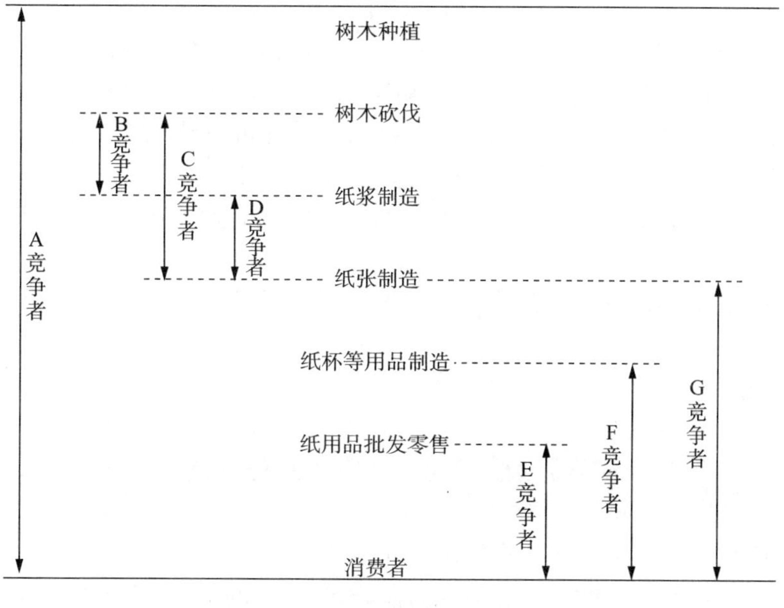

图 12-1 造纸行业的产业价值链

从图 12-1 可看出，A 竞争者的经营范围覆盖了造纸行业的整个价值链，是该行业一个高度综合的企业。B、C、D、E、F、G 竞争者则处于该产业价值链的不同环节，其中，B、C、D 竞争者可视为产业中的上游企业，其提供的各环节产品并没有直接被最终消费者消费，其中，D 竞争者是一个高度专业化的造纸企业，居于整个产业的中心地位；E、F、G 竞争者可视为产业中的下游企业，其提供的产品为最终消费者直接消费。

各个企业在产业价值链中所处位置、作业链不同，采取的战略措施也就不同。对于上游企业，应以产品为中心，通过技术、组织、管理等方面的不断创新，优化自身作业链及企业产品，增加产品的顾客价值，从而取得差异化或高于竞争对手的盈利；对于下游企业，应以顾客为中心，不同顾客群体的文化修养、兴趣和爱好直接关系到产品的需求量，企业应根据顾客的不同需求，及时调整生产，拓展产品的销售渠道，从而提高企业的市场占有率。

另外，对于A竞争者而言，可以根据市场价格调整的内部转移价格计算出各个环节的投资收益率，通过分析比较得出哪个环节具有竞争优势，哪个环节收益低，从而做出业务外包或退出某一环节或拓展某一环节的决策。同样，B、C、D、E、F、G竞争者也可以通过产业价值链的分析，做出其向上游或下游拓展的策略。如果通过分析，发现自己的投资收益率偏低，相对竞争对手在价值链中的成本又偏高，则可以考虑采取横向并购的战略决策，扩大生产规模，达到经济规模；或者，可以考虑进行纵向拓展决策，将自己的经营领域扩展到自己的供应商和顾客。

二、利用战略管理会计进行零部件自制与外购的决策

战略管理会计在决策时不再局限于传统的决策标准，而是对传统管理会计的延伸和发展。因此，企业在做决策时，应站在战略的高度考虑问题。

[例12-2] 从战略管理会计的角度进行的零部件自制与外购的综合决策案例。

已知：某小型企业由于在服务和可靠性方面有很好的信誉，故客户在不断增长，拟在下年度扩大甲产品的生产。对于甲产品某零部件，现有两个选择：一种是外购，这种零部件的单价为100元/个；另外一种选择是自己加工生产，自己加工生产的话，其有关耗用是：直接材料成本是30元/个，直接人工成本是20元/个，变动制造费用是10元/个，另需增加每月的设备折旧成本15 000元，但拟将营销、运送货物和服务外包，这样可节约成本5万元。外包的合同价是每月平均销售甲产品700件，每件的价格是70元。

要求：分别按传统管理会计和战略管理会计的方法，为企业做出零件是外购还是自己加工的决策。

依据题意，假设该企业的月销售量为700件，按照传统管理会计的计算，两个方案的相关成本为：

外购决策的相关成本＝100×700＋50 000＝120 000(元)

自制决策的相关成本＝(30＋20＋10＋70)×700＋15 000＝106 000(元)

计算结果表明，该企业应选择自制方案，可使企业每月节约成本120 000－106 000＝14 000(元)

然而，企业必须结合自身的战略情况进行综合考虑：

首先，企业在服务和可靠性方面有很好的信誉，是企业的优势，若将该企业的营销、运送货物和服务外包，则很可能因此降低企业的市场份额，是不明智的。

其次，该企业自制零部件，会使该企业走向与其他制造商进行低成本竞争的道路；且该企业规模小，与产业链中该环节富有竞争力的大公司相比，没有任何优势所在。

因此，从战略管理会计的角度看，应选择外购的决策方案，虽成本较高，但其竞争优势得到了充分发挥，再进一步分析，确定相关作业亦可为降低成本提供依据。

三、战略管理会计在企业持续经营能力方面的分析应用

企业在竞争中获胜的有效途径之一就是要密切关注市场，即竞争对手的变化，对不断变化的内外经济信息做出及时的战略调整。

[例12-3] 从战略管理会计的角度进行项目投资的综合决策案例。

已知：宏达公司拟投资开发一种畅销的甲产品，投资全部由自有资金解决，行业基准折现

率为 15%。相关的固定资产投资为 210 000 元，使用寿命为 10 年，期末无残值，按直线法折旧；不涉及追加流动资金和其他投资；建设期为零，于 2011 年年初完工投产；预计年生产能力为 30 000 件，新产品单价为 10 元，单位变动成本为 5 元，固定成本为 80 000 元。

宏达公司依据上述资料进行的计算如下：

年利润＝(10－5)×30 000－80 000＝70 000(元)

年折旧＝210 000/10＝21 000(元)

各年的净现金流量为：

NCF_0＝－210 000(元)

$NCF_{1\sim10}$＝70 000＋21 000＝91 000(元)

投资利润率＝70 000/210 000×100%＝33.3%

静态投资回收期＝210 000/91 000＝2.3(年)

净现值＝ $NCF_0 + NCF_{1\sim10} \times (P_A/A, 15\%, 10)$

＝－21 000＋91 000×5.018 8＝435 710.8(元)

计算结果表明，生产甲产品的获利能力强，投资利润率达 30%多，也正因此可吸引其他竞争者的进入。依据传统的投资评价指标，仅局限于对投资项目本身的分析，而忽略了投资项目未来对其他竞争者的影响，对竞争对手的威胁考虑不足。因此，企业需在原有分析的基础上，站在战略的高度进一步研究项目投资的综合决策。

假设宏达公司没有采取任何有利的防御措施，使得新设立的红光公司轻易介入该产品的生产。红光公司于 2012 年年初正式投产，产品单价为 9 元，单位变动成本为 5 元，其他条件与宏达公司保持一致。红光公司进行的分析如下：

年利润＝(9－5)×30 000－80 000＝40 000(元)

年折旧＝210 000/10＝21 000(元)

各年的净现金流量为：

NCF_0＝－21 000(元)

$NCF_{1\sim10}$＝40 000＋21 000＝61 000(元)

投资利润率＝40 000/210 000×100%＝19%

静态投资回收期＝210 000/61 000＝3.44(年)

净现值＝$NCF_0 + NCF_{1\sim10} \times (P_A/A, 15\%, 10)$

＝－21 000＋61 000×5.018 8＝285 146.8(元)

由于红光公司的介入，必将对宏达公司产生影响。假设 2012 年由于经验效应，宏达公司的单位变动成本降至 4 元，而售价下降为 9 元，则宏达公司所获利润为：

2012 年的实际利润＝(9－4)×30 000－80 000＝70 000(元)

由于经验效应，宏达公司单位变动成本的下降抵消了产品售价下降的不利影响，从而使年利润持平。在这种情况下，宏达公司若不采取任何有利措施继续生产，很有可能会由于其他新竞争者的进入而导致利润下降，甚至出现亏损。若宏达公司想在竞争中重新获得竞争地位，首先要做好对企业非确定条件下的分析评价，在充分估计竞争对手可能进入的基础上预计产品的售价以及成本，还可改进工艺和技术，更新换代原有产品；或者扩大投资规模，形成新产品的经济规模，扩大市场份额，以形成对新进入者的威胁。

本章小结

战略管理会计是服务于战略管理的会计信息系统，是管理会计向战略管理领域的延伸和渗透。本章主要介绍了战略管理会计的特点、主要内容及方法，并通过实例说明其在实际生产活动中的应用。

通过本章的学习，应了解战略管理会计的基本概念、特点、战略管理会计研究的主要内容，熟悉 SWOT 分析、价值链分析和战略成本动因等分析方法在企业经营决策中的应用。

复习思考题

1. 战略管理会计是如何产生的?
2. 谈谈战略管理与战略管理会计之间的关系。
3. 战略管理会计与传统管理会计相比具有哪些特征?
4. 战略管理会计研究的内容是什么?
5. 要判断企业所处行业的竞争强度，应从哪些方面进行分析?
6. 什么是结构性成本动因? 什么是操作性成本动因? 它们有什么不同?

附录 终值与现值系数表

一、复利终值系数表

$(F/P,i,n)=(1+i)^n$

n \ i(%)	1	2	3	4	5	6	7
1	1.010	1.020	1.030	1.040	1.050	1.060	1.070
2	1.020	1.040	1.060	1.082	1.103	1.124	1.145
3	1.030	1.061	1.093	1.125	1.158	1.191	1.225
4	1.041	1.082	1.126	1.170	1.216	1.262	1.311
5	1.051	1.104	1.159	1.217	1.276	1.338	1.403
6	1.062	1.126	1.194	1.265	1.340	1.419	1.501
7	1.072	1.149	1.230	1.316	1.407	1.504	1.606
8	1.083	1.172	1.267	1.369	1.477	1.594	1.718
9	1.094	1.195	1.305	1.423	1.551	1.689	1.838
10	1.105	1.219	1.344	1.480	1.629	1.791	1.967
11	1.116	1.243	1.384	1.539	1.710	1.898	2.105
12	1.127	1.268	1.426	1.601	2.796	2.012	2.252
13	1.138	1.294	1.469	1.665	1.886	2.133	2.410
14	1.149	1.319	1.513	1.732	1.980	2.261	2.579
15	1.161	1.346	1.558	1.801	2.079	2.397	2.759
16	1.173	1.373	1.605	1.873	2.183	2.540	2.952
17	1.184	1.400	1.653	1.948	2.292	2.693	3.159
18	1.196	1.428	1.702	2.206	2.407	2.854	3.380
19	1.208	1.457	1.754	2.107	2.527	3.026	3.617
20	1.220	1.486	1.806	2.191	2.653	3.207	3.870
25	1.282	1.641	2.094	2.666	3.386	4.292	5.427
30	1.348	1.811	2.427	3.243	4.322	5.743	7.612
40	1.489	2.208	3.262	4.801	7.040	10.286	14.974
50	1.645	2.692	4.384	7.107	11.467	18.420	29.457

续表

n \ i(%)	8	9	10	11	12	13	14
1	1.080	1.090	1.100	1.110	1.120	1.130	1.140
2	1.165	1.188	1.210	1.232	1.254	1.277	1.300
3	1.260	1.295	1.331	1.368	1.405	1.443	1.482
4	1.360	1.412	1.464	1.518	1.574	1.630	1.689
5	1.469	1.539	1.611	1.685	1.762	1.842	1.925
6	1.587	1.677	1.772	1.870	1.974	2.082	1.925
7	1.714	1.828	1.949	2.076	2.211	2.353	2.502
8	1.851	1.993	2.144	2.305	2.476	2.658	2.853
9	1.999	2.172	2.358	2.558	2.773	3.004	3.252
10	2.159	2.367	2.594	2.839	3.106	3.395	3.707
11	2.332	2.580	2.853	3.152	3.479	3.836	4.226
12	2.518	2.813	3.138	3.498	3.896	4.335	4.818
13	2.720	3.006	3.452	3.883	4.363	4.898	5.492
14	2.937	3.342	3.797	4.310	4.887	5.535	6.261
15	3.172	3.642	4.177	4.785	5.474	6.254	7.138
16	3.426	3.970	4.595	5.311	6.130	7.067	8.137
17	3.700	4.328	5.054	5.895	6.866	7.986	9.276
18	3.996	4.717	5.560	6.544	7.690	9.024	10.575
19	4.316	5.142	6.116	7.263	8.613	10.197	12.506
20	4.661	5.604	6.727	8.062	9.646	11.523	13.743
25	6.848	8.623	10.835	13.585	17.000	21.231	26.462
30	10.063	13.268	17.449	22.892	29.960	39.116	50.950
40	21.725	31.409	45.259	65.001	93.051	132.78	188.88
50	46.902	74.358	117.39	184.57	289.00	450.74	700.23

续表

n \ i(%)	15	16	17	18	19	20	25	30
1	1.150	1.160	1.170	1.180	1.190	1.200	1.250	1.300
2	1.323	1.346	1.369	1.392	1.416	1.440	1.563	1.690
3	1.521	1.561	1.602	1.643	1.685	1.728	1.953	2.197
4	1.749	1.811	1.874	1.939	2.005	2.074	2.441	2.856
5	2.011	2.100	2.192	2.288	2.386	2.488	3.052	3.713
6	2.313	2.436	2.565	2.700	2.840	2.986	3.815	4.827
7	2.660	2.826	3.001	3.185	3.379	3.583	4.768	6.276
8	3.059	3.278	3.511	3.759	4.021	4.300	5.960	8.157
9	3.518	3.803	4.108	4.435	4.785	5.160	7.451	10.604
10	4.406	4.411	4.807	5.234	5.696	6.192	9.313	13.786
11	4.652	5.117	5.624	6.176	6.777	7.430	11.642	17.922
12	5.350	5.936	6.580	7.288	8.064	8.916	14.552	23.298
13	6.153	6.886	7.699	8.599	9.596	10.699	19.190	30.288
14	7.706	7.988	9.007	10.147	11.420	12.839	22.737	39.374
15	8.137	9.266	10.539	11.974	13.590	15.407	28.422	51.186
16	9.358	10.748	12.330	14.129	16.172	18.488	35.527	66.542
17	10.761	12.468	14.426	16.672	19.244	22.186	44.409	86.504
18	12.375	14.463	16.879	19.673	22.091	26.623	55.511	112.46
19	14.232	16.777	19.748	23.214	27.252	31.948	69.389	146.19
20	16.367	19.461	23.106	27.393	32.429	38.338	86.736	190.05
25	32.919	40.874	50.658	62.669	77.388	95.396	264.70	705.64
30	66.212	85.850	111.07	143.37	184.68	237.38	807.79	2 620.0
40	267.86	378.72	533.87	750.38	1 051.7	1 469.8	7 523.2	36 119.0
50	1 083.7	1 670.7	2 566.2	3 927.4	5 988.9	9 100.4	70 065.0	497 929.0

二、复利现值系数表

$(P/F,i,n)=(1+i)^{-n}$

n \ $i(\%)$	1	2	3	4	5	6	7	8	9
1	0.990	0.980	0.971	0.962	0.952	0.943	0.935	0.926	0.917
2	0.980	0.961	0.943	0.925	0.907	0.890	0.873	0.857	0.842
3	0.971	0.942	0.915	0.889	0.864	0.840	0.816	0.794	0.772
4	0.961	0.924	0.888	0.855	0.823	0.792	0.763	0.735	0.708
5	0.951	0.906	0.863	0.822	0.784	0.747	0.713	0.681	0.650
6	0.942	0.888	0.837	0.790	0.746	0.705	0.666	0.630	0.596
7	3.933	0.871	0.813	0.760	0.711	0.665	0.623	0.583	0.547
8	0.923	0.853	0.789	0.731	0.677	0.627	0.582	0.540	0.502
9	0.914	0.837	0.766	0.703	0.645	0.592	0.544	0.500	0.460
10	0.905	0.820	0.744	0.676	0.614	0.558	0.508	0.463	0.422
11	0.896	0.804	0.722	0.650	0.585	0.527	0.475	0.429	0.388
12	0.887	0.788	0.701	0.625	0.557	0.497	0.444	0.397	0.356
13	0.879	0.773	0.681	0.601	0.530	0.469	0.415	0.368	0.326
14	0.870	0.758	0.661	0.577	0.505	0.442	0.388	0.340	0.299
15	0.861	0.743	0.642	0.555	0.481	0.417	0.362	0.315	0.275
16	0.853	0.728	0.623	0.534	0.458	0.394	0.339	0.292	2.252
17	0.844	0.714	0.605	0.513	0.436	0.371	0.317	0.270	0.231
18	0.836	0.700	0.587	0.494	0.416	0.350	0.296	0.250	0.212
19	0.828	0.686	0.570	0.475	0.396	0.331	0.277	0.232	0.194
20	0.820	0.673	0.554	0.456	0.377	0.312	0.258	0.215	0.178
25	0.780	0.610	0.478	0.375	0.295	0.233	0.184	0.146	0.116
30	0.742	0.552	0.412	0.308	0.231	0.174	0.131	0.099	0.075
40	0.672	0.453	0.307	0.208	0.142	0.097	0.067	0.046	0.032
50	0.608	0.372	0.228	0.141	0.087	0.054	0.034	0.021	0.013

续表

n \ i(%)	1	2	3	4	5	6	7	8	9
1	0.909	0.901	0.893	0.885	0.877	0.870	0.862	0.855	0.847
2	0.826	0.812	0.797	0.783	0.769	0.756	0.743	0.731	0.718
3	0.751	0.731	0.712	0.693	0.675	0.658	0.641	0.624	0.609
4	0.683	0.659	0.636	0.613	0.592	0.572	0.552	0.534	0.516
5	0.621	0.593	0.567	0.543	0.519	0.497	0.476	0.456	0.437
6	0.564	0.535	0.507	0.480	0.456	0.432	0.410	0.390	0.370
7	0.513	0.482	0.452	0.425	0.400	0.376	0.354	0.333	0.314
8	0.467	0.434	0.404	0.376	0.351	0.327	0.305	0.285	0.266
9	0.424	0.391	0.361	0.333	0.300	0.284	0.263	0.243	0.225
10	0.386	0.352	0.322	0.295	0.270	0.247	0.227	0.208	0.191
11	0.350	0.317	0.287	0.261	0.237	0.215	0.195	0.178	0.162
12	0.319	0.286	0.257	0.231	0.208	0.187	0.168	0.152	0.137
13	0.290	0.258	0.229	0.204	0.182	0.163	0.145	0.130	0.116
14	0.263	0.232	0.205	0.181	0.160	0.141	0.125	0.111	0.099
15	0.239	0.209	0.183	0.160	0.140	0.123	0.108	0.095	0.084
16	0.218	0.188	0.163	0.141	0.123	0.107	0.093	0.081	0.071
17	0.198	0.170	0.146	0.125	0.108	0.093	0.080	0.069	0.060
18	0.180	0.153	0.130	0.111	0.095	0.081	0.069	0.059	0.051
19	0.164	0.138	0.116	0.098	0.083	0.070	0.060	0.051	0.043
20	0.149	0.124	0.104	0.087	0.073	0.061	0.051	0.043	0.037
25	0.092	0.074	0.059	0.047	0.038	0.030	0.024	0.020	0.016
30	0.057	0.044	0.033	0.026	0.020	0.015	0.012	0.009	0.007
40	0.022	0.015	0.011	0.008	0.005	0.004	0.003	0.002	0.001
50	0.009	0.005	0.003	0.002	0.001	0.001	0.001	0	0

续表

n \ i(%)	19	20	25	30	35	40	50
1	0.840	0.833	0.800	0.769	0.741	0.714	0.667
2	0.706	0.694	0.640	0.592	0.549	0.510	0.444
3	0.593	0.579	0.512	0.455	0.406	0.364	0.296
4	0.499	0.482	0.410	0.350	0.301	0.260	0.198
5	0.419	0.402	0.320	0.269	0.223	0.186	0.132
6	0.352	0.335	0.262	0.207	0.165	0.133	0.088
7	0.296	0.279	0.210	0.159	0.122	0.095	0.059
8	0.249	0.233	0.168	0.123	0.091	0.068	0.039
9	0.209	0.194	0.134	0.094	0.067	0.048	0.026
10	0.176	0.162	0.107	0.073	0.050	0.035	0.017
11	0.148	0.135	0.086	0.056	0.037	0.025	0.012
12	0.124	0.112	0.069	0.043	0.027	0.018	0.008
13	0.104	0.093	0.055	0.033	0.020	0.013	0.005
14	0.088	0.078	0.044	0.025	0.015	0.009	0.003
15	0.074	0.065	0.035	0.020	0.011	0.006	0.002
16	0.062	0.054	0.028	0.015	0.008	0.005	0.002
17	0.052	0.045	0.023	0.012	0.006	0.003	0.001
18	0.044	0.038	0.018	0.009	0.005	0.002	0.001
19	0.037	0.031	0.014	0.007	0.003	0.002	0
20	0.031	0.026	0.012	0.005	0.002	0.001	0
25	0.013	0.010	0.004	0.001	0.001	0	0
30	0.005	0.004	0.001	0	0	0	0
40	0.01	0.01	0	0	0	0	0
50	0	0	0	0	0	0	0

三、年金终值系数表

$$(F/A,i,n)=\frac{(1+i)^n-1}{i}$$

n \ i(%)	1	2	3	4	5	6	7
1	1.000	1.000	1.000	1.000	1.000	1.000	1.000
2	2.010	2.020	2.030	2.040	2.050	2.060	2.070
3	3.030	3.060	3.091	3.122	3.153	3.184	3.215
4	4.060	4.122	4.184	4.246	4.310	4.375	4.440
5	5.101	5.204	5.309	5.416	5.526	5.637	5.751
6	6.152	6.308	6.468	6.633	6.802	6.975	7.153
7	7.124	7.434	7.662	7.898	8.142	8.394	8.654
8	8.286	8.583	8.892	9.214	9.549	9.897	10.260
9	9.369	9.755	10.159	10.583	11.027	11.491	11.978
10	10.462	10.950	11.464	12.006	12.578	13.181	13.816
11	11.567	12.169	12.808	13.486	14.207	14.972	15.784
12	12.683	13.412	14.192	15.026	15.917	16.870	17.888
13	13.809	14.680	15.618	16.627	17.713	18.882	20.141
14	14.947	15.974	17.086	18.292	19.599	21.015	22.550
15	16.097	17.293	18.599	20.024	21.579	23.276	25.129
16	17.258	18.639	20.157	21.825	23.657	25.637	27.888
17	18.430	20.012	21.762	23.698	25.840	28.213	30.840
18	19.615	21.412	23.414	25.645	28.132	30.906	33.999
19	20.811	22.841	25.117	27.671	30.539	33.760	37.379
20	22.019	24.297	26.870	29.778	33.066	36.786	40.995
25	28.243	32.030	36.459	41.646	47.727	54.865	63.249
30	34.785	40.588	47.575	56.085	66.439	79.058	94.461
40	48.886	60.402	75.401	95.026	120.80	154.76	199.64
50	64.463	84.579	112.80	152.67	209.35	290.34	406.53

续表

n \ i(%)	8	9	10	11	12	13	14	15
1	1.000	1.000	1.000	1.000	1.000	1.000	1.000	1.000
2	2.080	2.090	2.100	2.110	2.120	2.130	2.140	2.150
3	3.246	3.278	3.310	3.342	3.374	3.407	3.440	3.473
4	4.506	4.573	4.641	4.710	4.776	4.850	4.921	4.993
5	5.867	5.985	6.105	6.228	6.353	6.480	6.610	6.742
6	7.336	7.523	7.716	7.913	8.115	8.323	8.536	8.754
7	8.923	9.200	9.487	9.783	10.089	10.405	10.730	11.067
8	10.637	11.028	11.436	11.859	12.300	12.757	13.233	13.727
9	12.488	13.021	13.579	14.164	14.776	15.416	16.085	16.786
10	14.487	15.193	15.937	16.722	17.549	18.420	19.337	20.304
11	16.645	17.560	18.531	19.561	20.655	21.814	23.045	24.349
12	18.977	20.141	21.384	22.713	24.133	25.650	27.271	29.002
13	21.495	22.953	24.523	26.212	28.029	29.985	32.089	34.352
14	24.215	26.019	27.975	30.095	32.393	34.883	37.581	40.505
15	27.152	29.361	31.772	34.405	37.280	40.417	43.842	47.580
16	30.324	33.003	35.950	39.190	42.753	46.672	50.980	55.717
17	33.750	36.974	40.545	44.501	48.884	53.739	59.118	65.075
18	37.450	41.301	45.599	50.396	55.750	61.725	68.394	75.836
19	41.446	46.018	51.159	56.939	63.440	70.749	78.969	88.212
20	45.762	51.160	52.275	64.203	72.052	80.947	91.025	102.44
25	73.106	84.701	98.347	114.41	133.33	155.62	181.87	212.79
30	113.28	136.31	164.49	199.02	241.33	293.20	356.79	434.75
40	259.06	337.89	442.59	581.83	767.09	1 013.7	1 342.0	1 779.1
50	573.77	815.08	1 163.9	1 668.8	2 400.0	3 459.5	4 994.5	7 217.7

续表

n \ i(%)	16	17	18	19	20	25	30
1	1.000	1.000	1.000	1.000	1.000	1.000	1.000
2	2.160	2.170	2.180	2.190	2.200	2.250	2.300
3	3.506	3.539	3.572	3.606	3.640	3.813	3.990
4	5.066	5.141	5.215	5.291	5.368	5.766	6.187
5	6.877	7.014	7.154	7.297	7.442	8.207	9.403
6	8.977	9.207	9.442	9.683	9.930	11.259	12.756
7	11.414	11.772	12.142	12.523	12.916	15.073	17.583
8	14.240	14.773	15.327	15.902	16.499	19.842	23.858
9	17.519	18..285	19.086	19.923	20.799	25.802	32.015
10	21.321	22.393	23.521	24.701	25.959	33.253	42.619
11	25.733	27.200	28.755	30.404	32.150	42.566	56.405
12	30.850	32.824	34.931	37.180	39.581	54.208	74.327
13	36.786	39.404	42.219	45.244	48.497	68.760	97.625
14	43.672	47.103	50.818	54.841	59.196	86.949	127.91
15	51.660	56.110	60.965	66.261	72.035	109.69	167.29
16	60.925	66.649	72.939	79.850	87.442	138.11	218.47
17	71.673	78.979	87.068	96.022	105.93	173.64	285.01
18	84.141	93.406	103.74	115.27	128.12	218.05	371.52
19	98.603	110.29	123.41	138.17	154.74	273.56	483.97
20	115.38	130.03	146.63	165.42	186.69	342.95	630.17
25	249.21	292.11	342.60	402.04	471.98	1 054.8	2 348.8
30	530.31	647.44	790.95	966.7	1 181.9	3 227.2	8 730.0
40	2 360.8	3 134.5	4 163.21	5 519.8	7 343.9	30 089.0	120 393.0
50	10 436.0	15 090.0	21 813.0	31 515.0	45 497.0	280 256.0	165 976.0

四、年金现值系数表

$$(P/A,i,n)=\frac{1-(1+i)^{-n}}{i}$$

n \ i(%)	1	2	3	4	5	6	7	8	9
1	0.990	0.980	0.971	0.962	0.952	0.943	0.935	0.926	0.917
2	1.970	1.942	1.913	1.886	1.859	1.833	1.808	1.783	1.759
3	2.941	2.884	2.829	2.775	2.723	2.673	2.624	2.577	2.531
4	3.902	3.808	3.717	3.630	3.546	3.465	3.387	3.312	3.240
5	4.853	4.713	4.580	4.452	4.329	4.212	4.100	3.993	3.890
6	5.795	5.601	5.417	5.242	5.076	4.917	4.767	4.623	4.486
7	6.728	6.472	6.230	6.002	5.786	5.582	5.389	5.206	5.033
8	7.652	7.325	7.020	6.733	6.463	6.210	5.971	5.747	5.535
9	8.565	8.162	7.786	7.435	7.108	6.802	6.515	6.247	5.995
10	9.471	8.983	8.530	8.111	7.722	7.360	7.024	6.710	6.418
11	10.368	9.787	9.253	8.760	8.306	7.887	7.449	7.139	6.805
12	11.255	10.575	9.954	9.385	8.863	8.384	7.943	7.536	7.161
13	12.134	11.348	10.635	9.986	9.394	8.853	8.358	7.904	7.487
14	13.004	12.106	11.296	10.563	9.899	9.295	8.745	8.244	7.786
15	13.865	12.849	11.938	11.118	10.380	9.712	9.108	8.559	8.061
16	14.718	13.578	12.561	11.652	10.838	10.106	9.447	8.851	8.313
17	15.562	14.292	13.166	12.166	11.274	10.477	9.763	9.122	8.544
18	16.398	14.992	13.754	12.659	11.690	10.828	10.059	9.372	8.756
19	17.226	15.678	14.324	13.134	12.085	11.158	10.336	9.604	8.950
20	18.046	16.351	14.877	13.590	12.462	11.470	10.594	9.818	9.129
25	22.023	19.523	17.413	15.622	14.094	12.783	11.654	10.675	9.823
30	25.808	22.396	19.600	17.292	15.372	13.765	12.409	11.258	10.274
40	32.835	27.355	23.115	19.793	17.159	15.046	13..332	11.925	10.757
50	39.196	31.424	25.730	21.482	18.256	15.762	13.801	12.233	10.962

续表

n \ i(%)	10	11	12	13	14	15	16	17	18
1	0.909	0.901	0.893	0.885	0.877	0.870	0.862	0.855	0.847
2	1.736	1.713	1.690	1.668	1.647	1.626	1.605	1.585	1.566
3	2.487	2.444	2.402	2.361	2.322	2.283	2.246	2.210	2.174
4	3.170	3.102	3.037	2.974	2.914	2.855	2.798	2.743	2.690
5	3.791	3.696	3.605	3.517	3.433	3.352	3.274	3.199	3.127
6	4.355	4.231	4.111	3.998	3.889	3.784	3.685	3.589	3.498
7	4.868	4.712	4.564	4.423	4.288	4.160	4.039	3.922	3.812
8	5.335	5.146	4.968	4.779	4.639	4.487	4.344	4.207	4.708
9	5.759	5.537	5.328	5.132	4.946	4.472	4.607	4.451	4.303
10	6.145	5.889	5.650	5.426	5.216	5.019	4.833	4.659	4.494
11	6.495	6.207	5.938	5.687	5.453	5.234	5.029	4.836	4.656
12	6.814	6.492	6.194	5.918	5.660	5.421	5.197	4.988	4.793
13	7.103	6.750	6.424	6.122	5.842	5.583	5.342	5.118	4.910
14	7.367	6.982	6.628	6.302	6.002	5.724	5.468	5.229	5.008
15	7.606	7.191	6.811	6.462	6.142	5.847	5.575	5.324	5.092
16	7.824	7.379	6.974	6.604	6.265	5.954	5.668	5.405	5.612
17	8.022	7.549	7.102	6.729	6.373	6.047	5.749	5.475	5.222
18	8.201	7.702	7.250	6.840	6.467	6.128	5.818	5.534	5.273
19	8.365	7.839	7.366	6.938	6.550	6.198	5.877	5.584	5.316
20	8.514	7.963	7.469	7.025	6.623	6.259	5.929	5.628	5.353
25	9.077	8.422	7.843	7.330	6.873	6.464	6.097	5.766	5.467
30	9.427	5.694	8.055	7.496	7.003	6.566	6.177	5.829	5.517
40	9.779	8.951	8.244	7.634	7.105	6.642	6.233	5.871	5.548
50	9.915	9.042	8.034	7.765	7.133	6.661	6.246	5.880	5.554

续表

n \ i(%)	19	20	25	30	35	40	50
1	0.840	0.833	0.800	0.769	0.741	0.714	0.667
2	1.547	1.528	1.440	1.361	1.289	1.224	1.111
3	2.140	2.106	1.952	1.816	1.696	1.589	1.407
4	2..639	2.589	2.362	2.166	1.997	1.849	1.605
5	3.058	2.991	2.689	2.436	2.220	2.035	1.737
6	3.410	3.326	2.951	2.643	2.385	2.168	1.824
7	3.706	3.605	3.161	2.802	2.508	2.263	1.883
8	3.954	3.837	3.329	2.925	2.598	2.331	1.922
9	4.163	4.031	3.463	3.019	2.665	2.379	1.948
10	4.339	4.192	3.571	3.092	2.715	2.414	1.965
11	4.486	4.327	3.656	3.147	2.752	2.438	1.977
12	4.611	4.439	3.725	3.190	2.779	2.456	1.985
13	4.715	4.533	3.780	3.223	2.799	2.469	1.990
14	4.802	4.611	3.824	3.249	2.814	2.478	1.993
15	4.876	4.675	3.859	3.268	2.825	2.484	1.995
16	4.938	4.730	3.887	3.283	2.834	2.489	1.997
17	4.988	4.775	3.910	3.295	2.840	2.492	1.998
18	5.033	4.812	3.928	3.304	2.844	2.494	1.999
19	5.070	4.843	3.942	3.311	2.848	2.496	1.999
20	5.101	4.870	3.954	3.316	2.850	2.497	1.999
25	5.195	4.948	3.985	3.329	2.856	2.499	2.000
30	5.235	4.979	3.995	3.332	2.857	2.500	2.000
40	5.258	4.997	3.999	3.333	2.857	2.500	2.000
50	5.262	4.999	4.000	3.333	2.857	2.500	2.000